北京外国语大学中国语言文学学院中文学科建设丛书

总主编　詹福瑞　张晓慧

语言演化与接触论集

主编　高育花

外语教学与研究出版社
北京

图书在版编目 (CIP) 数据

语言演化与接触论集 / 高育花主编. -- 北京：外语教学与研究出版社，2020.10（2022.10 重印）
(北京外国语大学中国语言文学学院中文学科建设丛书 / 詹福瑞，张晓慧总主编)
ISBN 978-7-5213-2114-2

I. ①语⋯ II. ①高⋯ III. ①语言学－文集 IV. ①H0-53

中国版本图书馆 CIP 数据核字 (2020) 第 202085 号

出 版 人　王　芳
责任编辑　刘雪梅
责任校对　崔　超
装帧设计　姚　军
出版发行　外语教学与研究出版社
社　　址　北京市西三环北路 19 号（100089）
网　　址　http://www.fltrp.com
印　　刷　天津海顺印业包装有限公司
开　　本　710×1000　1/16
印　　张　16
版　　次　2020 年 10 月第 1 版 2022 年 10 月第 2 次印刷
书　　号　ISBN 978-7-5213-2114-2
定　　价　58.00 元

购书咨询：(010) 88819926　电子邮箱：club@fltrp.com
外研书店：https://waiyants.tmall.com
凡印刷、装订质量问题，请联系我社印制部
联系电话：(010) 61207896　电子邮箱：zhijian@fltrp.com
凡侵权、盗版书籍线索，请联系我社法律事务部
举报电话：(010) 88817519　电子邮箱：banquan@fltrp.com
物料号：321140001

目 录

┤当代语言学及现代汉语语法研究├

语言符号和修辞的多样性和民族性　王文斌　崔　靓 /2

析索绪尔、乔姆斯基和韩礼德的意义观　王霜梅 /18

副词"还"的语义—语用接口研究　邓川林 /27

副词"也"的量级含义研究　邓川林 /38

形体单位·类别词·个体量词
　　——汉语个体量词性质的再认识　陈小明 /52

┤音韵与文字研究├

论复辅音说的认识问题　丁启阵 /64

从现代方音论古无复辅音　丁启阵 /77

粤方言"冚唪唥"再探　陈小明 /89

申论甲骨文中的"帀"当读为"师"
　　——兼论构字部件语义相通的汉字结构类型　方稚松 /102

甲骨文用牲法词语连用之句子结构及语义关系
　　——兼谈"蚊"的释读　方稚松 /116

谈甲骨文中"妍"字的含义　方稚松 /130

i

从梵汉对勘看"所有"全称统指与任指用法的差别　王继红 /142

《金刚经》复合词翻译对等完整度的译者差异　王继红 /164

从《金刚经》梵汉对勘看玄奘的翻译语法观念　王继红 /189

《红楼梦》句法与现代汉语句法组合差异性初探　王霜梅 /205

试论汉语的平比句和比拟句　高育花　华　雨 /218

中古汉语副词语义指向分析　高育花 /229

揣测类语气副词"×必"的词汇化与主观化　高育花 /239

当代语言学及现代汉语语法研究

语言符号和修辞的多样性和民族性[*]

王文斌　崔　靓

▲ **摘要**　符号修辞学的主要研究对象是人类借用符号表达思想的基本方式。语言是人类使用符号的主要形式，是人类思想的重要载体。但是，语言符号因使用者的民族不同而具有多样性。修辞是人类语言符号组合的方式，负载着特定民族的特定思维方式。如果说语言符号和修辞具有文化性，文化具有民族性，那么自然就可推绎出语言符号和修辞具有民族性。英语、汉语的文字符号差异和句构修辞差异充分说明语言符号和修辞具有多样性和民族性，而且藏匿于这些差异背后的是民族的时空观异别：以英语为母语的民族偏重于时间性思维，而中国人则注重空间性思维。

▲ **关键词**　符号；修辞；表音文字；表意文字；句构；多样性；民族性

一、引言

先看以下四个英汉例证：

(1a)　mountain

(1b)　山（⛰）

(2a)　water

(2b)　水（〜）

(3a)　Confucius had three thousand disciples.

---

[*] 本文系国家哲学社科基金重点项目"英汉时空性特质差异与英汉二语习得的关系研究"（项目编号：18AYY003）、教育部人文社会科学重点研究基地重大项目"服务国家战略的外国语言与外语教育创新研究"（项目编号：16JJD740002）子课题"汉外语言对比及外语学习者语言研究"和2018年度北京外国语大学基本科研业务费项目"汉语流水句内在语义整体性探究"（项目编号：2018JX004）的阶段性成果。本文曾在复旦大学2018年9月22日举办的"'符号与修辞'前沿理论工作坊"上宣读。

（3b）孔子弟子三千。（陈满华，2008）

（4a）There is a lake in front of the woods.

（4b）树林前边一个湖。（吴为章，1990）

从以上英汉例句不难看出，语言符号和修辞具有多样性和民族性。英语（1a）和（2a）与汉语（1b）和（2b）这两对语言符号中，前者使用线性表音文字，而后者则使用象形表意文字，而且后者括号中的 ⛰ 和 〰，分别是甲骨文"山"和"水"的写法，其象形表意特征更为明显。英语（3a）和（4a）两句均含有动词做谓语，与其相应的汉语（3b）和（4b）两句，均不曾出现动词，全句均由名词性短语组成。

需说明的是，在此所言的多样性，是指语言符号和修辞在人类语言中的表现具有多种样态；在此所言的民族性，是指语言符号和修辞因民族的不同而表现出独特的形式。还需说明的是，在此所言的语言符号，是指语言的文字符号，而非其他类型的符号，如音乐符号、艺术符号、数学符号、物理符号等；在此所言的修辞，是着眼于其宽泛意义，指人类组合语言符号的诸种表现方式，即语言符号彼此结合用来表达意义时所使用的诸种手段。本文拟聚焦于英汉文字符号和句构修辞，探讨其多样性和民族性，并借此追索不同民族的时空观异别。

二、文字符号的多样性和民族性

语言符号是人类所创造的符号中最为常用的符号形式，是人类用于交流和传达思想的重要载体。尽管各民族语言符号具有深层次的共性，均是思维表达的外在表现形式，可这些表现形式往往不尽相同，并不具有一致性。世界上存在表音文字符号和表意文字符号两种不同的语言符号就是力证。诚然，世界上还有象形文字符号，但就广义而言，象形文字符号也属于表意文字符号，这是因为表意文字符号是一种借助象征性图形的符号，表达语言中的词或语素的意义，不直接或不单纯表示语音，而象形文字符号就是通过描绘客观事物外部形象的方式记录并表达该事物，与表意文字符号借助象征性图形的符号本质上没有差别。

英语属于表音文字体系，而汉语则属于表意文字系统。英语单词符号如（1a）和（2a）就是表音文字，借用字母记录语言中的语音，从而形成语言的文字。英语文字由 26 个字母组合而成，源自拉丁字母，拉丁字母又源于希腊字母，而希腊字母则是由腓尼基字母演变而来。尽管腓尼基字母基于苏美尔人于公元前 3000 年左右所创造的楔形字，可也是对原来的几十个简单的象形字进行了字母化改造，最终只有辅音字母，而没有元音字母，可不论怎样它们毕竟都是表音字母，由此逐渐演化出目前包括英语在内的印欧语字母体系。印欧语字母体系文字均呈线性排列，用以表音。如英语中，一个单词符号像一条线展开，可延伸得很长，明显具有时间性一维特征，如：

（5）supercalifragilisticexpialidocious

（6）pneumonoultramicroscopicsilicovolcanoconiosis

（7）aequeosalinocalcinoceraceoaluminosocupreovitriol

（8）bababadalgharaghtakamminarronnkonnbronntonnerronntuonnthunntrovarrhounaw- nskawntoohoohoordenenthurnuk

例（5）共有 34 个字母，出现于迪士尼出品的电影 Mary Poppins 的插曲，其意思是"奇妙的、难以置信的"；例（6）共有 45 个字母，表示"超微硅火山灰吸入性硅肺病"；例（7）共有 52 个字母，是英国医学作者爱德华·史特罗哲（Edward Strother）创造的单词，专用来形容英格兰格洛斯特夏布瑞斯陀这个地方的矿泉水成分；例（8）共有 100 个字母，出现于爱尔兰作家詹姆斯·乔埃斯（James Joyce）的作品，表示亚当和夏娃的堕落。其实，在英语中，这四个单词符号远非长词。一种含有 267 种氨基酸酶的物质，其汉语学名为"色氨酸合成酶 A 蛋白质"，其英语单词符号共有 1913 个字母，若把这一单词写出来，起码要占 30 多行的篇幅。据说，英语中最长的一个单词由 189, 819 个字母组成，即近 19 万个字母，可能要花 3 个小时才可念完这一单词，的确让人震惊。英语单词符号可长可短，但不论怎样，其性质不会发生变化，即借用字母记录语言中的语音，从而形成语言的文字，再通过字母的线序组合表示词的意义。

汉语单词符号则不同。如：

（9）曌

（10）嫑

（11）奊

（12）叕

例（9）由中国历史上第一位也是唯一一位女皇帝武则天所创，念作"zhào"，因此也有人称武则天为"武曌"；例（10）表示"不要"之意，念作"biáo"；

例（11）念作"gū"，其本意表示"功夫"，其引申义为"役工"；例（12）读作"zhuó"，其本意表示"连缀"或"短处"，如"圣人之思脩，愚人之思叕"。不论汉字怎样写，可从左到右，如"川"；也可从上到下，如"三"；也可上下左右混合，如"开"（先从上到下写两横，然后从左到右写撇和竖）；也可从中间开始，如"水"等，其表意文字符号的性质始终不变，均用许多表意的符号来记录语言中的词或语素及其意义，从而整体地代表词或语素的读音。而且其构词的方式可在多维空间上进行，如汉字符号笔画之间既允许相离，如"川"和"三"，也允许相接或相交，如"开"和"井"等。其实，汉字符号还可借用其空间性特征采用多叠字来表达"多"或程度之甚等，如"又双叒叕"是最近的一个网络流行语，表示某事物变化更替极为频繁，也表示一件事反反复复出现；"火炎焱燚"也是最近的一个网络流行语，形容火势越来越猛或表示某事物越来越受人欢迎，如：

（13）印度电影又双叒叕来了，这一次还带来了一位"大姨父"。(https://baijiahao. baidu. com / s? id = 1606135176220731052 & wfr = spider & for= pc)（2018年12月4日读取）

（14）重庆造火箭又双叒叕上央视了！(https://baijiahao. baidu. com / s? id = 1609947345421339252 & wfr = spider & for= pc)（2018年12月4日读取）

（15）全球变暖，火炎焱燚怎么破？（https://baijiahao. baidu. com / s? id = 1608376855882660567 & wfr = spider & for= pc）（2018年12月4日读取）

（16）这个公园又要在长沙火炎焱燚了。(http://mini. eastday. com / a /171125004332658-5. html)（2018年12月4日读取）

（17）如此火炎焱燚的超人气书店，又双叒叕开11家？(http://news. winshang. com / html /062 /2422. html)（2018年12月4日读取）

从以上各例不难发现，"又双叒叕"和"火炎焱燚"充分发挥了汉字符号构建多叠字空间性的特征，表达某种事物出现的频率之高或程度之甚等。例（17）更是将这种特征发挥到极致，"又双叒叕"和"火炎焱燚"并用，表达某书店越来越红火而且开了多家分店。

文字是承载语言的书写符号，两者之间往往具有一种优选关系，即文字需要适应所书写的语言本身的特点，自源文字如此，借源文字也是如此，世界文字发展历史基本反映了这一规律。虽然世界上的文字多半起源于图画，"象形"是文字发端的主要源头（周有光，1998），但世界上现有的文字特点各异，主要有上文所提的表意文字和表音文字，其主因在于不同语言的发展方向差异导致与之匹配的文字走上不同的发展道路。譬如说，阿兹特克（Aztec）文字与中国纳西族东巴文字虽均为自源的文字画，但其综合与分解受制于各自语言的特点或发展方向，最后走入不同的发展路径（李葆嘉，1990）。阿兹特克语是印第安语的一种多式综合语，其基本特点是在表示动作行为成分的前后添加各种类似于词缀的成分，用来表达更为复杂的思想，一个复杂的词就相当于其他语言中的一句话，如"ō tikmihiy ō w iltih"虽类似一个词，但其实际含义却近乎英语中的一句话"how you must have suffered"（其意为"你受尽折磨"）（奥斯特勒，2011）。再如"wiit okhchumpunkuruganiyugwixantum"，看起来像一个词，可实际上却相当于一个句子，由八个意义成分组成："wii（刀）+to（黑的）+khchum（野牛）+punku（手的）+rugani（割）+yugwi（坐）+xa（将来时）+ntum（复数）"，其整体意思是"有人将坐着用刀割黑牛"。正因如此，阿兹特克话语中难以分解出语言学一般概念上的语言单位"词"，其文字符号不具备与"词"的对应关系，只能适应其特点停留于语段式文字阶段，而尚未过渡到表词文字的发展阶段。然而，原先同为文字画的东巴文，已演变为表词文字，其发展方式与阿兹特克文相去甚远，其主因是与东巴文对应的口语系统纳西语已向孤立型语言方向演进，句中可分解出"词"这一语言单位，因而东巴文字符号由此获得了与"词"的对应关系。从阿兹特克文和东巴文的不同嬗变轨迹可以看到，自源文字虽是语言的自主选择，特定类型的语言会创造出特定类型的文字，但因历史、地理和人文等诸种因素的不同，语言因优选效应而走上适配于自己的发展道路（何清强、王文斌，2015）。

何清强、王文斌（2015）认为，即便是借自他种语言的借源文字，也同样存在文字与其所书写的语言之间的一种优选关系。这种优选关系通常都遵循"选取—评判—淘汰—再选取—再评判—固定"这一规律，往往经多次反复，不断加入自创成分，渐成符合语言自身发展的文字。腓尼基字母就是一个典型例证。在正式的腓尼基字母创生之前，腓尼基人先后使用过比布洛斯音节文字（Byblos Script）、原始迦南文字（Proto-Canaanite Alphabet）、原始西奈文字（Proto-Sinaitic Script）以及乌加里特文字（Ugaritic Alphabet），但他们经实践发现，这些文字并不适合腓尼基语以辅音为主的特点，再经择优过程，他们最终选择了古埃及象形文字的字形与辅音原则相结合，创制了22个辅音文字。由此可见，即便是借源文字，也涉及优选过程，文字与其所书写的语言特点之间需彼此适配。

英语字母符号属借源文字，现有 26 个字母，其源头是腓尼基人经借用而来的古埃及象形文字。如上所言，腓尼基人通过对古埃及象形文字的改造，创制了属于自己的 22 个字母，后又经古希腊、古罗马人的修改，逐渐演变为目前使用的英文字母。字母文字的显著特征之一就是主要用于表音，而且字符数量小，如现代希腊字母只有 24 个，拉丁字母 26 个，西里尔字母 33 个。在此需究问的是，到底是何种因素导致字母文字字符量小？何清强、王文斌（2015）认为，缘由主要有二：一是字母符号仅用于表音。英语字母文字，其单个音素一般仅表音而不表意，意义来自音素的一维线性组合。因此，其书面形式充其量只是其口语的视觉化转换，总体上接近于口语发出的声音。同为日耳曼语族成员的德语在这一方面要求更为严格，除外来词以外，德语的拼写与发音几乎完全一致，只要能说得出，就能拼写得出。在如此的文字系统之下，阅读时大脑对文字符号的处理要像处理口语那样严格按照字符出现的先后顺序进行，首先要把视觉形式转换为声音形式，再进行意义的解读，表现为一种"形—音—义"的加工和转换过程，所以语音加工是以表音字母文字为背景的儿童阅读能力获得和发展的核心认知因素（李秀红、静进，2010）。二是字母文字数量之所以很少，其用心显然不在于语言表达时以名物为中心，借以强调事物的空间规定性，而是以行为动作为重心，把动词词根作为语言构词的根基，强调事物的时间规定性。从现有可查的文献资料看（王文斌，2013），原始印欧语以动词词根为基础，词汇的孳乳和扩大主要通过屈折、词缀等手段得以实现。Colebrooke（1805）就曾强调，梵语的词根是原生动词（crude verbs），而这些原生动词是多数名词的派生源，其派生手段就是借助词缀，譬如由"vah"（to convey）派生出"vāhana"（vehicle），由"cint"（to think）派生出"cint ā"（idea）等。而现代印欧语诸语言的实际情况也是如此，由动词性词根派生名词是其普遍的构词方式，如由英语动词"drink"派生出"drinker""drinkery""drinking"等名词；由德语动词"erfinden"（invent）派生出"Erfindung"（invention）、"Erfinder"（inventor）等名词；由西班牙语动词"acto"（to act）派生出"actor"（actor）、"actriz"（actress）、"acción"（action）、"actividad"（activity）等名词。的确，在原始印欧语里，大部分词根均为动词性词根。Michael West 于 1953 年编写了《通用英语词表》（General Service List of English Words），共收入 1892 个词族，其中 1212 个是名词。查阅 Online

Etymology Dictionary（https://www.etymonline.com/）发现，在这 1212 个名词中，295 个没有原始印欧语词根（PIE root）记录，9 个为派生名词，经剔除之后，余下 908 个均是有 PIE root 记录的名词词族。据目前初步统计，在这 908 个有 PIE root 记录的名词词族中，派生于原始印欧语动词性词根的名词有 706 个，占比为 77.75%。现代英语中，有许多普通名词显然演绎于原始印欧语的动词性词根。因篇幅受限，在此仅举以下十例：

（18） home: PIE root * (t)koimo-, suffixed form of root * tkei-, "to settle, dwell"。

（19） tree: PIE root * drew -o-, suffixed variant form of root * deru-, "be firm, solid"。

（20） grass: PIE root * ghros-, "young shoot, sprout", from root * ghre-, "to grow, become green"。

（21） bed: PIE root * bhedh-, "to dig, pierce, prick"。

（22） flower: PIE root * bhel-, "to thrive, bloom"。

（23） worm: PIE root * wrmi- "worm", from root * wer-, "to turn, bend"。

（24） face: PIE root * dhe-, "to set, put"。

（25） eye: PIE root * okw - "to see"。

（26） mouth: PIE root * men-, "to project"。

（27） arm: PIE root * ar-, "to fit together"。

古印度哲学（Raja, 1957；Sarup, 1962；Matilal, 1990）认为，动词的基本概念就是表示"becoming"（发生、形成），而名词的基本概念则表示"being"（存在），而在"becoming"与"being"两者之间，"becoming"占主导地位。金克木（1996）对此有四点见解：其一，古印度人关于名生于动、行为在先、唯有动词的根才是根本等观念在印欧语关于词的形态研究中根深蒂固，作为一条根本性原则至今未曾发生变化；其二，这种关于语言词根理论的影响不限于古印度，而是延续至今；其三，不论当时或以后有多少不同派别和结构的语法，均承认词根，而词根大多表示动词的意义；其四，就哲学观点而言，这种思想就是认为宇宙万事万物的根本在于行为、动作，动是根本，而静仅是表现。

汉语表意文字符号，属自源文字体系。与字符量小的字母表音文字不同，表意文字符号的显著特征之一就是字符量大。《说文解字》中的小篆仅基础构件就达 558 个，由这些构件构成的字符数更是巨大（王宁，2000）。汉语现行的常用字加上历史上曾经用过的汉字字符总数在五万个以上（高明，1996）。如此庞大的表意字符量之所以存在，就是为了记录数量同样庞大的名物。汉语强调名物，注重事物的形状、大小、位置关系等空间属性。"古者庖牺氏之王天下也，仰则观象于天，俯则观法于地，观鸟兽之文与地之宜，近取诸身，远取诸物，于是始作八卦，以通神明之德，以类万物之情"（《周易·易传·系辞传下·第二章》），可见观察物象对中国人的重要性。据史书记载，仓颉造字常观奎星圆曲之势，察鸟兽蹄远之迹，依其类象之形首创文字，革除当时结绳记事之陋，开创文明之基，被尊奉为"文祖仓颉"。汉语若不是以名物表述为主要特点，就无需如此庞大的字符量作为其书写系统（何清强、王文斌，2015）。恰如胡适（Hu Shih，1922）在其博士论文 The Development of the Logical Method in Ancient China 中对中国古人思维方式的强调：

When things are thoroughly investigated，knowledge will be extended to the utmost. When knowledge is extended to the utmost，our ideas will be made true. When our ideas are made true，our minds will be rectified.When our minds are rectified，our individual character will be improved. When our individual character is improved，our family will be well ordered.When the families are well ordered，the state will be well governed. When the states are well governed，the whole world will be in peace.（其汉语大意是：物格而后知至，知至而后意诚，意诚而后心正，心正而后身修，身修而后家齐，家齐而后国治，国治而后天下平。）

其实，胡适在此的这一番话是对宋代哲学家程颢和程颐阐释《大学》主旨的提炼。"国治而后天下平"的首要条件就是"物格"，由此可见，人们需要推究事物的原理，从中获得智慧，其关键是需要格物致知。《礼记·大学》强调了中国古代哲学的一个认识论命题："致知在格物，格物而后知至。"龚鹏程（2009a）指出，"在我国，文字可能比语言更值得注意""文字可以见道，道即在文字或道与文字相关联"。

如上所述,汉字是自源文字。汉字各造字法被统称为"六书"，包括象形、指事、形声、会意、转注、假借，其中的象形、指事、会意、形声这四种才是真正的造字法，而转注、假借其实是用字法。在这四种造字法中，象形最为基础，其他三法都是对它的延伸和发展。象形者，画成其物，随体诘诎，即"象物之形"，如：

(28) ⿳ : 火

(29) ⿰ : 竹

(30) ⿱ : 皿

(31) ⿴ : 雨

说得简单一些，象形的汉字，就是借用线条或笔画把所表达的客观事物的形体特征描绘成字，取象尽意，使人见字便能见形，见形便能见义。这种崇尚物象的造字思维方式浸润于古代中国人的思维方式，体现出独特的思维表征取向。在此需强调的是，物象思维就是空间化思维，因为空间是物象的规定性特征。正因这种物象和空间化思维，中国人能轻而易举地借用空间手段构造出具有会意性质的三叠字、四叠字、六叠字和八叠字，如"淼""燚""孖孖"和"㫃㫃"等，其物象的可视性字形，能使人一目了然，即便不知其音，也能大致猜出其意，即基本能做到望字生义。难怪莱布尼茨（Harbsmeier, 1998）曾感叹，我们若能把握汉字的钥匙，就能开启中国人思维的奥秘之门。

如果说英语文字多半是名源于动，那么汉语文字多半是动源于名。也因篇幅有限，我们在此仅举以名词性成分为构件而构造的 10 个汉语动词为例：

(32) 闯：从马，从门。马出门貌。

(33) 伐：从人，从戈。甲骨文字形，像用戈砍人头。

(34) 休：从人，从木。人依傍大树休息。

(35) 扫：从手，从帚。手拿扫帚表示打扫。

(36) 解：以用"刀"把"牛"和"角"分开来表达字义。

(37) 看：上是"手"字的变形，下是"目"，表示用手遮住眼睛远望。

(38) 鸣：从口，从鸟。表示鸟声。

(39) 采：从爪，从木。上像手，下像树木及其果实。表示以手在树上采摘果实和叶子。

(40) 闪：从人，在门中。表示自门内偷看。

(41) 投：从手，从殳。表示手拿兵器投掷。

可见，汉语的大多动词，其构字部件均是名词性的，个中的缘由值得我们深思。我们认为，名词主要是用来表达事物的，而任何事物都具长、宽、高等三维特征。汉语重名物，本质上就是重空间。汉字历几千年保持其生命力，与汉语在漫长的发展历程中保持了其偏重名物思维和空间性思维的特点相关。可以说正是中国人强调名物的这一空间性特质使得汉字的出现和延续成为必然，由此产生了延续几千年的对名物训释考据的学术传统，而非对文法分析的关切。这一点为学界所共知。1898 年《马氏文通》产生之前，汉语研究基本上没有严格意义上的语法研究，而总体上只有专事于训诂学、文字学和音韵学的传统小学研究，这就是一个佐证。

总之，文字与语言之间存在一种优选关系，文字需适配语言，而语言会促进文字的发展。这种优选关系表明，文字符号不是对语言意义的简单记录，而是充分体现其多样性和民族性。再者，通过对文字符号特征的分析，我们可推知相关语言的基本特点。我们认为，文字符号与语言不仅具有优选关系，文字符号与语言表征必定具有一脉相承的内在关联，即文字的特征必定会投射到语言表征上。下文我们将以英汉的动词谓语句和名词谓语句为例，讨论英汉句构修辞的多样性和民族性。

三、语言修辞的多样性和民族性

如上所言，英语推崇具有时间性的线序表音文字符号，汉语崇尚具有空间性的立体象形表意文字符号。英汉文字符号的这种不同思维取向势必影响其语言表征。也如上所言，在此所言的语言修辞，是指宽泛意义上的人类组合语言符号的诸种表现方式。我们认为，不仅文字符号具有多样性和民族性，语言修辞其实也概莫能外。语言修辞能折射出文化方式和自我存在的方式，蕴含着特定的民族思维方式。若说文字符号和语言修辞具有文化性，而文化具有民族性，那么就不难推绎出文字符号和语言修辞具有民族性。语言修辞既具民族性，那么其多样性就不言自明。英语里，举凡句子通常都有动词做谓语；而在汉语中，情况并非如此，句子常无动词。如英语（3a）和（4a）两句均有动词谓语，可其相应的汉语（3b）和（4b）两句，均无动词出现。这两句汉语非但合乎汉语语法，而且很地道。兴许有人会说，这两句属于动词省略。我们在此不支持这一观点。

吕叔湘（2010）曾强调，省略需有两个条件：一是一句话若离开上下文或说话的环境，其意思就难以明确，需添补一定的词语使其意思清楚；二是经添补的词语实际上可以有，且所添补的词语只有一种可能，这样才能说是省略了这个词语。朱德熙（2014）指出："省略的说法不宜滥用，特别是不能因为一个句子意义上不自足就主观地说它省略了什么成分。譬如公共汽车上的乘客对售票员说'一张动物园'，这本来是一个完整的句子，什么也没省略。我们不能因这句话离开了具体的语言环境意义不明确，就硬说它是'我要买一张上动物园去的票'之类说法的省略。"启功（1997）对汉语句子成分省略观也持否定态度，不无戏谑地说："汉语句法构造比较特殊，常见句中'主、谓、宾'元素不全的现象，在填不满一条模子时，便以'省略'称之。猿有尾巴，人没尾巴，是进化原因呢，还是人类'省略'了尾巴呢？孔雀尾长，鹌鹑尾秃，恐怕也难以'省略'称之。可见省略太多，便微有遁辞的嫌疑。"的确，若说（3b）和（4b）两句是省略动词，那么究竟省略了什么动词？是否像吕叔湘所说"所添补的词语只有一种可能"？试看以下几句：

(42) 树林前边有一个湖。

(43) 树林前边是一个湖。

(44) 树林前边出现一个湖。

(45) 树林前边隔着一个湖。

(46) 树林前边横着一个湖。

可见，(4b) 所添补的词语并非只有一种可能，省略观由此难以自圆。

很多汉语句子虽同英语，都含谓语动词，但不含动词的名词谓语句在日常语言使用中也极为常见，如：

(47) 整个大麦场上一片混乱，一片灰烬。(《艳阳天》)

(48) 马小辫这家伙一肚子脓水。(《艳阳天》)

(49) 三十功名尘与土，八千里路云和月。(《满江红·写怀》)

(50) 量小非君子，无毒不丈夫。(《艳阳天》)

这些句子若分别直译为英语句子，那么其句构就不合英语语法：

(47a) * The whole thrashing ground for wheat chaos and ashes.

(48a) * Ma Xiaobian, this guy, a stomachful of pus.

(49a) * Thirty fame dust and earth, eight thousand miles of clouds and moonlight.

(50a) * A small mind not a gentleman. No poison not a husband.

其实，这几个汉语句子译为英语时，虽在语义及其隐喻义上需采用不同的表达，但不管怎样，英语每个句子都需有动词谓语：

(47b) The whole thrashing ground for wheat was in chaos and ashes.

(48b) Ma Xiaobian, this guy, is full of evil ideas.

(49b) Thirty years of fame is nothing but dust and earth, although the journey of eight thousand miles I have endured has been full of clouds and moonlight.

(50b) A narrow mind cannot make a gentleman. Ruthlessness is the mark of a truly great man.

在绝大多情况下,英语句构修辞十分注重动词,而且还推崇动词的时体（tense and aspect），而推崇时体的本质就是关切时间。其实,如上文所说,注重动词,其实质也是睽重时间,这是因为语言符号中的动词是用来表达事物的行为或动作的,而任何行为或动作都具有时间性,时时刻刻都能传达出时间信息。恰如亚里士多德（1986）所言：一个词除其本身意义之外还携带着时间的概念者,这就是动词。因此,英语句构修辞注重动词,就根本而言就是睽重时间,与印欧民族思维深处所认定的"动是事物的根本特性"（Nakamura, 1983）一脉相通。汉语语言符号的修辞则不同,往往偏爱对事物的表达。古代中国人长期熏染于"盈天地之间者唯万物"的传统思维方式,普遍认为一切运动肇始于事物,事物是一切运动的主体,由此养成了"观物取象"的思维习惯,事物也就因此成为人们关注的焦点。龚鹏程（2009）在论及印欧语与汉语的差异时指出,中国人注重"thing",自古推尊格物致知,强调观察名之所以为此名,旨在可以知物之何以为此物；名学皆在正名,凡物,皆当有名去指称它,故《管子》曰"物固有形,形固有名""循名而督实,按实而定名,名实相生,返相为情"。《道德经》在开章中就强调："无名天地之始,有名万物之母"。由此可见,中国人推崇物的思维久已成习。造句时,诚如清末民初黄侃（2014）在其《文心雕龙札记》的章句篇中所言,"前人未暇言者,则以积字成句,一字之义果明,则数字之义亦无不明"。而在此的字则往往以事物的具象为据,即观物立象,因象而名。儒家一流之正名论与辩者一流的定名论也均强调定名须合乎"象",而"理"会于"象"内,恰如战国时期《尹文子》所强调的："大道无形,称器有名。名也者,正形者也。形正由名,则名不可差。……大道不称,众有必名。生于不称,则群形自得其方圆。名生于方圆,则众名得其所称也。"《论语·子路》说："名不正,则言不顺。言不顺,则事不成。"由中国古人的这些言论不难看出,字所状的名,名所表的物,在句构中具有不可或缺的作用,而在表达思想时,行为或动作并不十分重要。王艾录（2007）指出,主谓俱全并不是汉语成句的充要条件。而汉语句子修辞中真正重要的，就是表达事物的名词。郭绍虞（1978）早就提出，西洋语法重动词，而汉语语法则重名词，汉语的本质是不可能以动词为重点的。郭绍虞的话可谓一语中的。他进一步指出，汉语的语法脉络往往是借助词组，即积词组而成句，而词组又是以名词性词组为最，如：

(51) 我们村庄上种地种菜，每年每日，春夏秋冬，风里雨里，哪里有个坐着的空儿。(《红楼梦》第三十九回)

例句(51)出现好几个名词及其名词性词组，郭绍虞（1985）对此指出，此话毫无调文弄墨之嫌，因多用四言词组，所以显得干净利索，说得非常清楚，尽管似连非连，却又能生动具体，这就是迥异于印欧语的汉语特点，而且是以往语法学界不大注意的现象。上文中的(3b)(4b)(47)(48)(49)和(50)这些名词谓语句，说到底就是汉语句构修辞重名词的表现。汉语中固然有许多类似于英语的动词谓语句，但不能因此而忽视汉语名词谓语句的独特性。民族虽不同，但毕竟生存于同一个星球，具有大同小异的自然环境，如日月星辰、风雨雷电、霜雪云雾、江山湖海、花草虫鱼、飞禽走兽等，同样需要为繁衍生息而表现出各种行为或动作。在语言修辞中借用动词来表达自己的手举足投、口表目看等，这是十分正常的。然而，正如王文斌（2018）所指出的，语言与语言之间具有相似性，这是人类语言的本质，而语言与语言之间具有差异性，这也是人类语言的本质。这恰如人类，人与人之间具有相似性，这是人类的本质；而人与人之间具有差异性，这也是人类的本质。我们不能因语言之间具有相似性而轻忽彼此的差异性，也不能因语言之间具有差异性而忽视彼此的相似性。然而，若要洞察语言的个性，恰恰需要透视各语言的鲜明差异性，就如同在现实生活的人际交往中我们观察一个人，所关注的常常不是其与他人的共性，而是关注其个性。我们认为，在语言符号的对比研究中，对语际差异性进行深度审察，其重要性远远高于对语际相似性的探究。汉语句构修辞中常不用动词谓语，而是使用名词谓语，这是汉语的一个独特个性，需认真探究。

关于汉语的名词谓语句，陈满华（2008）和易华萍（2012）等曾做过较为系统的考察。尽管陈满华谈的是体词谓语句，可其实主要是名词谓语句。陈满华（2008）对名词谓语句的现当代研究做了较为详尽的回顾，并对名词谓语句的性质、类型、语用、修辞、及物性等进行了较为系统的论述，同时对古代汉语、方言和熟语里的名词谓语句也做了较为全面的分析，还对其进行了语言类型学视角的探讨。易华萍（2012）对名词谓语句的考察视角更是宏阔，对先秦、中古、近代和当代的汉语名词谓语句做了较为全面的析述，还对唐诗、宋词、元曲、谚语、政论文中的名词谓语句进行了富有见解的讨论，同时对英汉名词谓语句也做了一定程度的比较，指出杨宪益等翻译的《红楼梦》中，汉语所采用的名词谓语句，译为英语后采用动词谓语句的共211例（易华萍，2012）。我们在此无意评析这两部专著的优劣，仅想说明名词谓语句普遍存在于汉语句构修辞，这是一个不争的事实，同时也昭示句构修辞具有多样性和民族性。

胡敕瑞（1999）指出，汉语的句构只需名物概念的意会，而无需突出行为动词，如同会意字"休"是由"人"和"木"构成，是由两个名物构成一个动词"休"，由此展现出或明或暗的汉字特质与汉语句构特质之间的相关性。此话极是。汉语的许多句构修辞就像会意字，借用两个及两个以上的独体汉字，依据事理加以组合，构建新的汉字，上文所举的例（28）至（37）也都是会意字，如"人"与"戈"这两个名物相加，就构成了动词"伐"。汉语的句构修辞也是如此，如：

（52）满纸荒唐言，一把辛酸泪！（《红楼梦》）

（53）她妹妹大眼睛。（陈满华，2008）

（54）一命二运三风水。（《儿女英雄传》）

（55）生死一知己，存亡两妇人。（韩信墓前祠堂中的对联）

从例（52）至（55），全是名词性短语组合的句子。例（55）是对汉朝大将韩信一生的总结，寥寥十字，高度浓缩了他一生中的几个重大经历。从表面上看，"生死"和"存亡"是动词，可在此显然是指韩信的两大经历，谁又能说这两个不是名词性短语？

我们认为，汉语句构关切名物，其实就是关注空间，因为如上所提，任何名物都负载着长、宽、高及由此形成的面、体和量等空间信息。在此我们需再次强调的是，语言与语言之间具有相似性，这是人类语言符号修辞的本质，而语言与语言之间具有差异性，这也是人类语言符号修辞的本质。而若想追索语言符号修辞的个性，我们更需重视语言之间的差异性。唯有差异性，才会彰显出其个性。更需强调的是，语言符号的修辞，充其量只是形式，隐藏于形式背后的内容，无疑涵纳着使用特定语言符号修辞的民族的思维。语言符号和修辞具有多样性和民族性，是语言差异性的外在表现，普遍存在的汉语名词谓语句就是一个力证。英国大文豪Samuel Johnson曾说过："Language is the dress of thought."（语言是思想的外衣。)在语言修辞的背后,必定隐藏着特定民族的特定思维方式。

四、结语

  语言是人类使用符号的主要形式,是人类交流和传达思想的重要载体,但语言符号不仅具有普遍性,而且具有多样性。不同的民族使用语言符号的方式往往具有差异性,由此表现出语言符号的多样性。修辞是人类组合语言符号的方式,能折射出文化方式和自我存在方式,承载着特定民族的特定思维方式。如果说语言符号和修辞具有文化性,文化具有民族性,那就自然可推演出语言符号和修辞具有民族性。英语、汉语的文字符号差异和句构修辞差异充分说明语言符号和修辞具有多样性和民族性,而且隐匿于这些差异背后的是不同民族的时空观差别:以英语为母语的民族偏爱时间性思维,而中国人则睽重空间性思维。

参考文献

[1] 奥斯特勒(英),著.章璐、梵非、蒋哲杰,等,译.语言帝国:世界语言史.上海:上海人民出版社,2011.

[2] 陈满华.体词谓语句研究.北京:中国文联出版社,2008.

[3] 高明.中国古文字学通论.北京:北京大学出版社,1996.

[4] 龚鹏程.文化符号学.上海:上海人民出版社,2009.

[5] 郭绍虞.汉语词组对汉语语法研究的重要性//照隅室语言文字论集.上海:上海古籍出版社,1978.

[6] 郭绍虞.照隅室语言文字论集.上海:上海古籍出版社,1985.

[7] 何清强,王文斌.时间性特质与空间性特质:英汉语言与文字关系探析.中国外语,2015(3).

[8] 胡敕瑞.对汉字与汉语性质的几点认识.古汉语研究,1999(1).

[9] 季羡林.20世纪现代汉语语法八大家.长春:东北师范大学出版社,2009.

[10] 金克木.梵佛探.石家庄:河北教育出版社,1996.

[11] 李葆嘉.论语言类型与文字类型的制约关系.南京师范大学学报(社科版),1990(4).

[12] 李秀红,静进.汉语阅读脑功能磁共振的研究进展(综述).中国心理卫生杂志,2010(7).

[13] 吕叔湘.汉语语法分析问题.北京:商务印书馆,2010.

[14] 启功.汉语现象论丛.北京:中华书局,1997.

[15] 王艾录. 汉语成句理据再思考——以"鸟飞""鸟飞了"为例. 盐城师范学院学报（人文社会科学版），2007（5）.

[16] 王宁. 系统论与汉字构形学的创建. 暨南学报（哲学社会科学），2000（2）.

[17] 王文斌. 论英语的时间性特质与汉语的空间性特质. 外语教学与研究，2013（2）.

[18] 王文斌. 从独语句的存在看汉语的空间性特质. 当代修辞学，2018（2）.

[19] 王文斌. 论英汉时空性差异. 北京：外语教学与研究出版社，2018.

[20] 吴为章. 主谓短语·主谓句. 北京：人民教育出版社，1990.

[21] 亚里士多德（古希腊）. 范畴篇 解释篇. 北京：商务印书馆，1986.

[22] 易华萍. 汉语名词谓语句研究. 北京：法律出版社，2012.

[23] 赵毅衡. 符号学原理与推演. 南京：南京大学出版社，2011.

[24] 周有光. 比较文字学初探. 北京：语文出版社，1998.

[25] 朱德熙. 语法讲义. 北京：商务印书馆，2014.

[26] Colebrooke, T. A. Grammar of the Sanscrit Language(Vol 1). Calcutta: The Honorable Company's Press, 1805.

[27] Harbsmeier, C. Language and logic in traditional China. In J.Needham(eds.). Science and Civilisation in China(Vol. 7). Cambridge: Cambridge University Press, 1998.

[28] Hu Shih. The Development of the Logical Method in Ancient China. Shanghai: The Oriental Book Company, 1922.

[29] Matilal, B. K.The Word and the World: India's Contribution to the Study of Language. Oxford: Oxford University Press, 1990.

[30] Nakamura, H. A History of Early Vedānta Philosophy. Delhi: Motilal Banarsidass, 1983.

[31] Raja, K. Yaskas' definition of the 'verb' and the 'noun' in the light of Bhartrhari's explanations. Annals of Oriental Research, 1957(13).

[32] Sarup, L. The Nighantu and the Nirukta: the Oldest Indian Treatise on Etymology, Philology, and Semantics. Delhi: Motilal Banarsidass, 1962.

作者简介

王文斌，1960年生，毕业于上海外国语大学，文学博士，教授，博士生导师。教育部人文社会科学重点研究基地中国外语教育研究中心主任，国家社科基金会议评审专家，中国认知语言学研究会副会长。主要研究方向为认知语言学、英汉语言对比与语言教学、词汇语义学。主持国家社科基金项目多项，出版专著10余种，发表论文100余篇。

（原载《当代修辞学》2019年第1期）

析索绪尔、乔姆斯基和韩礼德的意义观

王霜梅

▲ **摘要** 本文研究索绪尔、乔姆斯基和韩礼德这三位语言学家关于意义的不同的理论观点,并分析产生的根源及其对各自语言理论及语言研究的影响,进而分析说明现代语言学说和语义学之间如何相互影响、相互制约。

▲ **关键词** 普通语言学;转换生成语法;系统功能语法;意义;语义学

一、引言

语言学经历了 19 世纪的历史比较语言学、20 世纪前半期的描写语言学和 20 世纪后半期包括生成语言学在内的诸项研究,这期间最重要的语言学理论,一是索绪尔的普通语言学(general linguistics),它标志着现代语言学的开端,在此基础上,经由布龙菲尔德、萨丕尔、霍凯特、海里斯等人的发展,形成了以研究语言的结构为中心任务的结构语言学;二是乔姆斯基的转换生成语言学(transformational and generative grammar),以此为开端,语言研究从描写的结构主义向解释语言的认知机制转向,形成了著名的乔姆斯基革命;三是近年来兴起的、与以乔姆斯基为代表的形式语言学分庭抗礼的功能主义语言学,其中影响最大的就是韩礼德的系统功能语法(systematic-functional grammar),它主张从社会角度研究语言,日益受到语言学家的重视。

离开意义就不能理解和认识语言,上面三位语言学家关于意义的论述是他们很有影响力的语言学说的一部分。纵观语言研究的历史,一方面,现代语言学说为语义学开辟了广阔的前景;另一方面,语义学的产生和发展又直接影响甚至制约着现代语言学说的发展。本文研究索绪尔、乔姆斯基和韩礼德这三位语言学家关于意义的不同的理论观点,并分析他们的意义观对各自语言理论及语言研究的影响,目的是阐述现代语言学说和语义学之间互相影响、互相制约的关系,并从中理出语义研究发展的脉络。

二、索绪尔、乔姆斯基和韩礼德的意义观

索绪尔认为,语言是一种符号系统,其根本特点是声音与意义的结合。索绪尔首先提出了"能指"(signifier)和"所指"(signified)两个概念,认为符号本身由两部分组成,即能指(意义载体)和所指(概念或意义)。语言符号的能指和所指之间没有必然的联系,是任意性的。索绪尔虽然没有完全忽视对所指的考察,但他的主要兴趣是在能指上面。索绪尔区分语言的内部研究和外部研究,把语言的声音、意义这些特征看作是语言的内部因素,把社会、文化、地理、方言等看作是语言的外部因素。他认为,语言的外部因素不影响语言的内部结构,因此把语言学的研究对象定位在语言的内部研究而不是外部研究。但实际上他在进行内部研究时,注重的是对形式结构的描写,而忽略了意义的刻画和解释。索绪尔及其后的布拉格学派、哥本哈根学派、描写语言学派等结构语言学都继承了索绪尔语言理论的基本精神,即强调研究语言的结构、研究语言内部各要素之间的结构关系,强调语言是形式而不是实体,坚持从形式出发研究语法,而忽略了对意义的研究。

乔姆斯基在 1957 年提出转换生成语法时,最初也是把注意力集中在句法上,将语义排除在他的语言体系之外。20 世纪 60 年代初,乔姆斯基接受了 Katz & Fordor(1963)等人的建议,在《语法理论要略》一书中考虑了语义因素,提出一套解决语义问题的理论,即标准理论。标准理论分为语法、语音、语义三个部分,这是语言学史上第一次把语义当作语法的一个子系统来研究。但乔姆斯基没有赋予三者以同等的地位,在句法和语义的关系上,乔姆斯基主张句法自主,认为句法研究可以不必依赖语义概念而独立进行。他认为,"很清楚,正如 Katz、Fordor 所强调的,句子的意义是建筑在其基本成分的意义以及它们的结合方式的基础上的,表面(直接构成成分)结构提供的结合方式一般跟语义解释几乎全然无关,然而在抽象的深层结构上表达的语法关系在许多情况下却决定句子的意义"(Chomsky,1986)。语法的基础部分生成句法表达式,然后在语法的语义部分中

通过一定的语义规则（projection rule）对句子的深层结构做出解释。语法系统中只有句法部分才具有创造性、生成性，语音和语义部分只有解释性，没有生成性。他的标准理论中关于语义的理论被称为解释语义学，是修改后的转换生成语法的重要组成部分。乔姆斯基并非不考虑语义和语用等因素，只是把它们放在次要的位置，尽管后来他对自己的理论又做了几次较大的修改，但是语法和语义的基本关系并未变动，即把语法看作是语言的基础。他仍然遵守着描写语言学的一个见解：句法是独立于语义的，句法研究不应以语义为基础，形式必须独立于意义之外进行描述。

韩礼德与乔姆斯基不同，他从一开始就认为语义决定句法，认为语法描写应该从意义入手，把语言看作一种可供选择的、用于表达意义的源泉。他认为语法在本质上就是一个语义系统，通过从成千上万的具体语义和功能中抽象出来的三大元功能（metafunction），即经验功能、人际功能和语篇功能，来实现不同社会环境中语言使用的具体目标。他的系统功能语法包括"系统语法"和"功能语法"两个部分。系统部分指明语言不是所有合乎语法的句子的集合，而是由可供选择的众多意义子系统组成的系统网络，称为意义潜势（meaning potential），即意义的有规则的源泉。人们用语言表达思想时，必须在有可供选择的语义源泉上做出相应的选择。功能部分则体现了语言作为社会交往的工具的实质。总之，语言系统的形成正是人们在社会发展过程中为了实现各种不同的意义和功能构成系统功能的结果。可见，韩礼德的语言研究重视语义，想以功能印证形式。

韩礼德发展和扩充了英国人类学家马林诺夫斯基的情境语义观。马林诺夫斯基是英国伦敦学派的创始人，他着眼于言语的文化和社会背景，想使语义研究向社会科学的方向靠拢，他把意义归结为情境（context of situation），认为词语是人们生活的一个组成部分，离开了情境就不能理解语言的意义。韩礼德在此基础上，扩充了情境的外延和内涵，进一步从说话的题材、参与的人物及表达方式三个方面来看情境。例如，语言交际的内容是学术问题还是生活琐事，是通过书面语还是口头表达，这种种不同的方面都可以看作是语言的情境，都会影响到词语的选择，影响意义的表达。

三、分析

在对"语言"概念的共识方面，索绪尔、乔姆斯基和韩礼德都认识到了语言有语言形式和语义内容两个不同的方面，不同的是如何看待二者之间的关系。索绪尔认为二者是互不相干的，乔姆斯基认为语言形式决定语义内容，韩礼德则认为语义内容决定语言形式。这种认识上的差异是如何产生的呢？我们认为，索绪尔、乔姆斯基和韩礼德对语言本质的认识差异，和由此产生的对语言研究任务的不同定位，导致了关于意义的不同的理论观点，不同的意义观又对各自语言理论及语言研究产生了很大的影响，分述如下：

索绪尔认为语言的本质是一个由组合关系和聚合关系构成的符号系统，语言研究的任务，就是通过考察符号的系统关系，对一切能够接触到的语言做出描写，语言结构描写的前提是将语言看作一个"纯粹的价值系统"。包括索绪尔在内的结构主义，并不十分关心一个语言要素在组合和聚合的双重关系制约下的具体生成过程，而是关注对这两套关系及其相互关系的内在结构的分析。结构主义语言学对语言做出了精细的描写，使得以分布分析为核心的描写语言结构的技术趋于成熟，有利于语言分析，对后来的语言形式化研究都很有贡献。但是结构语言学忽视语义研究，认为语言学的研究对象只能是语言和为语言而研究的语言，使得语言学在很长一段时期内停留在语言的单纯的静态描写上，忽视语言动态使用的研究，影响了对语言的全面理解，这是索绪尔语言理论带来的负面影响。

乔姆斯基主张语言是位于人类心智和大脑中的语言机制（language faculty），理论目标是建立一种公式化的一般语言结构理论，一种既高度概括又极为简单明了并极具生成能力的普遍语法（universal grammar）。他认为，"必须抛弃索绪尔关于语言的概念，他把语言仅仅看作是各个（语言）项目（items）的系统累积。准确些说，我们应回到洪堡特的看法上去，他把基本能力看作是（语言）生成过程的一个系统"；"语言的语法必须描写使这一点成为可能的过程"（Chomsky，1986）。乔姆斯基侧重研究语言与大脑的关系，推进了语言深层次的研究。乔姆斯基把语法看作是语言的基础，他所建立的语法模式是形式的，而不是语义的，所以在研究方法上，乔姆斯基使用鲜明的数理符号，对语言进行高度形式化、抽象化的研究，促进了计算机科学在人工智能、机器翻译和人机对话等方面的迅速发展，为语言和计算机和的紧密结合做出了贡献。但是他认为语言运用不反映语言的本质，因此把研究对象定位在语言能力上，研究理想的说话者在理想的语言环境中，在不受任何外界影响之下所运用的语言。实际上和索绪尔一样，乔姆斯基研究的是语言的理想状态，仍然忽视对活的语言的研究，导致了语言和社会功能的脱节。

韩礼德不同意索绪尔的单个符号系统观，而把语言看作是一个多层次并且各个层次间相互联系的系统。韩礼德认为，语境决定语义，语义决定形式，语言不能同社会和文化相脱离。因此，语言研究的目的是为了论证语言功能决定语言形式。他一改以往语言研究忽视语义研究的传统，把对语义的研究提高到一个很高的地位。他集中力量去发现和描写由于社会情境和说话人的情况不同而产生的各种语言的变体。以韩礼德为代表的系统功能语言学突破了形式主义关于语言系统的静态观和平面观，以功能解释形式、语言与语境互动为根本原则，对语言系统做出了动态的、立体的理解。其研究的视野已扩展到现实生动的语言活动，即具体、特殊的话语和大于句子的语篇，而并不单单局限于为证实理论而人工造出的句子。这丰富了语言研究的内容，扩大了语言研究的视野，深刻揭示了语言的创造性本质。

索绪尔的语言是社会的，是集体心智的产物；乔姆斯基的语言能力是个人的，是人脑的特性之一，但两人都认为语言可以独立地作为客体对象加以研究。韩礼德的语言是一种社会符号，是一个在社会情景中用于表达不同功能、对语义进行选择的多层次的网络系统。韩礼德的理论实际上是一种外化的知识；乔姆斯基是内在的语言知识，乔姆斯基虽然也同意有这种外化知识的存在，但没有把它作为重点来研究；索绪尔区分了语言和言语，而研究重点仅在语言而不在言语上。乔氏与韩氏研究的区别之处就是是否认为语言能够作为独立的客体对象加以研究。就侧重语言的语言形式而忽视语义内容及与社会功能的联系而言，索绪尔和乔姆斯基是相同的，而韩礼德与此二人是不同的。从形式描写上看，索绪尔用结构分析的方法，乔姆斯基用转换生成语法，运用数理逻辑的方法，虽然也是一种描写，但描写的对象不同。索绪尔描写的是结构本身，乔姆斯基描写的是人的大脑语言机制。在解释语言方面，乔姆斯基与韩礼德有相同之处，而索绪尔与此二者是不同的。从解释的方法来看，乔姆斯基的解释重在形式方面，而韩礼德的解释重在功能方面。

四、现代语言理论和语义研究的关系

索绪尔、乔姆斯基和韩礼德的语言理论代表了语言学的不同流派，也体现了语言理论和语言研究的发展变化的过程。从这个发展过程中，我们又可以理出一个语义研究发展的脉络。可以说，现代语言学说为语义学开辟了广阔的前景，语义学的发展得益于现代语言学说的建立和发展，语义学的产生和发展又直接影响甚至制约着现代语言学说的发展。语言学说和语义学之间是相互影响、相互制约的。

传统的语言研究是注重意义的，如中国古代的训诂学，古印度、古希腊也有各自的传统，但是它对意义的阐释仅限于对古籍的校勘和考订。索绪尔虽然不重视意义的研究，但19世纪初，他的普通语言学理论的建立，使得语言研究不再只是被当成了解古代的典籍以及风俗、习惯、制度的工具，而是成为一门独立的、有自己的理论和方法的科学；正是在语言研究发展的大背景下，语义的研究才能够成为语言学的一个分支——词汇学的重要内容。

索绪尔强调语言的符号性，但是他的结构主义立场使得他实际上将符号的核心（即符号意义）排除在语言学之外。索绪尔的这一选择，导致了此后的结构主义语言学过分注重符号的系统关系而忽视符号本身意义的研究倾向。但是索绪尔的结构语言学给语言学增添了活力，影响很大。20世纪初，欧洲一些语言学家用结构主义的理论和方法对语义进行研究，使得语义研究开始出现了一些新的面貌，渐渐形成了结构语义学，标志着现代语义学诞生。

20世纪30年代以后，语法研究主流强调形式，由于摆脱了主观内省的意义纠缠，语法研究飞速发展，但是偏重形式的研究发展到一定阶段又出现种种消极现象。结构语言学由于在研究中无视意义，只按分布和替换原则对结构进行分析，结果路子越走越窄，引发了乔姆斯基革命，也就有了解释语义学的产生。解释语义学尽管有缺点，但终究是语义研究的进步。过去语言学家只重视对句法结构的研究，忽视对语义的探讨，对语义问题的考虑促进了乔姆斯基理论的发展，同时又引起语言学界对语义问题的关注，在语言学界掀起了一场以语法和语义之间的关系为焦点的十年大辩论，转换生成语法学派因此出现了分化，产生了一些新的语义流派，如生成语义学、格语法等，为语义学的研究开辟了一个新的天地，是语言研究的一大进步。

随着对语言研究的不断深化，许多学者已认识到语义研究的重要性，不研究语义，就无法对语言做出全面而又深入的描述，语义又成为语言研究的焦点。现代语义学突破了对词语意义的研究，扩展到对句义以及影响句义的各种因素的研究，研究方法也不局限于主观的内省，而是使用了一定程度上可以客观验证的语义特征分析、语义指向和语义配价等方法。韩礼德的功能语言学不但不回避语义，而且把意义的研究提到了一个相当高的地位。还有近年兴起的认知语言学，就是一种重视功能、语义因素对句法的促动、制约作用，从概念结构而不是形式构造入手分析语言现象的新理论，它以语义为中心研究意义如何决定形式，意义成为语言形式的动因，它又是以认知心理为依据，已被证实具有心理真实性。认知语言学本质上是语义的。

由上面的分析可以清楚地看到，现代语义学的兴起和发展，是语言学自身矛盾激化的结果。"语法研究走过了一条一个时期偏重意义、一个时期偏重形式的反复转移重点的道路。重点相似的后一时期并不是在更高阶段上的发展。"（胡明扬，1997）但同语言的其他部分相比，语义研究仍然处于滞后的状态。这主要是由语义自身的性质决定的。意义来源于客观事物的现象，具有一定的客观性，但是由于人们认识能力、认识角度的不同，对客观事物的认识与客观事物本身不可能完全同一，而是有或多或少的差异，这就使得意义具有一定的主观性。意义反映人们对事物的概括的认识，但在具体的话语中，又是具体的。为了保证言语交际的正常进行，意义必须具有一定的稳固性，但在实际的需要中，意义要随着客观事物的变化和人的认识的变化而发生相应的改变。总而言之，意义是个开放的系统，既稳定又常常变化，同语言系统中的语音、语法相比，内部层面关系最复杂，它与语言所反映的极为复杂的客观世界联系最密切。这些特点都决定了意义的不可捉摸性，使它成为语言中最复杂、最难研究的一部分。另外，由于语义反映人类的思维过程和客观实际，所以语义学与哲学、心理学、逻辑学、人类学、社会学等学科有密切关系，要全面、深入研究语义现象，就必然涉及上述这些邻近学科的一些尚未解决的理论问题，也使得对语义的研究落后于语言其他方面的研究。语义研究虽然取得了诸多成果，但是仍有较大的拓展空间。

五、结语

人们使用语言是为了表达思想、交流感情，语言存在的价值在于它能传达不同的意义。任何语言形式都必然要有相应的语义内容，对意义的研究和形式描写同样重要。归根结底，语言中各语言单位的组织最终是为了表达意义，使人了解话语的意思。因此，语言研究中"要形式和意义互相渗透，讲形式的时候能够得到语义方面的验证，讲意义的时候能够得到形式方面的验证"（朱德熙，1985）。我们不能设想一种理论就可能解决所有的语言问题，但不管怎样，语义对于语言理论来讲是基本的、关键的，语言理论一定要试图对语义现象提供最佳的解释，语言研究才能有更深入的发展。

参考文献

[1] F. de. Saussure 普通语言学教程. 高名凯，译. 北京：商务印书馆，1980.
[2] 冯志伟. 现代语言现代语言流派. 西安：陕西人民出版社，1999.
[3] 胡明扬. 语义和语法——祝贺《汉语学习》出版 100 期. 汉语学习，1997（4）.
[4] 胡壮麟，等. 系统功能语法概论. 长沙：湖南教育出版社，1989.
[5] 贾彦德. 汉语语义学. 北京：北京大学出版社，1999.
[6] 刘润清. 西方语言学流派. 北京：外语教学与研究出版社，1995.
[7] 戚雨村. 现代语言学的特点和发展趋势. 上海：上海外语教育出版社，1997.
[8] 石定栩. 乔姆斯基的形式句法. 北京：北京语言大学出版社，2002.
[9] 伍谦光. 语义学导论. 长沙：湖南教育出版社，1988.
[10] 徐烈炯. 语义学. 北京：语文出版社，1990.
[11] 朱德熙. 语法答问. 北京：商务印书馆，1985.
[12] Chomsky, N. Aspects of the Theory of Syntax. Cambridge, Mass.: MIT Press. 黄长著，等，译. 句法理论的若干问题. 北京：中国社会科学出版社，1965.
[13] Chomsky, N. Syntactic Structure. The Hague: Mounton & Co., 1957.
[14] Chomsky, N. Rules and Representation. Cambridge: Cambridge University Press, 1980.
[15] F. de. Saussure Course in General Linguistics. Translated by Wade Baskin.Beijing: China Social Sciences Publishing House Chengcheng Books LTD, 1959.
[16] Halliday, M.A.K. Exploration in the Functions of Language. London: Edward Arnold, 1973.

作者简介

　　王霜梅，1974年生，毕业于首都师范大学，文学博士，副教授。主要研究方向为汉语语义、语法。已在学术刊物发表专业论文30余篇。

（原载《外语与外语教学》2006年第1期）

副词"还"的语义—语用接口研究

邓川林

▲ **摘要** 副词"还"将焦点项置于语用量级的较低点,表示不太可能成立的命题仍然成立。"还"的所谓"减量"和"增量"用法实际上对应其量级含义的不同层次。在实际使用中,"还"所蕴含的量级关系与其主观性和反预期的用法紧密相关。量级含义理论对于这类副词的语义—语用接口现象具有很好的解释力。

▲ **关键词** 量级含义;副词"还";语义—语用接口

一、引言

在现代汉语语法研究中,副词"还"的意义和用法一直颇受关注,其核心问题包括三个方面:第一是"还"的基本语义。刘月华等(2001)认为"还"属于表示重复的副词,而更多研究者认为"还"表示行为或动作的持续或延续(高增霞,2002;张宝胜,2003;武果,2009;等等)。对此目前学界尚未达成共识。第二是"还"表示的量级关系。已有研究发现,"还"能够表达相反的数量或程度意义。吕叔湘(1980)认为"还"可以表示"扬"的语气,也可以表示"抑"的语气。马真(1980)和刘月华等(2001)都提到"还"可以表示程度深,也可以表示程度浅。这种"增量—减量"的反义共存现象尚未得到合理解释。第三是"还"的语气用法。张宝胜(2003)根据沈家煊(2001)的分析,用"元语增量"来分析"还"的主观性用法。武果(2009)认为这是从客观持续义发展而来的主观反预期意义。这类用法的产生机制和理据还有待深入分析。

本文将基于量级含义(scalar implicature)的理论和方法来分析"还"的语义—语用接口现象,回答上述问题。量级含义是基于语用量级(pragmatic scale)推理得出的特定会话含义,是新格莱斯语用学代表性的成果(见 Horn,1984;

Hirschberg，1985）。语用量级在狭义上由数量、程度、频率等典型的等级词项构成，在广义上由焦点标记和量级副词等语法手段实现，由交际双方的百科知识和语境信息构成。这为研究副词"还"词汇与句法界面的互动关系提供了绝佳的范本。此外，当某个命题成立时，可以基于量级关系推出特定的言外之意。这在"还"所表示的命题意义和会话含义之间建立了联系，同时可以有效地区分语义内容和语用信息。最后，极性词项和否定成分经常用于表示极端量级含义，这些成分同"还"的搭配关系可能是其强调、对比以及反预期等话语功能的主要来源。由此可见，量级含义通过简明的规则和严谨的方法，可以合理地分析并解释副词"还"丰富而多样的语法现象。

下面将从量级含义的角度，探讨"还"的基本语义和量级关系，系统分析其语义内容和语用功能，进而对其实际使用中多样化的用法做出合理的解释。

二、语用量级与"还"的意义

1. 基本语义：重复还是持续

从语义内容上看，副词"还"表示"不太可能成立的命题仍然成立"。吕叔湘（1980）、《汉语虚词例释》（1982）都指出，"还"表示状态或行为保持不变，接近于"仍然""仍旧"。Yeh（1998）和武果（2009）也提到了"还"类似于英文的 still。实际上以往所谓"重复""持续/延续"等说法都不准确，因为"还"句中经常有"今天""现在"等成分，如例（1），表示命题在特定时点仍然成立，而非某个时段内的持续状态[1]。如果说重复义是"回到原来状态"，所谓的持续义就是"保持原来状态"[2]。二者的共性远大于差异，即"在不同情况下保持相同状态"[2]，也就是申明该命题在当前情况下仍然成立。

(1) a. 我们关系一向很好，<u>直到今天还</u>保持着友谊。（王朔《我是狼》）
　　b."……你不会是从一开始就不爱我吧？""当然不是，<u>我现在还</u>爱你。"（王朔《过把瘾就死》）

---

[1] 值得注意的是，研究者似乎在概念上刻意区分了"持续"和"延续"，但并没有相应判断标准的支持。高增霞（2002）称"延续"，武果（2009）称"持续"，张宝胜（2003）统称为"继续""持续"义。这从侧面说明单独为副词贴上某种语义标签并不是最佳的解决方案。

[2] 匿名评审专家对此提供了更为精妙的解释：如果把事件在时间顺序上分为三个阶段——"起始阶段 A""中间阶段 B"和"终端阶段 C"的话，"持续"和"重复"的共同点是都是 A=C。这恰恰是"还"表义的重点。

从语用蕴含上看,"还"表达一种基于语用量级的特定语义关系。在前人的研究中,Yeh(1998)指出表时间持续的"还"可分析为量级算子(scalar operator)。沈家煊(2001)认为"还"是表示增量的副词,并运用二维量级模型分析了其所在句式。高增霞(2002)认为"还"的功能是在句中激活一个时间、等级或预期的序列。这些都从不同方面指出了相同的事实,即"还"蕴含特定的量级意义。

"还"的量级含义可以通过句法上的同现关系得到证实。一方面,副词"还"对焦点成分敏感。焦点是在语义上凸显的成分,作为变量同上下文和语境中的其他可替换成员形成对比,构成语用量级的有序集合。该集合根据命题的信息量和语力强度排列,体现出命题成立可能性的大小。如例(2a)中"还"同"将来"相关联,并与"过去""现在"形成对比。另一方面,"还"将该命题置于语用量级的较低点。如"还"经常用于连续小句的后一分句,起到追加和补充说明的作用;"还是"用于选择问句时,仍关联后一选项,如例(2b)。不仅如此,"还"可以带上"就算"等连词表示极小值,如例(3)中"一夜夫妻""瘦死的骆驼"分别处在各自量级的较低点。"还"甚至能用于最典型的量级构式"连"字句,如例(4)。焦点项在集合中的位置决定了特定的量级含义:"还"在肯定命题成立的同时,隐含该命题不太可能成立的意味,从而推知其他命题更可能成立。

(2) a. 过去是这样,现在是这样,将来也必然还是这样。

b. 我就要听你用嘴说,爱还是不爱?(王朔《过把瘾就死》)

(3) a.(就算是)瘦死的骆驼,(也)还比马大。

b. 一夜夫妻还百日恩呢。(王朔《一点正经没有》)

(4) a. 连你还不能跑完一万米呢,我更不行了。

b. 连平面几何还没学过,何况解析几何。(引自吕叔湘,1980)

"还"的量级含义也受到重音影响,因为对比重音具有指派语义焦点的功能。例(5)中如果重读主语,则听话人可以推知该焦点项和上下文中的其他人形成对比,如果加上"现在"等时间状语,则表示前后时间对比。在句中没有状语,而"还"本身又拿到重音时,则更强调"该命题仍然成立"的基本语义,不具备明显的对比性,因此也没有相应的量级含义。

(5) a. 他还在图书馆。

b. 老赵还没回来。(引自吕叔湘,1980)

综上所述,"还"的基本语义是表示不太可能成立的命题仍然成立。其语用意义是将焦点项置于较低的语用量级,表达数量性的会话含义,并受到会话原则的制约。可设"还"所在命题为 P(x), x 为变量集合,用 F 代表焦点项,M 和 m 分别代表量级较高点和较低点,则有 $\{[xM>xF]>xm\}$[3]。副词"还"表示相对于上下文或语境中的对比项 xC 而言,焦点项 xF 成立的可能性更低。即 LIKELIHOOD[xC>xF],且 P(xF)=1。

2. 量级关系:增量还是减量

"还"的量级含义可以很好地解释为什么它可以表示所谓"抑"的语气和"减量"的用法,即"把事情往小里、低里、轻里说"(见吕叔湘,1980;刘月华等,2001)。"还"多用于修饰褒义形容词,表示处于该状态中较低的量级,即"勉强过得去"的意思,可以扩展为"还算",如例(6)。这也间接说明前文分析的合理性,因为这类用法都不能用"重复""持续"来解释。如例(7)指的是该命题勉强达到"不错""胜任"的标准,即在各自量级中处于最低点。

(6) a. 最近身体怎么样?——还好,还好。

b. 这张画画得还可以。(引自吕叔湘,1980)

(7) a. 这部小说写得怎么样?——还不错,值得一看。

b. 他这个人当个基层干部还能胜任。(引自刘月华等,2001)

副词"还"也有所谓表示"扬"的语气和"增量"的用法。这看似同前面"抑"的语气和"减量"的用法形成对立,但实际上这类用法很受限制,一般指的是"A 比 B 还 X"的格式,如例(8)。比较可知,"还"无法直接说成"B 还 X"(马真,1980),说明"还"必须用于比较句格式之中,而并非直接修饰后面的成分。例(9)更突出了这一点。仔细想来,在这种格式中"还"仍然将整个命题置于量级较低点。因为"B"已经处于 X 量级较高位置,是成立可能性较高的命题。所以"A 比 B 更 X"是成立可能性较小的命题,处于该命题所在语用量级较低的位置。这就是为什么这类格式往往表示极端情境,甚至产生出了比喻性的用法。如例(10)中,无论"麦子比小山高"还是"吃的盐比吃的米多",都是不太可能成立的情况,

---

[3] 根据数量准则,当焦点项命题成立时,可以推理出量级更高的命题均成立,而量级更低的命题不成立。那么从绝对语义空间{}来看,当 P(xF)成立时,可知 P(xM)也成立,而 P(xm)不成立。这一量级关系和推理意义是固定的,体现出量级含义稳定性的一面。根据关系准则,语用量级是会话双方根据具体言谈语境中焦点项和对比项的关系共同建构,因此依赖于语境和背景知识——在表示命题为真的相对语义空间[ ]中,P(xF)处于较低位置。这一部分量级受上下文影响,体现出语用量级动态性的一面。

因此该命题的成立带有较强的夸张效果。如例（10c）中"胳臂比火柴棍儿还细"是要突出前文"瘦"的程度。这类结构的强调意味正是由于命题成立的可能性低，因此带有出乎意料之感[4]。

(8) a. 二勇比他哥哥大勇还壮。——*二勇还壮。

b. 二勇比他哥哥大勇更壮。——二勇更壮。

(9) a. 声速快，光速比声速还快。

b. 你急，我比你还急。（引自刘月华等，2001）

(10) a. 场上的麦子堆得比小山还/都高。

b. 我吃的盐比你吃的米还/都多。

c. 你看他瘦得，胳臂比火柴棍儿还/都细。（引自马真，1980）

以往研究注意到了"还"和"更"的不同，而我们还注意到了"还"和"都"的相同：二者均可以做比较和比拟，且二者都可以用于"连"字句。这进一步支持了我们对于"还"的语义的判断。因此"A 比 B 还 X"其实就是"连 B 都不如 AX"的意思，是相同量级关系的不同表达方式。

另一种所谓"增量"的用法指的是数量、项目的增加或范围的扩大，但这种用法多指"除了提到的情况外，另有增补"（刘月华等，2001）。如例（11）都表示额外和附加的情况，相对于支持者或比赛项目而言有增量含义，但对于该命题本身而言则是少数和特别的情况。同时很多句子保留了"仍然"的意思（吕叔湘，1980），如例（12a）中相比于已知的旧矛盾，新矛盾显然成立可能性较低；从例（12b）中可以推知，已经有很多游客不在山底了。

(11) a. 除了他们，还有谁支持你的意见？

b. 按照规定，复试者还要唱一支外国歌。

(12) a. 旧的矛盾解决了，新的矛盾还会产生。

b. 往背后一看，山底下还有不少游客。

"还"所表示的比例性（proportional）的量级高低和基数性（cardinal）的数量增减不是简单的一一对应关系。副词"还"表示较低量级的命题成立，这经常被解读为减量用法，即 [xF<xC]。同时"还"暗含高于该量级的命题均成立，这种全量意义有时又被解读为增量用法，即焦点项 P（xF）为真时，对于任意对比项 xC 而言，P（xC）均为真。由此可见，"还"占大多数的减量用法和少数所谓

4　用极性语义来突出程度之深，是较为常见的语法手段（如"累死了""超好看"等）。

的增量用法具有内部一致性,其背后蕴含着相同的量级关系。

3. 逻辑语义:让步还是递进

量级含义理论也可分析副词"还"在复句中多样化的用法。首先,副词"还"表示较低量级的命题仍然成立,具有让步意义。这表现为"还"经常与"虽然""即使""尽管"等关联词语搭配,如例(13)中前一分句给出限制条件,说明后一分句命题不太可能成立。但后一分句用"还"表示该命题仍然成立。这种让步意义在省略前件关联词语时仍然存在,如例(14),即"还 P(xF)"表示尽管 [xF<xM],但 P(xF)仍为真。

(13) a. 演出虽然已经结束,人们还不愿散去。

b. 即使有了一些成绩,也还要继续努力。

c. 别看我身体不好,做这个工作还行。

(14) a. 他已年过七十,精神还那么饱满,步子还那么轻快。

b. 离市区远一些,可是交通还挺方便的。(均引自吕叔湘,1980)

其次,副词"还"关联的焦点项还可以和前一分句形成对比,搭配"不但""不仅""不光"等关联词语,具有递进意义。如例(15)中,"修理"比"会开"更难,"降低成本"比"增产"可能性更低,"干"比"说"也更不易成立。该句式都可以填入"甚至"表示递进。也就是说,"还"用于后一分句时,均表示不太可能成立的命题仍然成立。如果前一分句表示限制条件,则整个句子具有让步关系;如果前一分句表示对比项,则整个句子具有递进关系。

(15) a. 小伙子不仅会开拖拉机,坏了还会修理。

b. 我们厂不但增产了,还降低了百分之二十的成本。

c. 光说不行,还得干。(均引自吕叔湘,1980)

当"还"用于前一分句时,表示"尚且"的意思。如例(16)中,因为小车容易通过,所以小车通不过而大车通过的可能性更低;因为一个月相比于一个星期更容易看完书,那一个星期看完就是不太可能的。这是由于否定命题会实现语用量级的倒置(见 Fauconnier,1978)。

(16) a. 小车还通不过,更别提大车了。

b. 这些书一个月还看不完,不用说一个星期了。

尽管"还"本身的语义不变,但是结合其他句法条件,可以表达多种逻辑语义关系。这些条件包括条件分句、前后对比、否定成分、小句位置等。它们和副词"还"在使用中形成了固定的形式—意义匹配关系,从而获得特定的句式语义。这使得相同的量级含义之下,实际用法上出现多样化的具体情况。

三、言语互动与"还"的功能

1."预设"还是"预期"

副词"还"用于交互语境之中,会衍生出命题意义之外的情态意义,具有多种主观性和反预期的用法。"还"关联的语用量级是由焦点项所触发的预设集合,这同说话双方的预期紧密相关。加上"还"表示焦点项处于量级较低点,因此该命题的成立是小概率的情况。如例(17)强调该命题实现之难,因此有出乎意料之感,往往可以补上"居然"。这是在副词"还"原有量级含义的基础上,通过回溯推理得到的隐含意义:若"还"的量级含义可表示为较难成立的命题成立(LIKELIHOOD[xC>xF],且P(xF)=1),则该命题的成立亦可以估推出其成立可能性之低(当P(xF)=1时,LIKELIHOOD[xC>xF])。

(17) a. 下<u>这么大雨</u>,没想到你<u>还</u>真准时到了。(吕叔湘,1980)
　　　b. 他们母子失散了几十年,最后<u>还</u>真团聚了。(刘月华等,2001)

这种出乎意料的语气进一步强化,可用于表示不可思议、难以接受的意味。如例(18)中都表示对方处于该命题所在量级的最低点,因为其并不符合该集合的某种标准。这种句式往往采用"还……呢"结构,也搭配更强烈的感叹语气。

(18) a. 亏你<u>还</u>是大哥呢,也不让着点妹妹!(吕叔湘,1980)
　　　b. <u>还</u>是大学生呢,这么容易的题都不会!(吕叔湘,1980)

"还"用于反问中,对"不可能成立的命题成立"加以质疑,从而达到反驳对方的效果。如例(19a)中,由于"十二点"很难被说成"早",表达的正是不可能成立的命题成立;例(19b)中对于"他不会游泳"这一命题,说话人认为不可能成立,理由在于"他是渔民的后代"。

(19) a. 都十二点了,你<u>还</u>说早!
　　　b. 他是渔民的后代,<u>还</u>能不会游泳?

由于"还"可以触发预设的语用量级,而该命题处于该量级的较低点,是不太可能成立的。预设中的量级是言语双方所共享的知识,因此该命题的成立是预设集合中的一个较为极端的情况。所谓的反预期就是表示"不能成立而成立",这正是由"还"所蕴含的量级关系带来的语用含义。

2. "语气"还是"语力"

在实际使用中,"还"所在的句子不仅可以表达命题意义,还能发出具体的言语行为,其集合有序性体现为语力的强弱程度。"还"将该言语行为置于语用量级的较低点,具有降低行事语力的话语功能。设特定言语行为写作 S(xF),则有 S(xF)=1 且 ILLOCUTIONARY FORCE[xC>xF]。

在肯定用法中,"还是"除了强化肯定意味之外,还发展出独特的新用法,表示在比较选择之后,仍坚持原有的决定。如例(20a)表面是比较"颐和园"和"十三陵",实际表达的是"去颐和园"的决定是深思熟虑之后的结果,且带有征询意见和请求认同的"吧"。例(20b)中"想来想去"可以看出,"还"蕴含着让步意义,且用"的好"表示委婉建议。它们都不是简单陈述命题,而是做出了一种"决定"的言语行为。由于其他因素影响,使得说话人将该决定置于语用量级的较低点。例(21)将"评价"的言语行为加上"还是",在减弱语力强度的同时,照顾了对方的面子和形象。这是交互主观性的典型表现。

(20) a. 我看还是去颐和园吧,十三陵太远。

　　　b. 想来想去,还是亲自去一趟的好。(吕叔湘,1980)

(21) 我说:"要承认你们勤勤恳恳还是为革命作了贡献的,奉献精神还是值得肯定和提倡的,在平凡的岗位上还是做出了不平凡的成绩的,这成绩组织上还是心中有数的。"(阎真《沧浪之水》)

"还"可以关联否定成分,构成"还别……"结构,表示反对听话人的想法或说话人本身的固有观念。这种用法可以降低"反对"这一言语行为的行事语力,如例(22)中的"别不耐烦"和例(23)中的"别想这么远"。同时"还"将该命题置于较低量级,仍带有出乎意料之感,如例(22)中的"我还不走了"。

(22) 你还别不耐烦,你再撵我我还不走了。(王朔《过把瘾就死》)

(23) 要我说您还别想那么远,先写个赖的叫我瞧瞧。(王朔《我是你爸爸》)

这种否定用法在使用中进一步发展为"你还别说"这种习语性的构式,表示不太可能成立的命题成立。如例(24)中"人没钱"处于量级低点,而食欲旺盛处于量级高点,该命题表示"不该成立而成立"的极端语义。该结构往往承接上文,表示反预期的意义,如例(25)。在例(26)中,徐伯贤被老婆说服,表示"不想答应但仍然答应"，这是在叙述语篇中从人物角度出发的一种特殊的主观性表达。语料中最多的是用于相声台词中，如例（27）表示"不该相信而相信"，这时"你还别说"作为一种独立成分引出后续命题，已经非常接近话语标记的功能，是其量级含义和语法形式进一步构式化和词汇化的结果。

（24）你还别说,人越没钱的时候食欲越是旺盛（笑）。（《鲁豫有约·开心果》）

（25）你还别说，我还真见过不自觉的客人。（《金正昆谈礼仪之宴会礼仪》）

（26）徐伯贤斜眼瞥了老婆一眼。你还别说，人家说得既通情，又达理。（陈建功《皇城根》）

（27）甲：你还别说，自从把这些书烧了以后，他还真不看书了！（《中国传统相声大全》）

尽管具体用法纷繁复杂，而且在语言使用中也不断出现新的搭配和变体，但副词"还"所表示的基本语义和量级关系保持不变。"还"始终将所在命题置于语用量级的较低点，可以降低言语行为的行事语力，从而舒缓交际双方的紧张关系。这是"还"在交互语境中表达主观态度的深层理据。

四、余论

本文从量级含义的角度重新分析了"还"的语义—语用接口问题。文中将"还"的基本语义和量级关系有机结合起来，系统讨论了与副词相关的多重语义信息，并对其在言语互动中的多种用法做出了统一的解释。

副词是现代汉语语法研究中比较复杂的问题。一方面，副词的语法位置比较固定，语法功能比较单一，相应的句法分析手段也很有限；另一方面，副词使用频率很高，实际运用中涉及的语言现象非常多样，因此很难用单一的语义标签加以概括。如"都""也""才""就""还"等副词使用频率高、应用范围广、涉及数量、范围、时间、关联等多种语义关系，甚至无法简单将其归为某类副词[5]。

我们由此提出量级副词（scalar adverb）的概念，认为上述副词均对焦点成分敏感,具有强调功能。这类副词自身语义中蕴含某种特定的量级关系（如总括、追加、限制、重复等），因此它们能将焦点项置于语用量级的某一端点，从而和

---

[5] 对于相关副词的用法，可参见杨亦鸣（2000）、郭锐（2008）以及蒋静忠、魏红华（2010）等研究。

语境中的其他成员变体形成对比，进而带来极性语义、全量否定、反预期等多种隐含意义。量级副词这一理论思路不仅能很好地分析这类副词在单句中的典型性用法，还适用于大量存在的复句关联用法以及在口语中的主观性和交互主观性用法。这方面还有很多问题值得进一步研究。

参考文献

[1] 北大中文系 1955、1957 级语言班 . 现代汉语虚词例释 . 北京：商务印书馆，1982.

[2] 高增霞 . 副词"还"的基本义 . 世界汉语教学，2002（2）.

[3] 谷峰 . 汉语反预期标记研究述评 . 汉语学习，2014（4）.

[4] 郭锐 . 语义结构和汉语虚词分析 . 世界汉语教学，2008（4）.

[5] 蒋静忠，魏红华 . 焦点敏感算子"才"和"就"后指的语义差异 . 语言研究，2010（4）.

[6] 刘月华，等 . 实用现代汉语语法（增订本）. 北京：商务印书馆，2001.

[7] 吕叔湘，主编 . 现代汉语八百词 . 北京：商务印书馆，1980.

[8] 马真 ."还"和"更". 语言学论丛，1980（8）. 另载：陆俭明，马真 . 现代汉语虚词散论 . 北京：语文出版社, 1999.

[9] 沈家煊 . 跟副词"还"有关的两个句式 . 中国语文，2001（6）.

[10] 武果 . 副词"还"的主观性用法 . 世界汉语教学，2009（3）.

[11] 杨亦鸣 . 试论"也"字句的歧义 . 中国语文，2000（2）.

[12] 张宝胜 . 副词"还"的主观性 . 语言科学，2003（5）.

[13] BIQ YUNG O. Ye as Manifested on Three Discourse Planes: Polysemy or Abstraction. Functionalism & Chinese Grammar, edited by James H-Y. Tai & Frank F. S. Hsueh. South Orange, NJ: Chinese Language Teachers Association, 1989.

[14] Fauconnier, Gilles. Implication reversal in a natural language. In F. Guenthner & S. J. Schmidt(eds). Formal Semantics and Pragmatics for Natural Languages. Dordrecht: D. Reidel, 1978.

[15] Fillmore, Charles J., Paul Kay & Mary C. O'Connor. Regularity and idiomaticity in grammatical constructions: The case of let alone. Language, 1988(64).

[16] Hirschberg, Julia. A Theory of Scalar Implicature. University of Pennsylvania, 1985.

[17] Horn, Laurence R. Towards a New Taxonomy for Pragmatic Inference: Q-based and R-based Implicature. In D. Schiffrin(ed.). Meaning, Form and Use in Context. Washington: Georgetown University Press, 1984.

[18] Yeh, Meng. On hai in Mandarin. Journal of Chinese Linguistics, 1998(26).

作者简介

邓川林，1983 年生，毕业于北京语言大学，文学博士，副教授。主要研究方向为现代汉语语法、语用学、语义学，发表论文《副词"还"的语义—语用接口研究》《"就""才"的量级构式研究》《副词"也"的量级含义研究》《语用量级与句尾"了"的成句条件》等多篇。

（原载《世界汉语教学》2018 年第 4 期）

副词"也"的量级含义研究

邓川林

▲ **摘要** 副词"也"将焦点项置于语用量级的较低点,从而同其他较高量级成员形成对比。在命题用法中,"也"表示量级较低的命题成立,根据语用推理得到全称量化意义,衍生出表达强调、让步、全量否定的语法构式。在情态用法中,"也"表达行事语力较低的言语行为,衍生出表达建议、讽刺等功能的习语性结构,传递特定的主观意义。"也"的表意机制包括两个部分:从命题到情态的隐喻投射和从规则到规约的语用推理。

▲ **关键词** 副词"也";量级含义;语用推理;语法构式

一、问题的提出

汉语学界对于副词"也"的认识经历了逐步深入的过程。早期以"类同"说为主(见吕叔湘,1980;马真,1982;崔永华,1997;刘月华等,2001;肖治野,2011;等等),后续研究发现了"也"具有补充追加意义(如杨亦鸣,1988、2000;张谊生,2000;郭锐,2008;等等)。如例(1)中前后两个分句表示类同的情况,且"也"所在的后一分句补充或追加说明前一分句。这可以较好地解释副词"也"最常见的命题性用法。

(1) a. 你去,我也去。
　　b. 他很爱打排球,也很爱踢足球。
　　c. 风停了,浪也小了。(引自马真,1982)

然而对"也"的语义仍留有探讨空间。一方面,"也"可以用于"连"字句表示全称量化,也可搭配极小量的"一"或任指性的疑问代词,表示全量否定意义，如例（2），其句式意义无法从"也"和其他成分的语义组合得出，具有一定的构式性；另一方面，"也"还能用于会话语境中表示某种言语行为，同时传递说话人的态度或情感。如例（3）带有委婉意味，并传递纠正、提醒、建议等话语功能。这些用法似不宜均用"类同追加"来概括。

（2）a. 他连早饭也没吃，就到机场接朋友去了。
　　b. 关于那个学校的情况，我什么也不知道。
　　c. 今天闷热得很，一点儿风也没有。（引自刘月华等，2001）
（3）a. 这件事也不能全怪他，主要是我做得不对。
　　b. 老太太也不怕滑倒了摔着，下着雨还出来走。
　　c. 你这样翻译也不能算错，不过……（引自刘月华等，2001）

我们认为"也"表示了一种基于语用量级（pragmatic scale）的语义关系，称为量级含义（scalar implicature）。语用量级是由同一语义范畴内的语义焦点和其他可替换成员或对立成分组成的集合。集合成员根据命题实现可能性或语力强度构成一个有序的等级（参看 Levinson，1983；Hirschberg，1985；Horn，1984）。本文将证明，语用量级的有序性适用于"也"的命题性用法，该用法可能在量级推理和高频使用的作用下形成新的语法构式；"也"的情态意义是命题意义隐喻引申而来，其新兴用法可以通过量级模型得到解释。量级含义理论能够系统地刻画"也"的意义和功能，并对其背后的机制和规律做出有益的探索。

二、语用量级与命题用法

语用量级为"也"的"类同追加"意义提供了全新的解读。所谓"类同"指的是前后分句处于同一预设集合之中，且焦点项和对比项关联的命题都成立。"追加"表明副词"也"关联的命题成立的可能性低于前一命题。这类句式主要通过前后分句的对比来确定语义焦点，其辖域可以是主语、谓语或整个句子[1]。副词"也"作为焦点敏感副词，用于后一分句，表示在量级较高的对比项命题成立的情况下，追加说明量级较低的焦点项命题成立。如预设命题为 P，由前后分句的共性部分

1　马真（1982）、杨亦鸣（1988）等研究已经意识到焦点成分是前后分句对举的结果，因此可以是名词性成分或谓词性成分。副词"也"表示所在分句命题处于量级较低点，其焦点可以是左向关联或右向关联，但其所表达的量级关系保持一致。

构成；设变量为 x，包含对比项 x0 和焦点项 xF 等可替换成员构成的语用量级；则有：P（x0）=1, P（xF）=1, 且 LIKELIHOOD[x0>xF]。

广义上的语用量级基于说话双方的共同认知基础（common ground）构建而成。在实际语篇中，它包括数量等级、时空顺序、事理逻辑、信息新旧等多种形式，其共性是依赖于命题成立的可能性程度。

（一）数量等级关系

最典型的语用量级由语言中表示数量、程度和频率等极差关系的词项构成。量级命题包括肯定、否定两种形式。如例（4）中"也"同"一两年"搭配，小于"多活几年"。例（5）中，对于"x 不多"这一否定命题而言，数量较大的反而成立可能性更小，因此"二十六"处于量级较低点。同理,例（6）中预设为"球员身材不高"，而黑人外援是"第一高度"，相比于其他球员最不符合预设，处在这一语用量级的较低点。这是语用量级正负倒置现象的体现，即肯定命题和否定命题的成员顺序刚好相反（见 Fauconnier, 1978）。这从正反两方面说明副词"也"是在前句表示较高量级命题成立的条件下，追加较低量级命题成立的信息。

（4）还是很想<u>多活几年</u>，哪怕<u>一两年</u>也好。（冯唐《万物生长》）

（5）你能生多少？<u>十六个</u>！好！生！<u>二十六个</u>也不多！（老舍《老张的哲学》）

（6）三星球员身材不高，第一高度黑人外援豪夫也<u>仅仅 2 米</u>。（《文汇报》2001 年）

例（6）还表明，副词"也"经常同"只""仅""有点"等表示较低量级的词项搭配[2]。其中副词"也"表达了一种"前大后小"的量级关系。

（二）时空顺序关系

副词"也"可以用于连续事件中，表示在前一分句事件发生后接着发生后一分句的事件，体现出一种"前早后晚"的序列关系，如例（7）。先发生事件成立的可能性高于后发生的事件。这种前后相继的关系还可以找到形式上的线索，"也"可以同"随即""跟着"等表示后续事件的词语连用，如例（8），进一步证明了"也"在事件序列中处于较晚时段。

（7）沪生果然干了一杯白酒。夏顺开也毫无含糊地<u>连干三杯</u>。（王朔《刘慧芳》）

---

[2] 副词"也"关联的焦点项可能带有对应的表示低量级的修饰语，其共现关系见附表 1。篇幅所限，正文以文本分析为主，统计数据附于文后，不再赘述。

（8）李朝生见关雎尔"噗嗤"一声笑了，也跟着笑。（阿耐《欢乐颂》）

副词"也"还可以表示空间位置"前早后晚"的观察顺序。如例（9）是从左至右进行观察，例（10）是从中间到旁边进行观察。

（9）及至他把眼光从远处往回收，看见一株大树下，左边露着两只鞋，右边也露着两只，而看不见人们的身体。（老舍《老张的哲学》）

（10）这些地方车辆停放井然有序，周围也很清洁。（《厦门日报》1982 年）

副词"也"和方位词项搭配的用例中，从左至右（229<1139）、从中间到周围/旁边/附近（623<1389/1090/909）、从上到下（48<59），其数据都呈递增趋势。这一有趣现象反映了人们空间认知上的视觉习惯。"也"前后分句不能任意互换，实际上通过线性顺序的前后传递了观察视角的推移。

（三）事理逻辑关系

副词"也"可以用于表示事理关系的前后句中，体现一种"前因后果"的语义关系。如例（11）（12）中"生气"和"抱歉""信了"和"慌了"之间都存在事理上的先后关系。在句法搭配上，"也"经常同"因此""那么"等表示结果的关联词语连用，如例（13）。从命题成立的可能性看，只有原因或前提先成立，结果或推论才能成立。这种从表述顺序到逻辑先后的关联是一种语言像似性的体现[3]。

（11）我知道你们很生气，这件事我也很抱歉。（王朔《刘慧芳》）

（12）这回高原信了，也慌了，抓着我的肩膀说："走，上医院。"（庄羽《圈里圈外》）

（13）荷西去沙漠当潜水员，三毛因此也去了沙漠。（《作家文摘》1996 年）

（四）信息新旧关系

有些"也"的用例中，前后句之间似乎没有明显的量级差异。但说话人使用"也"，实际上是遵循从已知到未知的信息传递顺序，体现了"先旧后新"的量级关系。这在语篇结构中表现为"承前启后"的衔接功能。如例（14）中前后句的"喜"和"忙"都同上下文相呼应。例（15）通过人称上的顺承关系表达信息传递中的先后顺序：已知信息先成立，未知信息后成立。副词"也"可以搭配"再说""二来""另一方面"等表示后续信息的词项。例（16）中"也"用于多项并列小句

---

[3] 此处事理逻辑关系指的是基于百科知识和交际背景的宽泛解读。严格来讲，"我知道你们很生气"和"这件事我很抱歉"之间可能不是真正意义上的因果关系，但前后分句之间仍有较为自然的情理联系。

的最后一项，表示教徒弟的主要原因是"练功传艺"，并将"获得收入"置于较低量级。这说明前后句本身表示的真值意义可能没有明显极差，但在信息传递中的作用仍然有先后之别。

（14）老张乐的居然写了一首七言绝句："……"老张喜极了，也忙极了。……，老张甚至于觉得时间不够用了……（老舍《老张的哲学》）

（15）王大夫就替自己的小弟担心。小弟没工作，顾晓宁也没工作，他们的日子是怎么过的呢？好在顾晓宁的父亲在部队，……（毕飞宇《推拿》）

（16）"……您有一身的好功夫，不如教几个徒弟，一来您不把功夫搁下，二来往下传，三来也有个收入，这是几全其美的事儿。"（常杰淼《雍正剑侠图》）

在命题性用法中，副词"也"固定用于第二分句，且前后分句或者无法互换位置，或者换位后表达的意思或传递的信息出现变化。这是语用量级有序性的体现。数量的大小、时空的早晚、事理的因果和信息的新旧，都蕴含着其背后关联的命题成立可能性的大小。其认知理据是会话原则中的数量准则——当说话人表述量级较高命题成立时，如果没有提供足够的信息，就需要用"也"追加说明低量级命题也成立，这样才符合足量原则。这对"类同追加"意义做出了合理的解释，同时为"也"构式化和情态性用法的分析奠定了基础[4]。

三、量级推理与构式化用法

副词"也"的命题意义在使用中形成了多样的构式化用法。从意义上说，"也"所关联的命题处于语用量级的较低点，它的成立表明其他高于焦点项的命题均成立。设"也"关联命题为 P (xF)，且 LIKELIHOOD[x>xF]，如果 P (xF) =1，则 P (x) =1。这种周遍性含义就是基于下位衍推的量级推理得到的引申意义。这是"也"构式意义的来源。该极端命题的成立不符合预设集合绝大部分的情况，因此这类构式经常带有反预期意义。从形式上说，"也"的量级含义必须同特定的语法形式相匹配，并在使用中形成规约化的格式。这种量级构式由表示量级关系的"也"和标引焦点的语法成分共同组成，包括焦点标记、量级词项和任指代

---

[4] 一方面，副词"也"表示的语序关系对应说话人观察和认知客观世界的相对顺序，这正是语言像似性的表现。另一方面，说话人有意识地运用副词"也"来表达特定量级关系，体现了语言对客观世界的能动作用。副词"也"与所在句式之间的相互作用，体现了语言的客观像似性和主观能动性之间的辩证关系。

词等多种形式。

首先，副词"也"表示较低量级的命题成立，通过对语义焦点的凸显获得强调和对比意义。在"连……也……"结构中，由"连"标记焦点项，从较低量级命题成立推理出所有命题都成立，因此和表示全称量化的"连……都……"结构具有类似的量级含义和语用功能。如例（17）传递的是"谁都不能相信"的意义。在实际语境中，"也"所关联的命题往往是最不可能成立的，带有夸张和意外的色彩。如例（18）用"就是"标记焦点，表达无论如何对方也应该认识他的意思[5]。其中"连""就是"删除后句子仍可成立，因为说话人可以通过语序或重音来标引焦点，表达相同的量级含义。这在本质上是通过量级关系的语用推理实现的。

（17）连亲两口子也都背地里留点心眼儿。（庄羽《圈里圈外》）

（18）他火冒三丈地说他在这个学校已经读了五年多的书了，就是一只狗也该认识他了。（严歌苓《老师好美》）

量级推理：
事理：焦点项为较低命题（两口子最不该留心眼／狗最不可能认识）
事实：焦点项成立（两口子都留心眼／狗都认识）
推论：较高命题更应该成立（人人都应该留心眼／所有人都该认识）

其次，"也"在搭配否定命题时可以构成量级倒置，从而表示全量否定——若最该成立的命题不成立，则其他同一量级命题均不成立。最具代表性的是"一……也不……"结构，由前面的"一"类名词词组表示该命题处于量级较低点，而否定该命题表示否定该量级其他命题，如例（19）。这可以看成是"连"字句的一种特例。此外，疑问代词具有任指功能，"谁""什么""怎样"分别表示"任何人""所有事"和"无论如何"的意思。它们搭配"也不"结构，表示无例外地对该量级全体命题进行否定，如例（20）。

（19）我（连）一句话也不说，从她的城墙下调头便走。（严歌苓《寄居者》）

（20）出门在外，除了自己谁也不要相信。（缪娟《翻译官》）

---

5 "连"字句可以同"也"或"都"搭配，分别通过追加补充和全量概括的方式构成量级关系，二者甚至可以合用。统计表明"连……也……"更偏重于指人和主观表述（见附表7），对此还需专文研究加以证实。同命题性用法相比，"连"字句强调的并非对比项和焦点项的比较，而是"最不可能成立的命题成立"这一极端语义。这种极端语义同"连……都／也……"结构进一步结合，句中可以不出现对比项，甚至可能很难找到其他量级成员，形成新的语法构式（参看刘丹青，2005）。

再次，在条件或假设复句中，由"如果""即使"等关联副词申明原因、条件或已有事实，将焦点命题置于语用量级的较低点。副词"也"则表示命题在该情况下仍然成立，从而达到让步肯定的效果，如例（21）。在没有明显关联词语的情况下，例（22）也可以通过语义关系标明让步条件。这是从周遍意义衍推而来的让步意义：尽管有条件 P，但命题 Q 仍成立。值得注意的是，"也"甚至可以作为前一分句，在肯定该命题成立的前提下，指出该命题处于量级的较低点，从而表达反向的让步关系：虽然命题 Q 成立，但仍存在问题 P，如例（23）。

(21) 如果领导同意了,将来即使发生了问题,责任也清楚。（王朔《懵然无知》）

(22) 让我一定要上哈佛或者斯坦福或者麻省理工，不要管学费，再贵也上，她讨饭、贷款也要帮我凑足学费。（冯唐《北京北京》）

(23) 这些年来我们也出现过一些表现优秀人民教师的影视作品，如《烛光里的微笑》《凤凰琴》等，但数量还不是很多。（《文汇报》2002）

最后，"也"的周遍性含义有一种极端表现形式，通过"也"的连用来表达同类成员并列，传递无例外的意义。如例（24）连续三个分句都带"也"，表示满足了全部前提条件，所以应该进行后续的行动。在多个分句中加上"也"，恰恰是抵消了线性语序蕴含的追加性，而更强调其周遍性的会话含义。该构式往往作为前提或让步的条件，同时蕴含全称量化的意义。如例（25）两个"也好"并用，作为习语结构来固定地表示"无论如何"的全量让步义。

(24) 茶也喝了，饭也吃了，酒也喝了，行啊，咱俩人干干吧。（常杰淼《雍正剑侠图》）

(25) "我痛苦也好，伤心也好，总算是为了自己，……"（庄羽《此去经年》）

副词"也"的命题用法在使用中形成了固定的形式—意义配对关系，具有一定的构式属性和规约化意义。"也"蕴含的量级关系在语用推理机制作用下，表达全称量化的会话含义。该含义和特定的语法形式相互作用，引申出强调、让步、全量否定等意义，在高频使用中形成了规约化的构式语义。这加深了我们对词项和构式之间从规则性到规约化的语义引申关系的理解。"也"本身规则性的语义内涵是其多种规约化结构的概念基础，而规约化结构又形成了新的规则，表达固定的句法语义关系，并在使用中继续发展。

四、交互语境与情态性用法

副词"也"可以用于交互语境，并非叙述和描写事件本身，而是表达说话人的态度、情感和认识。这可以看作是广义的情态用法。马真（1982）指出，"也"除了表示类同外，还可以表示委婉语气，如例（26），并认为正是类同意义减弱了话语中责怪、怨恨的语气。然而一来语境中很难找到和焦点项类同的对比项，二来类同意义不好解释马文随后指出的"也"表示无可奈何、别无办法之意，见例（27）。

（26）你也太不客气了。（引自马真，1982）

（27）这事儿也只好由他了。（引自马真，1982）

我们认为，副词"也"的情态性用法是其基本量级关系和交互主观语境相互作用的结果，具有特定的量级意义和话语功能。语用量级的有序性包含两个方面，在命题性用法中体现为命题成立的可能性程度，在非命题用法中体现为言语行为的语力强度。如果设特定言语行为为 S（x），则有 S（xF）=1，且 ILLOCUTIONARY FORCE[x0>xF]。这表明副词"也"将该言语行为置于语用量级的较低点，表达一种语力强度相对较小的话语功能。

首先，副词"也"和褒—贬行为具有相互作用关系。说话人在表示责备、怪罪等负面情绪时，用"也"表示该命题所隐含的语力强度较低。这使得该表述带有委婉意味。同时蕴含"即使有某种原因，我仍然要说如下言论"的让步意义。例（28）中对说话人"强颜欢笑"的情绪描写，衬托出话语行为的委婉让步功能。当说话人表达赞美、夸奖等正面情绪时，由于该命题成立可能性较低，因此有出乎意料之感，并往往带有怀疑和反讽色彩。如例（29）对这事的"好"解读为"悬"，甚至是"头一回碰见"，表明说话人难以置信的怀疑态度。

（28）刘顺明闻言也不禁惨然，但还是强颜欢笑地说："这也太消极了。……"（王朔《千万别把我当人》）["委婉让步"义]

（29）"可这事也太好了，好得都悬了。"戈玲道，"这年头有这种好事么？我可是头一回碰见。"（王朔《懵然无知》）["意外反讽"义]

正面的意外反讽和负面的委婉让步，都是由副词"也"的量级关系同特定话语行为相结合的结果。其中带有说话人的态度和自我印记,是一种主观性的表现。

其次,副词"也"和肯定—否定行为具有互动关系。这是"也"的主观性在认同或反对的话语行为中的体现。说话人在"对""是""不错"等表述前加上"也",将这种肯定表述置于语用量级较低点,表示"勉强认同"。如例(30)中说话人在想过之后点头接受,同时和"倒"同现,充分体现出了接受的过程和保留的态度[6]。同理,说话人在否定表述中加入"也",标明这种否定的语力强度较低,因此更照顾对方的面子和形象。如例(31)中觉新虽然不同意对方观点,但是由于长幼有别,仍然"极力压制愤怒""勉强做出笑容",同时并不敢说对方错,而是说"话不能这样说",传递出节制性的否定态度。

(30) 马林生想了想,点头道:"那倒也是,有的说了——你觉得美国能打赢么?"(王朔《我是你爸爸》)["勉强认同"义]

(31) "不过话也不能这样说,西医也有西医的道理……"觉新极力压制了他的愤怒,勉强做出笑容解释道。(巴金《春》)["节制否定"义]

上面二例说明,副词"也"除了表达说话人的自我印记、体现主观性,也同时照顾对方的面子和形象,带有交互主观性。

再次,"也"的情态用法同样在使用中进一步构式化。比如类似例(30)的勉强认同用法就发展出"说的也是"等固定格式,表示持保留意见的接受,同时照顾对方的面子和形象。这种用法已经有很强的习语性质。"也"还可搭配动词重叠的否定命题,表达带有讽刺的反向建议行为。如例(32)中说话人认为"大太爷不想想"是不应该发生的情况,处于量级较低点,因此正确的做法是"大太爷应该好好想想"。例(33)暗示"你该瞧瞧自己那德性",带有取笑和调侃效果[7]。该构式通过间接否定既成事实,达到建议相反做法的话语功能——如果说话人认为命题 P 最不应该成立,那么暗示 –P 应该成立。

(32) 我们那大太爷也不想想——自己到底是不是个生意人。(张天翼《在城市里》)

(33) "你别太狂。"赵蕾笑着说,"也不瞧瞧自己那德性,配个胡同八强还得趁别人竞技状态不佳你超水平发挥。"(王朔《给我顶住》)

最后,语用量级可以准确地描写"也"的新兴用法。如网络流行语"(我)

---

6 副词"也"用于前一分句的用法也值得关注,比如"也就算了""倒也罢了"等本来的勉强认可用于作为让步的条件,表明尽管量级较低命题不成立,但较高命题仍应成立。这些结构也具有一定的习语性。
7 动词重叠表示量小时短的情状,进而在会话中表达委婉请求,这与"也"在量级关系上较为一致。

也是醉了",就是一种蕴含量级意义的新兴构式。说话人是在较低量级命题成立时,表达无奈和讽刺情绪。这可用 Fillmore、Kay 和 O'Conner(1988)提出的二维量级模型(scalar model)来表现(见图 1)[8]。以例(34)为例,若设文章篇数为变量 J,设评价等级为变量 T,则由命题性功能"发表 J 评为 T"和 {< 篇数,评级 >} 形式的有序配对集合共同构成一个具有衍推关系的真值矩阵。因此例(34)可解读为"最不应该成立的命题成立",即:[C∧F] 为真,(我)也是醉了。例(35)代表相应的否定命题,表示的是"最该成立的命题不成立",即:[A∧D] 为假,(我)也是醉了。这符合命题的肯定—否定倒置规则。通过量级模型可以系统、合理地解释这一新兴用法,并科学、准确地"产出"该构式的合法用例。

命题:维度 1∧ 维度 2

维度 1:A>B>C;

维度 2:D<E<F。

```
      D   E   F
A  1 →
B  ↓           ↑
C              ← 0
```

图 1 二维量级模型及真值矩阵

(34)发表了<u>一篇</u>ⱼ文章就评<u>优秀</u>ₜ,我也是醉了。

[维度 1(文章篇数):三篇 > 两篇 > 一篇ⱼ,维度 2(评价等级):合格 < 良好 < 优秀 T]

(35)这么<u>大的人</u>ⱼ了还不会<u>系鞋带</u>ₜ,我也是醉了。

[维度 1(年纪):大人ⱼ> 少年 > 小孩,维度 2(行为难度):系鞋带ₜ< 做家务 < 挣钱]

"也"的情态意义应是"也"命题意义通过概念隐喻发展而来。根据 Heine、Claudi 和 Hünnemeyer(1991)概念性框架(Conceptual Framework)下的语法化理论,这一共时投射模型同时满足两个条件:(1)"也"的情态用法和命题用法之间具有概念结构上的相似性,都是将焦点项置于语用量级的较低点。(2)命题用法判断命题成立的可能性,情态用法传递言语行为的语力强度,二者处于不同

---

[8] Fillmore、Kay 和 O'Conner(1988)的量级模型是具有特定结构的命题集合。其中 1 和 0 的箭头指向表明,如果知道矩阵中某一命题为真,那么其上方和左侧的命题也为真;而如果知道矩阵中某一命题为假,那么其下方和右侧的命题也为假(详情可参看沈家煊,2001)。

的认知域[9]。此外,"也"的情态用法也发展出了多种语法构式,具有较强的主观性和交互主观性。"也"从命题到情态,从规则到规约,形成了基于同一量级关系的使用模式[10]。

五、讨论

语用量级为副词"也"繁复的用法提供了统一解释。一方面,"也"表示量级较低的命题成立,衍生出表达强调、让步、全量否定的固定格式,具有较高的能产性。另一方面,"也"表达行事语力较低的言语行为,衍生出表达建议、讽刺等功能的习语性结构,传递特定的主观意义。"也"从命题意义扩展到情态意义,反映了基于量级关系的隐喻机制。"也"从规则性用法发展出规约化的语法构式,是语用推理和高频使用共同作用的结果[11]。

"也"的研究丰富和深化了语用量级的理论内涵。首先,量级内部的有序性包括可能性程度和语力强度两个方面,分别对应命题和情态用法。其次,语用量级可以细化为数量等级、时空顺序、事理逻辑、信息传递等多种下位类型,这都是命题成立可能性的具体表现。再次,"也"的所谓反预期意义,是指该命题的成立不符合预设集合绝大部分的情况,并带有意外和夸张意味[12]。最后,"也"基于量级关系推理得到的会话含义,形成了固定的形式和意义配对。这是构式意义的主要来源。这些思考或将深化我们对量级含义理论的认识。

参考文献

[1] 崔永华. 不带前提句的"也"字句. 中国语文,1997(1).

---

9 本文的情态用法基本对应肖治野(2011)所指的"言"域用法,因此同命题用法区分开来。
10 何伟、张瑞杰(2016)运用系统功能语言学的研究方法,将"也"的意义分为逻辑意义和人际意义,同本文所指的命题性用法和情态性用法似有异曲同工之妙,但研究背景和理论方法各不相同。值得注意的是,该文把"也"的逻辑意义归纳为"追加、条件、让步、转折、假设、因果"等六种,其内部小类之间的关系尚不明了。此外,该文对逻辑意义和人际意义之间的关系也没有做出有效的说明。如认为"你也太不懂事了"中的"也"暗示"不只你不懂事,还有别人和你一样不懂事",这同真实语境有较大差距。
11 Biq(1989)、肖治野(2011)都试图解释副词"也"的多功能性,认为"也"的基本语义是并列性,多种用法之间是隐喻投射关系。并列说忽略了"也"语义关系的有序性和极差含义。此外,隐喻要求多种意义之间概念关系具有一致性,因此不适用于"也"的大部分构式性用法。
12 谷峰(2014)总结了汉语反预期研究,并指出对"连""还"等成分来说,引导反预期信息只是其核心功能的副产品,以"反预期"概括词的功能反而会掩盖其真实功用。本文也认同这一观点。

[2] 谷峰.汉语反预期标记研究述评.汉语学习,2014(4).
[3] 郭锐.语义结构和汉语虚词分析.世界汉语教学,2008(4).
[4] 何伟,张瑞杰.现代汉语副词"也"的功能视角研究.汉语学习,2016(6).
[5] 刘丹青.作为典型构式句的非典型"连"字句.语言教学与研究,2005(4).
[6] 刘月华,等.实用现代汉语语法(增订本).北京:商务印书馆,2001.
[7] 吕叔湘,主编.现代汉语八百词.北京:商务印书馆,1980.
[8] 马真.说"也".中国语文,1982(4).另载:陆俭明,马真.现代汉语虚词散论.北京:语文出版社,1999.
[9] 沈家煊.跟副词"还"有关的两个句式.中国语文,2001(6).
[10] 肖治野.副词"也"的行域、知域和言域.浙江学刊,2011(4).
[11] 杨亦鸣."也"字语义初探.语文研究,1988(4).
[12] 杨亦鸣.试论"也"字句的歧义.中国语文,2000(2).
[13] BIQ YUNG O. Ye as Manifested on Three Discourse Planes: Polysemy or Abstraction.In James H-Y. Tai & Frank F. S. Hsueh(ed.). Functionalism & Chinese Grammar South Orange, NJ: Chinese Language Teachers Association, 1989.
[14] Fauconnier, Gilles. Implication reversal in a natural language. In F. Guenthner & S. J. Schmidt (ed.). Formal Semantics and Pragmatics for Natural Languages. Dordrecht: D. Reidel, 1978.
[15] Fillmore, Charles J., Paul Kay & Mary C. O'Connor. Regularity and idiomaticity in grammatical constructions: The case of let alone. Language, 1988, 64(4).
[16] Heine, Bernd, Ulrike Claudi & Friederike Hünnemeyer. Grammaticalization: A Conceptual Framework. Chicago: University of Chicago Press, 1991.
[17] Hirschberg, Julia. A theory of scalar implicature. University of Pennysylvania, 1985.
[18] Horn, Laurence R. Towards a New Taxonomy for Pragmatic Inference: Q-based and R-based Implicature. In D. Schiffrin (eds.). Meaning, Form and Use in Context. Washington: Georgetown University Press, 1984.
[19] Levinson, Stephen C. Pragmatics. Cambridge: Cambridge University Press, 1983.

附录:

表1 副词"也"同较低量级词项搭配表

量级词项	只(是)	只有	有点(儿)	仅(仅)	很少	只不过
用例数	19,282	8572	4687	4040	2649	1710

表 2　副词"也"同后续性时间词项搭配表

时间词项	跟着	随即	随后	接着	接下来	过后
用例数	10,100	598	549	270	151	148

表 3　副词"也"同方位词项搭配表

方位词项	周围	旁边	附近	右边	中间	左边	上边	下边
用例数	1389	1090	909	1139	623	229	48	59

表 4　副词"也"同结果性关联词项搭配表

关联词项	而且	所以	因此	那么	因而	从而
用例数	20,603	14,656	5512	4690	1782	459

表 5　副词"也"同补充性关联词项搭配表

关联词项	再说	此外	另外	另一方面	其他	二来	再者
用例数	1828	814	724	768	214	159	118

表 6　副词"也"同条件类关联词搭配表

关联词项	即使	如果	虽然	要是	哪怕	即便	尽管	要不
用例数	18,649	12,046	9084	3043	2934	2290	2115	1889

表 7　"连……也……"结构与人称代词搭配表

人称代词	我	你	他（她）	自己	我自己	你自己	他（她）自己
用例数	1412	991	957	1105	600	77	1370

表8 "一……也不……"结构高频词项表

词项	点儿	个	刻	句	辈子	瞬	天	步
用例数	2139	1317	1224	1104	636	604	444	314

表9 疑问词项同"也不"结构搭配表

疑问词项	谁	什么	怎么	啥	哪儿	哪	怎样	怎么样
用例数	18,612	11,905	2902	2083	496	379	240	189

表10 "……也好,……也好"结构高频词表

词项	冷淡/发疯	冷/热	虚荣/贪心	死/活	爱/恨	对/错	爱情/友情	哭/笑
用例数	13	7	6	4	3	3	3	2

(数据来源:北京语言大学 BCC 现代汉语语料库)

作者简介

邓川林,1983年生,毕业于北京语言大学,文学博士,副教授。主要研究方向为现代汉语语法、语用学、语义学,发表论文《副词"还"的语义—语用接口研究》《"就""才"的量级构式研究》《副词"也"的量级含义研究》《语用量级与句尾"了"的成句条件》等多篇。

(原载《中国语文》2017年第6期)

形体单位·类别词·个体量词
——汉语个体量词性质的再认识

陈小明

▲ **摘要** "形体单位"与"计量单位"之间并不矛盾,因为"形体"可以看作是"量"的一种存在形式,是一种"有形"的量。能有条件地接受形容词的修饰是"量词"与"类别词"的相同点而不是相异点,二者与名词进行组合时,都同样具有双向的选择性和制约性。"类别词"被认为是名词的语法性分类标志,只是因其经常与名词"陪伴"而产生的误解。无论从共时还是历时的角度看,个体量词都具有表量的性质。

▲ **关键词** 量词;形体单位;类别词;个体量词;表量

一、引言

不同语系的语言各有其不同的表述"量"的方式。一般认为,汉语主要是通过丰富的量词,尤其是其中最具特色的那部分个体量词去表述"量"的。对这种看法,有不少学者提出了异议。他们认为汉语中的所谓量词,并不都是表量的,像"把""条""根"这样的"个体量词",只是一种"形体单位",或者只是一种起区别作用的"类别词",本身根本没有表量的功能(详见下)。

个体量词是否表量,是一个关系到如何看待量词性质的重大问题,这个问题至今尚未得到完全的解决。本文拟从个体量词的语义、功能和中国人的思维特征以及量词的起源发展等角度对这个问题提出一些个人的看法,以求教于大方之家。

二、"计量单位"与"形体单位"

（一）对个体量词性质的不同认识

对于个体量词有无表量的性质，在 20 世纪 70 年代曾引发过一场争论。

1. 陈望道（1973）认为把计量单位（如"两""斤"）和形体单位（如"根""条"）混为一谈，混淆了两类性质不同的单位，因为形体单位是"在日常点计个别事物或动作的习惯中形成的"，"'一座桥''一间房子'的'座''间'，就不是表数量，而是表'桥'和'房子'的形体模样，也是表质的。六千多米长的南京长江大桥称'一座桥'，不过数米长的邯郸路小桥也称'一座桥'。如果说量，两者的量相差有几千倍。"

2. 黎锦熙、刘世儒（1978）对以上观点的响应是："陈先生试图用量'有大小之分'的说法来证明这类量词'不是表数量的'。我们认为这个'否定'在逻辑上和语言事实上也都站不住脚。首先，如陈先生所说，六千多米长的南京长江大桥称'一座桥'，不过数米长的邯郸路小桥也称'一座桥'，'两者的量相差有几千倍'，但是，这能说明什么呢？这只能说明所表的量有差距，并不能证明'不是表量的'。"

（二）个体量词是"有形"之量

两种针锋相对的观点孰是孰非，我们试图通过讨论以下两个问题来寻找答案。

1. 一般所说的"个体量词"为何多呈现出"形体"这一特征？我们认为这与量词的起源、古代中国人的思维特征密切相关。个体量词中有不少是从名词虚化而来的，原名词所具有的"形体模样"并不因为虚化而被完全消磨掉，而是作为"投影"沉淀在由名词虚化而来的量词身上。譬如"根"，作为名词原指"植物的根"，"植物的根"自然是细长形的，名词"根"经虚化后将"细长形"这一形体特征"遗传"给了量词"根"，从而使之成为细长形事物的计量单位。

"比类取象""援物比类"是古代中国人的思维方式。客观世界的一切事物，古代中国人都可以通过这种特有的思维方式找到它们之间的相似点和相关点，进而通过联想、运用隐喻等方式，在语言中表现出来。客观对象具有构造、形状、范围、性质等动态与静态、内部与外部的一系列特征，而这一系列特征为"个体量词"的产生提供了"比类取象""援物比类"的基础。可以设想，古人需要在

"数·名"格式中加进一个"个体量词",以便更适宜于对事物进行计量,他们一定曾经为找到一个合适的"个体量词"而煞费苦心。而"比类取象""援物比类"的思维方式,让他们很快便找到了创造"个体量词"的快捷方式:既然名词"颗"为"小头","小头"为"圆形"之物,除了可做"头"的量词以外,何不也以它来计量其他"圆形"之物呢?于是便有了"今送梨三百颗"(王献之《送梨帖》)、"于是乃以桃一一掷上,正得二百二颗"(《神仙传》卷4)、"龙眼……一朵五六十颗,作穗如葡萄"(《南方草木状》卷下)、"复得舍利三颗"(王劭《舍利感应记别录》)等。在形状上的某种相似、相关性,使若干事物之间得以进行"模拟"而聚合在一起,并接受同一个量词作为它们的共同计量单位;而作为这一聚合体共同计量单位的量词,因为经常固定地与某一种形状的事物搭配,其"形体"特征也随之得到了进一步的加强。

2. 汉语个体量词大多具有一定的形体特征,对这样的个体量词能不能表量的问题,存在着不同的看法。如"一根香肠"与"两根香肠"在量上的区别,仿佛只是数词"一"和"二"上的不同。换言之,"根"似乎是不表量的,而只是一种"形体单位"。但是,如果我们把不同的量词放在一起进行比较,个体量词表量与否便一目了然了。请看以下例子:

一节书→一章书→一本书
一片香肠→一截香肠→一根香肠

以上两组例子中的量词,在表量上自左至右是依次递增的关系。也就是说,不同的"形体",表示了不同的量。由此可见,所谓的"形体单位"跟"计量单位"之间其实并没有实质性的区别,因为它们都具有表量的性质。"形体"可以看作是"量"的一种存在形式,是一种"有形"的量,如"一片香肠""一截香肠""一根香肠",它们在量上的不同,便是通过"片""截""根"所呈现出的不同"形体"来表示的。

三、"量词"与"类别词"

(一)从能否接受形容词修饰的角度看

有学者认为,一般所说的"个体量词",并非真正的量词,而应该看作是"类别词",只是国内学术界"一向将类别词与量词混而不分,其实,类别词与量词无论是意义特征还是性质功能都有着根本差别"。其差别主要表现在以下两个方面:(1)量词可接受形容词的修饰,如"一大把米""三大包东西";而类别词本身则不能接受形容词的修饰,我们不能说"一大把刀",只能说"一把大刀"。(2)类别词与名词之间具有双向选择性和制约性,即一定的类别词只要求一定的名词同它组合;反过来,一定的名词也只要求一定的类别词与之组合;组合的双方都不可以任意替换。如"三把刀"的"把"在普通话里是唯一的形式,名词"刀"也只有几个受到严格限制的替换形式;而量词仅仅表示事物的数量单位,与名词不存在对应关系,因而也就没有双向选择性和制约性。如"一把米"中的量词"把",可以有"捧""斤""斗"等一系列替换形式,名词"米"也有"青菜""土""盐"等一系列的替换形式。

把能否接受形容词的修饰作为区分"量词""类别词"的重要依据,我们认为并不符合汉语事实。根据我们的考察,并不是所有的"量词"都能接受形容词修饰。

可以说:	不可以说:
一尺布	一大尺布
一公斤肉	一大公斤肉
一公里路	一大公里路
一些菜	一大些菜
一双袜子	一大双袜子
一副眼镜	一大副眼镜

同时,我们还发现所谓的"类别词"并不都是不能接受形容词修饰的。

可以说:	也可以说:
一本书	一大本书
一根黄瓜	一大根黄瓜
一册书	一薄册书
一面旗	一小面旗
一匹马	一大匹马
一张纸	一大张纸

"量词"及"类别词"的内部均呈现出两种截然不同的功能:一部分"量词"

或"类别词"可接受形容词的修饰,另一部分"量词"或"类别词"不能接受形容词的修饰。可见,"能否接受形容词的修饰"这个依据,对内既无普遍性,对外也无排他性,与其说它是"量词"与"类别词"的相异点,倒不如说它是"量词"与"类别词"的相同点显得更为恰当。

(二)从个体量词对名词的选择角度看

与名词是否存在着对应关系,即与名词有无双向选择性及制约性,通常被看作是区分"量词"和"类别词"的另一个重要依据,我们认为这种看法也是值得商榷的。

我们不否认"类别词"与"名词"之间具有双向选择性和制约性,但是这种双向选择性、制约性,并非一对一的、不可替换的、僵死的对应关系。事实上,"类别词"与"名词"之间的双向选择更多的是"一群类别词"与"一群名词"之间的双向选择。不同的事物,由于彼此之间有某种相似性或相关性,因而可以选用同一个量词,这若干个名词从而形成了一个"名词待选群";同一个事物,由于人们观察的角度及侧重的方面不同,同一个事物往往可以有若干个不同的量词供其选择,即指称某一事物的名词,常常可以跟若干个量词搭配,从而又形成了一个"量词待选群"。也就是说,"类别词"及与之发生选择制约关系的名词之间也是具有某种替换自由度的。例如"一支笔"中的所谓类别词"支"与名词"笔"便可以有以下一些替换形式:

<pre>
一支笔   一支笔
 根   枪
 管   粉笔
 杆   蜡烛
 ……   ……
</pre>

为什么"类别词"和名词之间存在着这种一对多或多对一的情况呢?我们认为这同样跟中国人的思维特征有着密切的关系。正如上文所述,"比类取象""援物比类"是中国人的典型思维方式,客观世界的一切事物,中国人都可以通过这种特有的思维方式来找到它们之间的相似点和相关点,进而依据这些相似、相关点把若干"类别词"或名词联系在一起,于是便产生了这种一对多或多对一的现象。

我们认为"量词"与"类别词"一样,它跟名词之间也存在着某种双向选择性和制约性。什么样的"量词"跟什么样的名词匹配,或者说,什么样的名词选择什么样的"量词",并不是任意的,必然要受到语法、语义、语用等诸多因素的制约。语义是其中最重要的一种制约因素。"量词"和"名词"之间若要构成一个正确的搭配组合,它们必得以共同具有一个或某些相同或相近的语义特征为前提。譬如"三把米"中的名词"米",虽然可以用"土""盐""黄豆"等名词替换,但替换它们的形式毕竟还是非常有限的,这其实就是名量搭配中受到双向选择、制约影响的结果。"把"表示"一手抓起的数量","米"具有[+ 物质][+可用手抓起][+ 可食用] 等语义特征,"把"和"米"之所以能搭配,正是因为两者在"可用手抓起"这一点上具有一致性。"土""盐""黄豆"等可以用来替换"米",同样是因为它们都是可以"用手抓起"的东西,而"一把水""一把油""一把空气"这样的名量搭配不能成立,则是因为"水""油""空气"都属于不能"用手抓起"之物,自然不能用"把"来作为它们的计量单位。

无论是"量词"还是所谓的"类别词",当它们与名词进行组合时,都同样具有双向的选择性和制约性。换言之,与名词之间的这种双向选择性和制约性,恰恰是"量词"和"类别词"的一个共同特点,而绝不是它们的相异之处。

(三)从个体量词是否表量角度看

有学者认为真正的量词是表量的,而"类别词"这种词"不是真正用来计算事物的数量的",而是要"分别出所量事物的类别"。日本学者桥本万太郎认为,要分清量词和类别词的不同,如"三把盐"的"把"是量词,而"三把刀子"的"把"是类别词,"类别词是划分名词'类别'的,或者换句话说,是名词的意义性、语法性分类的标志。"他还举例说:"例如有人问:Yào bú yào pái? 我们不知道是'要牌'还是'要排(队)'。有个类别词'块''张'或'个',才明确是'要牌',而不是'要排'。"

一般所说的个体量词真的是不表量、只起区分名词类别作用的"类别词"吗?下面将就此提出一些个人的看法。

某一事物或某些事物与量词之间在性质、形状等方面有着某种相似相关点,人们便以这种相似相关点为基础,通过比喻、引申等方式把它们联结在一起。正因为量词的产生往往要以量词与指称某个或某些事物的名词之间有某种相似相关性为前提,所以便出现了这样的现象:一个量词可做若干个与其有相似相关点名词的计量单位,或者说若干个与量词有相似相关点的名词可以共享一个量词。譬如,"条"的本义是"树枝",后引申为计量"树枝"的量词,再进一步虚化,可以用于计量一切条状之物,如"一条绳""一条路""一条河""一条黄瓜""一条香烟""一条汉子"等。"绳""路""河""黄瓜""香烟""汉子"之所以能与"条"搭配,正是因为它们在"条状"上跟量词有相似性,这种相似性使得量词"条"总是经常地、固定地做"绳""路""黄瓜"这些条状事物的量词。这种情形下,"条"便仿佛成了"绳""路""黄瓜"这类条状名词的"类别词"。其实这是由于"经常相伴性"而产生的一种假象,至多只能算是量词在计量事物时产生的一种"副产品"。这有点像私人医生和他的病人的关系:私人医生专给某个病人治病,所以私人医生和某个病人总是形影不离,医生出现,病人也总是随之出现,私人医生的存在和出现仿佛成了判断病人出现与否的一个标志。这恰恰忘了医生的最主要的作用:治病。因为治病,医生才存在和出现。而量词也正是因为计量的需要而存在和出现的。

桥本万太郎认为"三把盐"的"把"才是真正的量词,而"三把刀子"的"把"则只是区分名词的类别词。这其实是混淆了两类表量不同的量词,即前者表示的是集体量,后者表示的是个体量;此外,个体量词的存在也并非为了划分名词的类别,问"Yào bú yào pái?"时,听话者之所以不知道是"要牌"还是"要排(队)",并不是因为缺少"块""张"或"个",而是因为缺少具体的语言环境,如果是在一起玩牌的时候问"Yào bú yào pái?",听话人绝对明白对方问的是"要不要牌",而不会误解为"要不要排队"。

"类别词"(即个体量词)也是表量的,它表示的是一个完整事物的个体量。无论是它的产生还是它的演变,都是因为表量的需要,而绝不是为了"区别"名词。"绳""黄瓜"等即使没有个体量词"条",它们仍然是名词"绳"和"黄瓜",一点也不妨碍人们对它们的"区别";但是,没有了个体量词"条",就很有可能会妨碍人们对它们的计量。由此可见,被某些学者看作是"类别词"的个体量词,其实质与其他量词并无两样:都是表量的计量单位。

四、量词的起源发展与人们的表量需要

把个体量词看作是不表量的"类别词",这种看法与量词的发展历史、人对表量的需要的发展历史是不相符的。

"语言产生于社会""语言是人类最重要的交际工具",这些似乎都是老生常谈,然而却不能不时时提起。因为在语言研究中,语言的这种本质属性常常被人"遗忘"。语言是人类的语言,语言是人类的交际工具,"人"是我们在研究中时刻都要予以特别关注的一个重要因素。语言的一切变化发展,无不与"人"的因素息息相关,离开了"人"的因素去探讨某一语言现象的发生和演变,往往只能得到一种片面而没有说服力的结论,或者会使人陷入某种"公说公有理,婆说婆有理"的无谓争论之中。因而,在语言研究中,必须牢固地建立起一种"以人为本"的观念。斯大林说:"语言随着社会的产生和发展而产生和发展。语言随着社会的死亡而死亡。社会以外是没有语言的。因此要了解语言及其发展的规律,就必须把语言同社会的历史,同创造这种语言、使用这种语言的人民的历史密切联系起来研究。"

量词是应社会的发展和人的需要而产生的。一般认为,汉语中的量词是晚起的,经历了一个从无到有、由少到多的过程,因而具有某种历史层次性。社会发展的不同层次,相应地激发了人的不同层次的需求,而人们的不同层次的需求也相应地产生了不同类别的量词。

古代由无阶级社会进入阶级社会,开始出现了私有制。为了进行合理公平的产品分配和商品交换,人们对计量问题变得格外关注。因为计量是否准确,直接关系到每个人的切身利益。尤其是在商业贸易交往中,怎样计量才方便适宜、怎样表量才准确精密,已成了至关重要的事情。于是,能够满足人们这种需要的量词便应运而生了,并且随着社会的发展和人们的表量需要,不断地进行自我调整和改进,逐渐地走向成熟。量词的发展大致经历了"不用量词""量词萌芽""量词兴起""量词成熟和完备"等阶段。大约于殷周时渐次萌芽,中经两汉的发展,到了魏晋南北朝时期就已经开始进入成熟时期了。量词的类别,先有名量词,后有动量词,而名量词大概货币、度量衡量词、集体量词在先,一般的个体量词产生较后。"个体量词的产生,可能即起于表货币单位,因为货币的单位有集体应用的,也有个体应用的,为了表示个体单位的数量而制造专词,这样个体量词即初步萌芽,甲文有表一玉的'丰',就是个体量词产生过程的很好例证。"殷代甲骨刻辞是现在所能知道的汉语最早的文字记录,其中有"丰"的记载:

其贞用三丰。犬,羊(《殷契佚存》783)
帝五丰,其三(《殷墟书契后编》上 26.15)

殷代后期不用"玉",而专造一个"丰"字来作为计量一块玉的单位,这说明人们已感觉到有使用个体量词的需要,因为用"丰"作为玉的货币单位,更适宜于人们在交换中进行计量。

社会的发展使人们产生了不同的表量需要,不同的表量需要催生了不同种类的量词。人们既有表个体量的需要,也有表集体、部分量的需要;既有表定量的需要,也有表不定量的需要;既有表精确量的需要,也有表模糊量的需要。于是,便相应地产生了个体、集体、部分量词,以及表定量的度量衡量词和表不定量的不定量词。个体量词与度量衡量词、集体量词、部分量词之间的区别,其实就是在量的大小和定量与否的不同上。个体量词表示的是作为一个事物的整体的量,如"一个人""一头象";集体量词表示的是集体事物的量,如"一帮人""一群象";部分量词表示事物部分的量,如"一段文章""一截甘蔗";度量衡量词表示的是事物长度、面积等方面的量,这种量是定量的,如"一尺布""两斤鱼","尺"与"斤"的量是统一规定、个人不能更改的法定量。

从"贝一朋""鬯二升""俘人十虫(有)六人"到现代汉语的"一线希望""十架次""一百人次",在人们不断增长的表量需求的刺激下,表量由粗略到精密,由具体到抽象,终于形成了一个成熟而完备的汉语量词系统。

汉语"数·量·名"格式的演变也是应人们的表量需要而出现的。汉语的"数·量·名"格式演变轨迹大致如下:最初是直接把数词置于名词的前面或后面,不用量词,如:"五事:一曰貌,二曰言,三曰视,四曰听,五曰思。"(《书经·洪范》);"越翼日午,乃社于新邑,牛一,羊一,豕一。"(《书经·召诰》)。然后出现了所谓"拷贝型量词"阶段,即"名词$_1$+数词+名词$_2$",如"俘人十虫(有)六人"(《殷墟书契菁华》6),名词$_2$与名词$_1$同形,是拷贝名词$_1$而成的"拷贝型量词",这可以看作是从名词到量词的虚化的第一步。由于名词$_2$的使用范围扩大,词义逐渐虚化,最后演变为真正意义上的量词,接着便出现了"名词+数词+量词"的格式,如由"马五"到"马五匹"。名量词产生之后,"数量名"的语序还发生了一次重要的变化,即"数+量"由名词之后转移到名词之前,于是出现了"数词+量词+名词"的格式,如:"一箪食,一瓢饮。"(《论语·雍也》)。"数量名"格式的演变过程可图示为:

I	II	III	IV
数+名/名+数	名$_1$+数+名$_2$	名+数+量	数+量+名

其中最重要的一环是名$_2$演变为量词。名$_2$作为拷贝型量词很不符合人们表量的需要，因为从理论上说，有多少个名$_1$就必须有多少个名$_2$做它的量词，这样将极不经济，也极不方便。同时这种表量方法只适宜于计量一个完整的个体事物，若要计量某一事物的集体量或部分量，则往往难以胜任。譬如，"鱼"是一整条时，可以说"鱼一鱼"，若"鱼"只是鱼的一部分（如"一段""一块"），则"名$_1$+数+名$_2$"这种格式是无论如何也表达不出这种"量"的，此时不能说"鱼一鱼"，而只能说"鱼一段""鱼一块"等。"名+数+量"正是应人们的这种计量需要而产生的：一方面，真正的量词比拷贝型量词有更大的抽象性，即一个量词有时候可以做若干个名词的计量单位，符合人们经济、方便的表量原则；另一方面，真正量词的出现突破了拷贝型量词名$_2$的表量的局限性，满足了人们不同方面、不同层次的表量需求。

五、结论

对于"根""条""本"这样的语言单位，有人看作是"个体量词"，有人看作是"形体单位"，有人认为是"类别词"，还有人称之为"陪伴词"等，这似乎只是一个名称问题，但其实不同的名称反映了人们对量词性质的不同认识。我们对量词性质的认识是：量词是表示事物数量的单位。这个认识有两层意思：第一，量词是人、事物、动作的计量单位；第二，它是表量的。量词所表的"量"应做广义理解，是指"具有'数量意义的范畴'"，"它的正确理解应该是'与数量范畴有关系的单位'"。

总而言之，汉语的各种量词，无论是产生还是发展，其根本原因就是为了满足人们对表量的不同要求，如果量词没有表量的功能，它便失去了产生的可能性，也没有了存在的意义。

参考文献

[1] 陈绂.谈汉语陪伴性物量词的由来及其应用原则——兼谈对外汉语教学中的量词教学.语言文字应用，1998（04）.
[2] 陈小明.量词表量的方式及表量大小与肯定否定的关系.汉日语言研究文集（6）.北京：

北京出版社、文津出版社，2003.

[3] 洪波. 汉语类别词起源初探. 坚果集——汉台语锥指. 天津：南开大学出版社，1999.

[4] 黄载君. 从甲文、金文量词的应用，考察汉语量词的起源和发展. 中国语文，1964（06）.

[5] 黎锦熙，刘世儒. 论现代汉语中的量词. 北京：商务印书馆，1978.

[6] 李宇明. 拷贝型量词及其在汉藏语系量词发展中的地位. 中国语文，2000（01）.

[7] 刘世儒. 魏晋南北朝量词研究. 北京：中华书局，1965.

[8] 桥本万太郎. 余志鸿，译. 语言地理类型学. 北京：北京大学出版社，1985.

[9] 中共中央马克思、恩格斯、列宁、斯大林著作编译局. 马克思主义和语言学问题. 斯大林选集. 北京：人民出版社，1979.

作者简介

陈小明，1962 年生，毕业于南开大学中文系，文学博士，教授。主要研究方向为词汇、语法、方言和汉语国际教育。出版专著《语言与教学问题新探》《粤方言量词研究》《汉语称谓的多视角研究》（合著）等，发表论文 30 余篇。

〔原载《广西师范学院学报（哲学社会科学版）》2008 年第 1 期〕

音韵与文字研究

论复辅音说的认识问题

丁启阵

▲ **摘要** 复辅音说从提出到今天，已经有一百多年的历史了。毋庸讳言，相信、赞同这种说法的人是越来越多了，它俨然成了主流观点，甚至有人称其为定论。但是，科学探索，不以时间长短、信众多少定是非。冷静、理性分析复辅音说提出的各种材料和论证过程，不难发现，其间问题不少。本文指出，复辅音论者至少在八个方面存在着认识不足的问题，需要重新加以审视、思考。

▲ **关键词** 上古汉语；音韵学；复辅音

一、对边音声母 l 的可变性认识不足

是谁最先提出古代汉语有复辅音声母的？对于这个问题的解答，有英国人艾约瑟（Joseph Edkins）、德国人甲柏连孜（Gabelentz）（龚煌城，2004）、法国人马伯乐（Henri Maspero）等的不同说法（沙加尔，1999）。

不管是谁最先提出来的，他们有一个相同点：都注意到了汉字中以"监""各""立""京""兼"等为声旁的形声字除了读 k- 声母外也有读 l- 声母的现象。面对这种现象，有人提出了这两类音均来自上古汉语 *kl- 音节的观点。这种观点，最清楚同时也是最有影响的阐述者无疑是瑞典汉学家高本汉（Bernhard J. Karlgren）。高本汉在其《汉语词类》（*Word Family in Chinese*，1933）一书中提出了著名的三种可能的拟测模式：

  A. 各 klâk；洛 lâk
  B. 各 kâk；洛 klâk（glâk）
  C. 各 klâk；洛 glâk

不管选择哪一种模式（高本汉早期倾向于 C 式，后来发生动摇，觉得 A 式也有可能），高本汉的阐释实际上就是一个要点：上古汉语有复辅音声母。后来主张古汉语有复辅音声母的学者，大都是对高本汉这个观点进行重复或延伸，路数一样。

高本汉的这个拟测模式，实际上等于未经论证即做出了上古汉语有复辅音声母的推断。换言之，等于立论说：只有复辅音才能解释汉字中以"监""各""立""京""兼"等为声旁的形声字除了读 k- 声母外也有读 l- 声母的现象。

这种认识，存在一个明显的问题：忽略或者说人为屏蔽了边音声母 l 的可变性。

边音声母即"三十六字母"中的来母，被普遍认为是化石声母，即从上古到中古到近现代，一直读 [l] 声母，音值没有发生变化。例如李方桂先生《上古音研究》，基本上就是这样的观点。只不过，他注意到来母跟透母、彻母等字相谐，因而提出"应当有个清音来配"的猜想，即上古音系中应该有个清音 l，他写作 *hl-。这个 *hl- 根据等次的不同，分别演变为中古的透母 th-（一二四等）和彻母 ṭh（三等）（李方桂，2015）。

但实际上，来母的读音并没有这么稳定。据 Schuessler（1974）、雅洪托夫（1976）、包拟古（1980）等人的研究，来母字上古应该是读 *l- 音的。上古音系中读 *l- 音的声母是以母。也就是说从上古到中古，来母字的读音发生了如下的变化：*r > l-（赵彤，2006）。

笔者观察过一至三岁婴儿的语音变化情况，发现来母字的读音有一个演变过程，可以明显分为三个阶段：第一个阶段是零声母 Ø 或半元音 j，第二个阶段是舌尖闪音 r 或接近滚音 r，第三个阶段才是边音 l。第二个阶段学者们已经注意到了，第一个阶段尚未被认识到。

董同龢（1998）把中古无声母（零声母）的字在谐声字中的表现分为如下三类：

(1) 专与舌尖或舌面前音字谐的。如：饴、怡 Ø-：胎 tʰ-、殆 dʰ-、胎 ṭ-、治 ḍ-；由、油 Ø-：迪 dʰ-、抽 tʰ-、宙 dʰ-、袖 z-。

(2) 专与舌根音字谐的。如：衍 Ø-：愆 kʰ-；匀 Ø-：均 k-。

(3) 谐舌尖音，同时又谐舌根音的。如：容 0、欲 Ø-：俗 z-：谷 k-；羊 Ø-：祥 z-：姜 k-；遗 Ø-：隤 tʰ-：贵 k-。

董同龢对前两类谐声是这样解释的：(1) 上古是 *d-，后来在介音 j 之前失落了。

(2) 上古是 *g-，后来也是在介音 j 之前失落了。也就是说，他认为 j 介音的作用可以使其前边的舌尖、舌根声母脱落。

假如来母字上古时期有个零声母的阶段或者部分字读零声母 *Ø-，借用一下董同龢先生的方法，来母字的谐音现象便可以不必依赖 *Cl- 型复辅音而得到解释了——它们是同部位的舌尖或舌根塞音内部相谐。

二、对音变方式认识不足

关于复辅音是如何消失的，有复辅音论者分别提出了三种和四种复辅音消失的方式。三种方式是音素分化、音素变异和音素脱落（王珊珊，2003），四种方式是音素脱落、音素融合、音素分离和音素换位（马学良，2003）。其中变异和脱落两种方式，都有藏语演变模式可为参照，较为可信。Cl- 型复辅音往往是脱落式演变，一般脱落前一个辅音，后一个辅音保存下来（马学良，2003）。

按照高本汉的 C 式，就有如下的演变：各 *kl- > k- ：洛 *gl- > l-。同一谐声系列的形声字，一部分脱落前一个辅音，一部分脱落后一个辅音，这样的脱落方式，实际上是裂变，藏语之类亲属语言中大约也难以找到例证。

裂变的音变方式，表面看起来挺有趣，但这是一种想当然的演变方式。汉语历史上可以确知的音变方式，只有一种类型——A > B。演变的具体表现可分为两种情况：一种是发音部位发生变化，往前移或者往后移了；一种是发音方法发生变化，比如浊音清化、塞擦音与擦音交替、送气与不送气交替。发生语音演变的原因有两个：一个是语言外部原因，比如别的语言（方言）的影响；一个是语音内部环境的影响，最常见的是介音对声母的影响，比如腭化或者叫舌面化。

何大安（2008）把傣语暹罗话跟广西龙州、剥隘方言之间 pl- 跟 p-、kl- 跟 k- 的对应关系，视为"辅音弱化"，称其为"复辅音中的 -l- 弱化成了 -j-"。他举的例子有：

		暹罗	龙州	剥隘
鱼	(*pl-)	pla:	pja:	pja:
空的	(*pl-)	plau	pjau	pju:
中间	(*kl-)	kla:ŋ	kja:ŋ	ca:ŋ
头髻	(*kl-)	klau	kjau	cau

看起来颇有道理，但实际上，龙州、剥隘土语跟早期傣语间的语音关系，未必是历时演变的关系（pl- > pj-，kl- > kj-），而可能是不同语音系统之间的对应——折合关系。龙州、剥隘土语的语音系统里没有复辅音，对应暹罗语复辅音 pl-、kl- 的时候，便以近似的语音 pj-、kj- 加以表现。

假如何大安先生能提供龙州、剥隘方言本身存在过有个 pl-、kl- 之类复辅音声母时期的证据，倒是可以证明有 *pl- > p-，*kl- > k- 语音变化方式的。从迄今为止所掌握的情况看，大概还无法证明这个。李方桂先生的《龙州土语》一书中有一句话，跟这个似乎有点关系："复声母 pl- 只见一次是很例外的"（李方桂，1940）。但是，孤例并不能证明龙州方言音系中存在过复辅音声母。因为，它有可能是一个"外语词"。

三、对音变最小单位认识不足

同一文字谐声系列中，中古有两个声母读音，一个是 l 声母，一个是 k 声母，便构拟它们的上古音声母为 *kl-；同理，同一谐声系列中，中古有三个声母读音便构拟它们的上古音声母为包含三个音素的复辅音，中古有四个声母的读音便构拟它们的上古音声母为包含四个音素的复辅音。虽然并非所有持古有复辅音声母论者都像严学宭先生那样，把这种做法发挥得比较酣畅——当然并不充分，但思路是一样的：中古的几个声母读音，上古汉语中都已经以音素的形式存在着了。换言之，从上古到中古的声母变化，不过是这些音素的分裂或脱落。

这种认识，实际上是把音素当作语音变化的最小单位。

音素当然不是语音变化的最小单位。A > B、A > Ø、Ø > A 等语音变化方式，即一个音素变为另一个音素、一个音素变为零声母、零声母变为辅音声母，都是有力的证明。

一个音素变为另一个音素，这是最常见的语音变化形式。汉语历史上，浊音清化、腭化，如：*b- > p-，*d- > t-，*g- > k-；*ts- > tɕ-，*tsʰ- > tɕʰ-，*dz- > dʑ-；*k > tɕ，*kʰ > tɕʰ，*g > dʑ，等等，均属此类。

如果说音素是语音变化的最小单位，上述这些变化就都无法解释了。

实际上，语音变化的最小单位，还应该从音素往下继续分析。一个音素变化为另一个音素，表面上是由于语音环境的影响，比如同化或者异化，但是，分析其中原因，不难发现是因为音素的某一个或某几个特性发生了改变。比如说，浊音清化是因为音素的发音方法（声带是否振动）改变了，腭化是因为音素的发音部位和/或发音方法同时发生了改变，舌头音（*t-、*tʰ-、*d-）变为舌上（ʈ-、ʈʰ-、ɖ-）是发音部位发生了改变。

如何分析音素的下位成分，现代音位学的区别特征理论（Distinctive Feature Theory）可以作为借鉴与参考。根据区别特征理论，辅音音位之间的区别存在着一定的量变关系。量变积累到一定程度，会出现质变的结果。切音实验证明，时间长度、摩擦程度上的量变，都会导致听感上的质变，即从一个音素变成另一个音素。区别特征理论总共分析出十二对特征，吴宗济（2004）指出，只用如下四对区别特征项目就大致可以解释普通话辅音之间的差异：钝/锐（grave/acute），糙/柔（strident/mellow），集/散（compact/diffuse），暂/久（interrupted/continuent）。吴宗济先生画了一个图表，全面反映普通话辅音间的关系。这里选择其中"钝/锐""散/集"两组特征项目转写如下：

钝—锐：(1) m, ŋ, w……ʐ……n, l……j
　　　　(2) p, k…………t
　　　　(3) ……………tʂ……ts………tɕ
　　　　(4) pʰ, kʰ………tʰ
　　　　(5) ……………tʂʰ……tsʰ……tɕʰ
　　　　(6) f, x…………ʂ………s………ɕ

散—集：(1) m, w……ʐ……n, l……j, ŋ
　　　　(2) p…………t………………k
　　　　(3) ……………tʂ……ts……tɕ
　　　　(4) pʰ………tʰ…………………kʰ
　　　　(5) ……………tʂʰ……tsʰ……tɕʰ
　　　　(6) f…………ʂ………s………ɕ, x

从区别性特征看各辅音之间的关系，可以明白，音素之间有各种相互转化、替换的可能，只要遇到适当的条件，改变其中任何一对特征，都可能发生、完成语音变化。

不妨这样说，音素变化只是表面现象，语音变化中真正发生改变的其实是区别特征之类音素（音位）的下位概念所代表的东西。

四、对汉字的性质认识不足

汉字被称为象形文字，以区别于拼音文字。其实象形只是汉字初创时期形体的特征之一。作为汉语的书写符号，汉字更重要的特性是：汉字对应的语言单位是音节。这不同于拼音文字的字母对应音素（音位）。由于上古汉语基本上是单音节词，因此一个汉字实际上等于对应一个词。

汉字对应音节，意思是一个汉字表示一个音节，但这是单向的，不能倒过来说一个音节用一个汉字表示。事实上，一个音节对应的往往不止一个汉字，有的音节对应多达数十个甚至上百个汉字。现代汉语普通话中，fu（阳平）、xi（阴平）就都是对应字数较多的音节。虽然个体数量是一对一可逆的对应关系，但是一个汉字表示一个音节这个特点是自古以来一直遵守着的规则。因此，有学者称汉字为"语素—音节"文字（裘锡圭，1988）。

有人可能会说，古代文献中和民间都曾出现过一个汉字表示两个或两个以上音节的情况。例如：百 = 一百，百字上添一横就是二百，珷 = 武王，凤 = 凤凰，凰 = 凤凰，易（蜴）= 蜥蜴，遘 = 邂逅，斌 = 文王 + 武王（金理新，2003）。现代曾经用过"浬（读作海里）""瓩（读作千瓦）"两个量词。20 世纪 50 年代也曾经出现过一个字表示三四个音节（一个词语）的写法。我认为，这些情况都无损于汉字对应音节的特性。理由是：一个汉字对应两个或两个以上音节的写法，都是用的问题，不是体的问题。体指规则制度，用指实际使用。人们为了省事便捷，书写的时候所作的减省，是权宜之计。阅读、朗读的时候，人们都清楚，它们是两个或两个以上音节的减省形式。这种权宜之计，使用上受到很大的限制，因此数量非常有限。比较纳西象形文字，汉字的这一特性更加凸显。纳西象形文字，乍一看跟汉字有点像，但是，它不是一个字符表示一个音节，而是一个字符表示一个词语，音节数是不确定的。有个表示"天地变化"的字，纳西语里竟然读六个音节（方国瑜、何志武，1995）。

从已知的汉字历史看，这种表示音节的特性，从甲骨文以来，一直不曾变化过。

与此同时，汉语音节结构的特点也一直没有变化过。已经确知的汉语音节结构是：(声母 + 介音 + 韵腹 + 韵尾) 声调。换用字母表示便是：[(C1)(V1) V2 (V3)(C2)]T。这里 C 代表辅音，V 代表元音，T 代表声调。用文字表述，有如下一些要点：一个音节最多可以有四个音素，实际上的音节只有韵腹一个音素是不能少的，其他音素都可能缺席；声调作为非音质音位，是笼罩在整个声韵母之上的；各音素之间是不平等的，有时长、音强上的差异，韵腹是核心，时长、音强都享有优先权；音节长度有限，各音素之间的关系是致密的，不像印欧语、斯拉夫语等音素之间比较舒缓松散。

从《诗经》等古代诗歌诗句长度的整饬（四言居多）情况看，上古汉语的音节跟中古音系和近现代音系的音节结构相比没有根本的变化，应该是有声调的。

从汉字跟音节的关系、汉语音节特点、古代诗歌韵律等情况看，上古汉语的音节结构跟中古以降的情况应该是一样的。汉语音节的长度限制和音素之间的致密特点，容纳不下复辅音声母。

假设上古汉语是有复辅音声母的，而且如复辅音论者所说的，会有 *kl- > k-、*gl- > l- 之类的语音变化，汉字与所对应音节之间的固定、稳定关系是难以保证的。梵汉对音中，梵语 Cr- 音节在汉语中的混乱情况，是有力的佐证。举两个例子：kra：迦罗、惧、拘、鸠；trā：多、多罗、那罗、咃、提、叉（俞敏，1999）。

五、对汉字背后的时地性认识不足

汉字的草创时期，也许曾有过一个仓颉那样的杰出人物。但是，甲骨文、金文那样属于较为成熟阶段的文字体系，一定不是成于一时一地一人之手，而是相当漫长的岁月里、广大地区的人们集思广益、分头创造、汇流成海的结果。一般认为，在象形、指事、会意、形声四种造字方法中，形声是比较后起的造字法。据研究，形声字的大量出现是在春秋以后。

明陈第《毛诗古音考·自序》"盖时有古今，地有南北，字有更革，音有转移"这几句话，同样适用于汉字形声字中的谐声系列。

且不说许多持复辅音说的学者在考察文字谐声现象时，对形声字的创制时代几乎没有限制，就是少数意识到古文字有时代问题的学者，做出的范围限制也往往包括整个商周时期。需知，商周时期前后历时一千多年，地域跨越数千公里。

可以肯定，这样的形声字系统里是有语音的古今变化和方言差异的。

上古汉语研究有个难以摆脱的尴尬：一方面，都知道历时数百上千年、跨地数千里的文献语言资料中有时地差异的问题，而理想的做法是，分出时地再行研究；另一方面，因为上古文献资料数量有限，且语焉不详，分期、分区有很大的难度，即使分开，也不足以得出任何像样的结论，例如《诗经》中的三百多首诗歌作品，时代前后历经五百年，地域范围数十万平方公里，《风》《雅》《颂》、大小雅、十五国风（一说十三国风）之间，方言差异有迹可循。但是，研究上古音韵部的时候，又不得不把它们混在一起。这种研究，得出的不可能是一个真实可信的语音系统。任何自然语言本质上都是方言，都是以方言形式存在的，世界上不存在超方言的自然语言。

六、对形声字的复杂性认识不足

"以事为名，取譬相成"，许慎《说文解字·叙》对形声字的定义，看起来简单，但实际上形声字的问题相当复杂。

首先，形声字的甄别、认定工作有不小的难度。指出文字的六书身份是许慎《说文解字》的一项重要工作，遇到形声字，许慎以"从某，某声"加以标注。例如，"昭，从日，召声"。但是，由于许慎时代距离甲骨文时代已经有一千多年，他能看到的最古老的文字基本上是战国时期的，从甲骨文到战国文字，字形已经发生了不小的变化。因此，对一些形声字的声旁认定出现了差错。其中，"从某，某省声"，差错尤其多。例如，"宫"字许慎说是"从宀，躳省声"，"商"字许慎说是"从冏，章省声"。从甲骨文的写法看，这两个字许慎都说错了。甲骨文中，"宫"字像房屋（宫室）的样子，"商"字写作 （甲骨文编），也不像是章声（高明，1996）。利用谐声研究上古声母，必须以正确的形声甄别、认定为基础，否则，得不出可靠的结论。

其次，形声字的形体结构系统并不严密。有的同一词义的字存在好几种形体，例如"鐘、鍾、粳、稉、絝、褲、訧、忧"等。"这些现象说明，形声字和其他结构的汉字一样，是群造群用，其中约定俗成和新陈代谢起了很大的作用。"（高明，1996）也就是说，形声字中的语音是有内部分歧的，即有古今变化和方言差异，并非单一、纯粹的语音系统。

举个近在眼前的例子：20 世纪六七十年代制定并公布的《第二次汉字简化方案》，基本上是同一时期被"创制"出来的，但是，由于创制者地非一处，必然地掺杂了方言语音成分。仅举三例：

(1) 酒→氿

(2) 菜→上艹下才

(3) 裤→䘱

例(1)应该是舌根声母逢齐齿、撮口呼腭化了，即不分尖团的方言区人的发明。例（2）显然是全浊声母已经完成清化过程的方言区人的创造。例（3）一定是齿唇音 f 与舌根音 x 不分的方言区人的作品。古今同理，上古时期的形声字系统中，肯定也有这种方音混杂的情况。

七、对汉语演变的时间性认识不足

同样是主张上古有复辅音声母的学者之中，在复辅音消失的时间问题上，分歧很大。何九盈（1991）认为复辅音声母消失的时代为远古，即《诗经》时代之前；余迺永、王洪君两位先生，一位说复辅音开始分化的时间是中唐以后（余迺永，2003），一个说复辅音的最后消失在宋代前后（王洪君，1999）。这几位学者的说法，分处复辅音论者的早晚两个端点。大多数学者位于他们之间。例如，陆志韦、包拟古、蒲立本、柯蔚南、梅祖麟等人，都认为复辅音消失时间为东汉中后期（丁启阵，2016）。最早、最晚之间，相去一千五百年左右，占华夏文明史的三分之一——假设华夏文明史是四至五千年。

如果将持复辅音论的学者当作一个整体看，不禁令人感叹：这是多么不可思议的一个群体。语言有古今演变的道理人人都懂，但是在对一种语音现象存在、消失时间的认识上，却是如此地天差地远。

之所以有如此令人诧异的分歧，原因在于：有人从汉语史分期出发，有人从语言证据（复辅音证据）出发。从汉语史分期出发，势必顾及中古语音系统——《切韵》音系。既然《切韵》音系是公认没有复辅音声母的，自然不能说隋唐时期还存在着复辅音声母。往前推三四百年，以东汉为界是个不错的处理办法。东汉是许多历史、文化现象的转折点，尤其是佛教的传入，人们发现了汉语的四声，反切注音法开始流行，等等。单从所谓复辅音证据出发，很容易把复辅音消失的时间下限定得偏晚。打个比方：来母字现代方言一般都读边音声母 [l]，但是，江西、安徽等方言有读 [t] 之类声母的；闽西北方言中，有若干来母字读 [s] 声母的；第二次汉字简化方案中，"楼"字被简化成"柚"字，柚（柚子）、柚（楼房）、袖、轴、抽，就成了谐声系列。但不能以此断定现代汉语中就应该存在 tl-、sl- 之类的复辅音声母。

由此可见，即使是主张复辅音声母消失于唐宋时期的，也仍然没能将尊重证据的态度贯彻到底。

赵彤（2006）提出了一个调和的办法，"能够反映复辅音声母的材料，其时代不一定等于复辅音声母存在的时代。"但是，这个方法是柄"双刃剑"，它也可以用来否定上古时期存在复辅音声母。

还有一个跟时间问题有关的例子。复辅音论者大都认为汉藏语是同源的，原始汉藏语分化的时间，有距今五千年左右的说法。假设分化之后，在一两千年的时间里，原始藏缅语、原始侗台语、原始苗瑶语等跟原始汉语保持类似今天汉语方言之间的关系情况，应该是合乎情理的。换言之，公元前一千年左右，汉语跟藏缅、侗台、苗瑶等语言性质是较为接近的。但是，从汉刘向《说苑》记载的《越人歌》的原语汉字记音版和汉译版对照情况看，完全不像是方言的关系，而更像是不同的语言（丁启阵，2016）。

八、对现代汉语方音的参考价值认识不足

提出上古汉语有复辅音声母的学者，最早、最直接、最有价值的材料是文字的谐声现象。除了文字谐声，赞同此说的后起学者提出的其他材料主要还有：其他古汉语现象（包括异文、读若、假借、合音等），亲属语言比较材料和外语对音材料，同源词语的古音构拟（主要是汉藏同源词语）等几个方面。偶尔有人提过现代汉语方言，例如张世禄（1980），但大多数复辅音论者语未及此。不知道是认为现代汉语方言没有这方面的价值，还是他们有意回避。

事实上，现代汉语方言读音对于包括复辅音问题在内的上古汉语语音研究的

参考价值，至少不在上述几方面材料之下。对此，我们可以从关系、逻辑、类型、现象几个方面加以论证。

关系上，现代汉语方言是上古汉语一脉相承的嫡系后裔，这是明摆着的事实；而且，现代汉语方言距离上古汉语的时间不过两千年上下，语言上的对应关系确定而清晰，中间不曾有过任何断裂隔阂。而包括藏缅、侗台、苗瑶等所谓亲属语言，跟汉语的同源关系，目前还只是理论上的假设；即使确定有同源关系，它们跟汉语分开的时间，也在五六千年以上，它们跟大多数学者都认为存在复辅音声母的上古汉语的时间距离，远远大于现代汉语方言；更致命的是，所谓亲属语言，跟汉语之间根本没有时间上具有连续性的相关文献，最早的藏语书面材料是公元七世纪的文献，此前是空白。显而易见，研究上古汉语读音，取亲属语言而弃汉语方言，似舍近求远，以疏间亲。

逻辑上，我们可以提出这样的质疑：如果现代汉语跟上古汉语有一脉相承的关系，上古汉语的语音特点是有可能在现代汉语方言中得到保存的，至少会留下蛛丝马迹；分布地域辽阔、语言形态丰富多样的现代汉语方言中既然保存了古无轻唇、古无舌上等所有已知、公认的上古汉语语音特点，如果上古汉语有复辅音声母，或多或少会留下些许痕迹，不应该如此了无踪迹。

类型上，迄今为止我们都没有发现古今汉语在音节结构上存在质的不同，即没有任何证据可以表明，现代汉语方言跟上古汉语不是同质同构的关系。看到厦门、山西某些地方方言中虽有 mb-、nd-、ŋg- 之类声母，但通过实验语音学的研究，这些音并非一般意义上浊塞音和鼻音的结合，而是鼻冠音；这些鼻冠音，不是古已有之的；更重要的是，它们的演变，都是脱落 m、n、ŋ，没有脱落 b、d、g 的（胡方，2005）。总之，这些音都应该被认定为单辅音，而不是复辅音。

此外，复辅音论者提出的一些可能证明古汉语存在复辅音声母的现代汉语方言读音现象，例如嵌 l 词（切脚词）、闽西北方言若干来母 s 声字等，都可以在单辅音框架内得到合理的解释（丁启阵，2016）。

九、余论

复辅音的假说是涉及上古汉语语言性质的大问题，也是汉语音韵、汉语史研究的热点问题，在一百多年的时间里，涌现了大量申述复辅音说的论著，谓之曰汗牛充栋亦不为过。不客气地说，人云亦云者众，独立思考者寡。可是，老话说，积重难返，想要推倒这庞然大物，也不是轻而易举之事。更何况，一篇论文，涉及方面如此之多，因此只能蜻蜓点水、浮光掠影。期望的效果，无非是引起对方辩友思索，共同切磋，携手并进。

参考文献

[1] 丁启阵.汉语复辅音说辨正.北京：中华书局，2016.
[2] 董同龢.汉语音韵学.台北：文史哲出版社，1998.
[3] 方国瑜，何志武.纳西象形文字谱.昆明：云南人民出版社，1995.
[4] 高本汉.汉语词类.张世禄译.上海：商务印书馆，1937.
[5] 高明.中国古文字学通论.北京：北京大学出版社，1996.
[6] 龚煌城.汉藏语研究论文集.北京：北京大学出版社，2004.
[7] 何大安.声韵学中的观念和方法.台北：大安出版社，2008.
[8] 何九盈.上古音.北京：商务印书馆，1991.
[9] 胡方.论厦门话 [mb ŋg nd] 声母的声学特征及其他.方言，2005（1）.
[10] 金理新.汉藏语的语音对应与语音相似.民族语文，2003（3）.
[11] 李方桂.龙州土语.上海：商务印书馆，1940.
[12] 李方桂.上古音研究.北京：商务印书馆，2015.
[13] 马学良.汉藏语概论.北京：民族出版社，2003.
[14] 裘锡圭.文字学概要.北京：商务印书馆，1988.
[15] 沙加尔（Laurent Sagart）.龚群虎，译.上古汉语词根.上海：上海教育出版社，2004.
[16] 王洪.汉语非线性音系学.北京：北京大学出版社，1999.
[17] 王珊珊.古汉语复辅音声母研究.北京大学博士学位论文，2003.
[18] 吴宗济.吴宗济语言学论文集.北京：商务印书馆，2004.
[19] 余迺永.《切韵》系书切音与切字谐声相违的声母问题.语言科学，2003（9）.
[20] 俞敏.后汉三国梵汉对音谱 // 俞敏语言学论文集.北京：商务印书馆，1999.
[21] 张世禄.汉语语音发展的规律.徐州师范学院学报，1980（4）.
[22] 赵彤.战国楚方言音系.北京：中国戏剧出版社，2006.

作者简介

丁启阵，1963年生，毕业于山东大学中文系，文学硕士，副教授。主要研究方向为方言音韵、古代文学、传统文化，出版著作《秦汉方言》《汉语复辅音说辨正》《歌者的悲欢——全面解读唐代诗人》《杜甫字子美》《孔子真相》《论语真解》等十余部，发表学术论文40余篇。

（原载《民俗典籍文字研究》2019年6月第二十三辑）

从现代方音论古无复辅音

丁启阵

▲ **摘要** 迄今为止,所有被复辅音论者当作论据的语音现象,其实都是能够在单辅音语音系统框架内做出合理解释的,被复辅音论者认为是复辅音分化的历时音变,其实都是共时音变。这两点,基本上都可以在现代汉语方言中找到证据。

▲ **关键词** 复辅音;现代方言;音韵学

一、缘起

罗常培、王均《普通语音学纲要》是这样给复辅音下定义的:"两个或三个辅音结合在一块儿和元音相拼,这样的辅音结合体叫做复辅音。"此外还有一句补充说明:"最常见的复辅音是一个闭塞音跟一个边音结合成一个单位。"(罗常培、王均,1981)根据音韵学界几十年来的实际情况,汉语复辅音的定义,还不妨做一点修订,成为:两个或两个以上辅音以平等、并列的方式结合在一起充当声母,叫复辅音声母。最常见的是两个辅音结合在一起的复辅音声母,尤其是一个塞音跟一个边音结合成的复辅音声母。

是谁最先提出古汉语有复辅音的,学术界有不同说法,大致有如下三种:林语堂(1924)认为是英国人艾约瑟(Joseph Edkins,1874、1876),台湾学者龚煌城(2004)提出是德国人甲柏连孜(Gabelentz,1881),法国学者沙加尔(Laurent Sagart,1999)认为是法国学者马伯乐(Henri Maspero,1920)。

复辅音论者的主要论据来自两个方面,汉字的例外谐声(连绵词、通假字、异读等)和亲属语言有复辅音。一般认为谐声是最重要的论据。其中,瑞典学者高本汉(1933)的三式设想最有影响力:

A．各 klâk：洛 lâk

B．各 kâk：洛 klâk（glâk）

C．各 klâk：洛 glâk

亲属语言，原本应该只是旁证，但是现在有被过分倚重的现象。

当今，复辅音说声势浩大。主张此说的学者人数众多，中外皆有，其中不乏睿智卓识、负有盛名的学者。但是，比之军事，他们组成的军队，无疑是在冒孤军深入的危险。"孤军深入"的比喻，是指他们忽略了本该注意到的一些因素，轻视乃至忽视了反对者的存在，对反对者的论据视而不见、不重视，因而实际上进入了一种盲目自信、自说自话的状态。主要危险有四个：

第一，把音素当作音变的最小单位。音变单位还可以而且应该再分，例如可以分至区别性特征。

第二，忽视了条件音变，比如高元音（i、u）对声母辅音的影响。腭化，前后拉动。

第三，忽视了汉语古今的延续性，即没有解释为什么现代汉语方言没有复辅音——他们有这个责任或义务；不少人认识到复辅音论者有必要解释复辅音是怎样消失的，但是似乎没有人认识到他们同样需要解释为什么现代汉语方言里没有复辅音甚至没有复辅音迹象。

第四，忽视了其他可能的解释。

笔者认为，迄今为止，所有被复辅音论者当作论据的语音现象，其实都是能够在单辅音语音系统框架内做出合理解释的，被复辅音论者认为是复辅音分化的历时音变，其实都是共时音变。

二、关系论

认真说起来，汉语跟藏缅、苗瑶、壮侗等语族是否为亲属（同源）语言还是可以商榷、需要进一步研究的问题。即使确证其间存在同源关系，它们是什么时候分开的，分开的时候语言系统是怎样的、有什么特点，分开之后各自是怎样演变的、有过怎样的相互影响，等等，也都应该有所交代。现实情况是：所谓亲属语言仍带有相当程度的假定性，而现代汉语方言跟上古汉语之间是清晰无疑的继承关系。现在我们退一步，姑且承认汉语跟藏缅等语族存在着亲属关系，那么，摆在我们面前的情况也是：现代汉语方言是上古汉语的"嫡系后裔"，藏缅等亲属语言是"旁系后裔"。这就出来一个问题：复原上古汉语面貌，不来参考它的"嫡系后裔"现代汉语方言，而去参考它的"旁系后裔"，这种舍近求远的做法，既不符合逻辑学原理，也不符合遗传学原理。

三、逻辑论

吴方言完整地保留着中古汉语声母的清浊对立系统(全清—次清—全浊：帮—滂—并、端—透—定、知—彻—澄、精—清—从、照—穿—床、见—溪—群等)；粤方言完整地保留着中古汉语四个声调（现代粤语分阴阳调，并未破坏古代平上去三分的格局）的大格局和入声调韵尾三分的小格局(-p,-t,-k,例如广州话"十"读ʃep、"一"读jet、"七"读ʧʰet、"八"读pat、"六"读lok)。更有甚者，闽南方言保存（残留）了几乎所有已知上古汉语语音的特点，即"古无舌上音""古无轻唇音""娘日归泥"、喻三归匣、喻四归定等，例如（黄典诚，1982）：

（1）无轻唇音：

非：夫 pɔ、飞 pe、枫 pŋ、腹 pak

敷：敷 pʰɔ、芳 pʰaŋ、蜂 pʰaŋ、覆 pʰak

奉：肥 pui、浮 pʰu、房 paŋ、傅 pak

微：无 bu、微 bi、文 buŋ、物 biʔ

（2）无舌上音：

知：猪知 ti、朝 tiau、沾 tiam、中 tioŋ、辄 tiap、哲 tiat、竹 tiɔk

彻：痴 tʰi、超 tʰiau、挺 tʰian、宠 tʰioŋ、黜 tʰut、畜 tʰiok

澄：除 tu、迟 ti、沈 tim、传 tʰuan、重 tioŋ、蛰 tip、直 tit、逐 tiøk

（3）多舌音：注 tu、振 tin、唇 tun

（4）日母读泥：蕊 白lui、染 li、让 liũ

（5）喻三（云）读匣：雨 hɔ、云 hun、域 hik

（6）喻四（以）读定：游 siu、延 tsʰiau、养 tsiũ、与 tʰɔ、榆 tiu

"茶"字在西方语言里读 tʰi:、te 之类音，就是从闽方言输出的。今天，"茶"字在几处闽方言的读音情况如下：厦门文读 ta、白读 te，潮州 te，福州、建瓯

ta。不光是闽方言,其中的一些特点在其他方言乃至北方方言中,也是有迹可寻的。

从逻辑上讲,既然现代汉语方言中能够保留那么多一两千年前甚至更早的上古汉语的语音面貌,也应该保留着若干复辅音声母,至少保存着复辅音的痕迹。因为,不少复辅音论者认为复辅音的消失时间在东汉末年,还有一些复辅音论者甚至认为复辅音的消失时间可以晚至唐宋时期。可是,现代汉语方言中偏偏就既没有复辅音,也没有复辅音的迹象。上古音其他所有特点在现代方言里都有迹可循,唯独复辅音无迹可循,这不是很蹊跷的事情吗?需知,倘若上古汉语是有复辅音的,那不是一件小事,而是事关整个语言格局、面貌的大事件,即使消失,也是很难完全销声匿迹的。

有人把山西方言部分地方的"嵌 l 词"、闽方言的"切脚语"都看作复辅音残迹,那是不对的,笔者有专门文章论证,这里就不讨论了。

四、类型论

观察现代汉语方音,暂时撇开声母的内部结构,我们可以发现如下一些类型特点:

第一,每个音节都有声调。作为非音质音位,声调依附于组成声母、韵母的音质音位(辅音、元音),同时,它又笼罩于组成声母、韵母的所有音质音位之上,不单独跟其中任何个体发生关系。

第二,音节内部的因素之间是不平等的。具体地说,发音持续时间的长短、用力的轻重各有差别。其中有一个核心音素,其他音素皆紧密地团结在它的周围,这个核心音素通常是一个元音(偶尔也可以是 m、n、l、ŋ 之类响音辅音),尤其是低元音。

第三,音节的长度是有限制的,最短可以只有一个音素,最长不能超过四个音素。其中,元音组合最长可以有三个音素,例如 iau、iou、uai、uei。

这些类型学特点,能否超越呢?超越之后语言性质是否还能保持不变——还是汉语,都值得深长思之。有些学者急于构拟出一个跟中古音大不相同的上古音系统,我认为那不是思维的理性状态。

现代汉语方言中有一些貌似复辅音的声母,例如山西某些方言、厦门方言中都有 nd-、mb-、ŋg- 一类的声母。但是，有人通过实验语音学研究认为，这种语音现象，实际上是鼻冠音 [ᵐb　ᵑg　ⁿd]，而不是传统认为的一般浊塞音和边音的组合。这种鼻音带有塞音特征的现象，"是后起的，是各个方言自身独立发展的可能性比较大"（胡方，2005）。还有一个现象非常值得注意，近年在山西一些地方发现，它们的演变情况也是 nd- > d、mb- > b、ŋg- > g，并没有出现 nd- > n、mb- > m、ŋg- > ŋ 的情况。

五、现象论

复辅音论者提出的几种重要论据，在现代汉语方言中，都可以在单辅音框架内、以共时／普遍音变做出合理的解释，不需要也不能用复辅音在历时音变中分裂去解释。

（一）C-l- 和 C-~l-

开头部分提到，罗常培、王均两位先生说过："最常见的是两个辅音结合在一块的复辅音声母，尤其是一个闭塞音跟一个边音结合成一个单位的复辅音声母。"复辅音论者中，最小心谨慎的学者，就认为只有这种类型的复辅音。这是因为，最早引起上古汉语有复辅音声母的构想，就是因为汉字谐声系列中有的读塞音 p-、t-、k- 之类，有的读边音 l-。高本汉提出的三式设想就是如此。中古来母字跟其他声母尤其是塞音声母相谐的情况的确数量较多，容易引人注意。此外，林语堂所说的"古今俗语"中也有不少塞音跟边音 l- 发生关系的例子，例如：孔—窟窿、角—角落、刺—蒺藜、笔—不律、风—孛缆。

C-l- 和 C-~l- 现象，在现代汉语方言里也普遍存在。

现代人为创造的秘密语常见 C-l- 手法。赵元任（1934）发表于 20 世纪 30 年代的《反切语八种》中，就有一种常州"字语"，采用 məŋ-la 式，例如：布 pu—□路 pəŋ-lu，门 məŋ—没伦 mə-ləŋ。此外，北平的 mai-ka 式，遇到附加声跟本字声母一样时，也要改用 l 声母字，例如：高 kau—改捞 kai-lau（不用：改高 kai-kau），棍 kuən—拐论 kuai-luən（不用：拐棍 kuai-kuən）。今天广西灌阳方言的"二字语"也属于秘密语，加字的音基本上就是把本字音的声母换作 l-。广西还有不少地方的方言中有类似灌阳"二字语"的现象。近年来，广东、福建、湖北、湖南、云南等地都有发现，只是各地叫法不太一样而已（陈振寰、刘村汉，1982）。福建建瓯一带叫"鸟语"，或者叫"隻仔语""燕仔语""燕语"（潘渭水，1999），粤东闽语广东揭西棉湖一带叫作"棉湖僻"（林伦伦，1996）。

至于 C- 与 l- 之间的变化，在字组连读中，后字从其他辅音变为 l- 的现象，许多地方都有发现：

福州方言中，三字组连读时有第二字或第三字声母从舌尖音 t、ts、s 等变为 l 声母的（李如龙、梁玉璋、陈天泉，1979）。再如：

老师 lo sy → lo ly

老婿 lau sɑi → lau lɑi

老爹（旧称长官）lo tia → lo lia

早起头（早晨）tsa kʻi tʻau → tsa·i lau

椅头 ie tʻau → ie lau（以上陈天泉、李如龙、梁玉璋，1981）

米袋 mi tɔy → mi lɔi

水桶 tsuoi tʻøyŋ → tsy løyŋ

镜箱（梳妆盒）kiaŋ suoŋ → kiaŋ nuoŋ（以上梁玉璋，1983）

福清方言中，上字拿元音收尾时，下字除 m、n、ŋ 和 l 声母以外，有不少变为 l 声母的。例如：

街中 kɛ toŋ → kɛ loŋ（街上）

土猪 tʻu tu → tʻu ly（一种动物）

石头 siɔ tʻau → siɔ lau

白菜 pa tsʻai → pa lai（高玉振，1978）

闽南话中，使用 l- 音节构成双音词的方式更加灵活。l- 音节既可以放在原单音节之后，也可以放在原单音节之前。例如：

碰 pʰɔŋ²¹ → pʰɔŋ²¹ lɔŋ²¹

松 saŋ⁵⁵ → saŋ⁵⁵ laŋ¹¹

坠 tʰui¹¹ → lui²¹ tʰui¹¹

（纠缠）ko³⁵ → lo³⁵ ko³⁵

更有意思的是，有一些词，l- 音节在前在后都可以：

食 tsih⁵ liah⁵ ～ liah⁵ tsih⁵

角 ki³² lak³² ～ lak³² kih³²

宫 kin¹¹ liŋ⁵⁵ ~ liŋ⁵⁵ kiŋ⁵⁵

菜 tshi²¹ lai²¹ ~ lai²¹ tshi²¹

闽南方言这种"衍音"造词法，衍生出的音节除了 l- 声母之外，也有少数是其他声母的，例如 t- 声母，"愚"gu³⁵ → gu³⁵⁵ tu³⁵（周长楫，1998）。闽南方言的这种造词方式，并非孤例，北方方言中也有类似现象。"膝盖""脖梗（颈）"两个词在山东各地各有两种说法，如下：

膝盖：

A. 波洛盖（儿）、波拢（或棱）盖（儿）。分布地区为：东片烟台、青岛、潍坊、淄博、东南片临沂等地，读音为 pə-luə（lou / -ləŋ）-kɛ（r）；

B. 格拉拜儿、格娄拜儿。分布地区为：西片济南、德州、泰安、聊城、济宁等地，读音为 kə-la（lou）-pɛr。

脖梗（颈）：

A. 脖拉（或儿）梗。分布地区：东片、东南片、泰安、曲阜等地，读音为 pə-la（li）-kəŋ；

B. 格拉绷。分布地区：济宁、东平、阳谷、聊城等，读音为 kə-la-pəŋ。

（张树铮，1991）

天津方言中，语流音变也有 t 变为 l 的，例如：你知道吗？ ni tʂl lau（< tau）ma（崔建新、黎意，1995）。

这种字组连读的音变，历史不一定很悠久，它可以是晚近时期发生的。例如，福州话三字组的 l- 变音就是三十多年之内的事情：

	1930 年	1979 年
油菜心	iu tsʰai siŋ	iu ʒɑi liŋ
医生姐	i seiŋ tsia	i leiŋ ʒia
计算尺	kiɛ sauŋ tsʰuoʔ	kiɛ louŋ ʒuoʔ

（李如龙、梁玉璋、陈天泉，1979）

现代汉语方言中，C-l- 在秘密语中的普遍使用、字组连读中 C- 变 l- 现象的普遍存在，这两类现象都提示我们，汉字谐声、古代文献、古今俗语里边中古来母跟其他声母有较多关系，很可能只是共时音变所致，并非复辅音分化。

（二）照、见系谐声

李方桂先生注意到，上古汉语中有舌根音跟照三系字（照穿床审禅日）谐声的现象。为此，他提出了这样的解释方案：照三组的字是从上古的 *krj-、*khrj-、*grj-、*hrj-、*ngrj- 来的（李方桂，1982）。也就是说，李方桂认为，舌根音跟照三系谐声的原因是，上古汉语有复辅音。梅祖麟（1982）在李方桂的基础上，提出了一种假说："这些声母有两种不同的演变：保留 r 介音就变成《切韵》时代的照三系声母，失落 r 介音就变成舌根音。"罗杰瑞（1995）接受了李方桂和梅祖麟中古照三系声母来自上古 *krj 型复辅音声母的框架，只是在具体解释分化过程时，做了一些细节上的修改。

闽语中有照三字读舌根声母 [k-] 的现象，梅祖麟和罗杰瑞都把它当成了闽语直接来自上古汉语的证据。

其实，他们的做法是值得商榷的。因为，舌根音和照三系的谐声或闽方言照三系字读舌根音，实际上就是喉牙音跟舌齿音之间的替换，这种替换现象，不独闽方言有，在其他现代汉语方言中也屡见报道，湘方言、吴语、北方话中都有此类现象。请看：

属于湘方言的耒阳话、衡山话中，舌面前塞音塞擦音三分为 t、ȶ、tɕ，即有如下三组：

a) t   tʰ   —— 打 tia   塔 tʰia
b) ȶ   ȶʰ   —— 假 ȶia   尺 ȶʰia
               九 ȶieu   丘 ȶʰieu
   tɕ   tɕʰ   —— 酒 tɕieu   秋 tɕʰieu

表中已可看出，b 类 [ȶ ȶʰ] 是兼有见组字（"假九"见母，"丘"溪母）和章组字（"尺"昌母）的。底下再举一些例字：

ȶ：来自见母——家交久剑今间结军姜京菊

　　来自章母——遮者珠招针真章众祝粥烛

　　附：来自知母——猪肘朝镇胀着忠筑竹冢

ȶʰ：来自溪母——去巧恰谦劝筐吃顷曲

　　来自昌母——车吹臭川昌尺冲触

　　来自禅母——署仇常成城

　　附：来自彻母——超丑椿畜宠

　　来自澄母——除锤潮筹缠陈杖逐

耒阳话读舌面前塞音声母 [ȶ][ȶʰ] 的字，《方言调查字表》收录 470 余字，有三个来源：一是中古"见溪群"声母字，237 字，占 50% 强；二是中古"知彻澄"声母字，104 个，约占 22%；三是中古"章昌禅"声母字，118 个，约占 25%（以上湘方言材料据钟隆林等，1983）。

温州方言中，章组与见组也大量相混。这里仅举章母、见母相混情况以赅"昌船书禅"和"溪群"，如下表（语料据北大中文系，1989）：

tɕi	章母	毡章樟，掌，佔战颤障，折（折叠）折（折断）
	见母	兼坚肩姜薑僵，检茧，见建剑，洁结劫
tɕiε	章母	昭招，照
	见母	骄娇浇，缴饺，叫
tɕiəu	章母	舟周州洲，帚，咒，粥祝
	见母	菊
tɕy	章母	专砖
	见母	龟居拘驹，鬼举轨诡，贵桂季句据绢决
tɕyɔ	章母	钟锺盅，肿种（种类），种（种植）
	见母	供（供给）恭，拱，供（供养）
tɕyoŋ	章母	终，准（批准）准（标准），众
	见母	军君均钧宫弓躬，卷（卷曲），卷（书卷）

说明：《汉语方音字汇》（第二版）中可供比较的章、见母字基本上都在里边了；表中有些字原本有文白异读、新旧异读的，皆只取白读、旧读。

表中可见，温州方言中，章组与见组的相混字是比较多的。

北方方言区，为我们所注意到的，就有安徽一带的江淮官话、山东诸城等地、陕西蒲城（兴镇）等。江淮官话情况，请看下边例子：

	主章	准章	居见	绢见
枞阳	ty	tuən	ty	tyɛ̃
合肥	tʂu	tʂuən	tʂʅ	tɕyĩ
庐江	tʂu	tʂuən	tʂʅ	tɕyĩ
芜湖	tɕy	tsuən	tɕy	tɕyĩ
安庆	tʂu	tʂuən	tʂu	tʂuon

（吴波，2008）

山东诸城、五莲、昌乐、日照，都有一类知组字读音混同于见组细音的现象，以诸城为例，珍 = 斤 tʃə̃，沉 = 琴 tʃʻə̃，身 = 欣 ʃə̃（钱曾怡，2004）。山东日照地区，中古知庄章三组声母和见组声母字被混读成 [tʃ tzʃʰ ʃ] 或 [ts tsʰ s]。当地人管这种混读发音方式叫"咬舌音"。据调查，这种"咬舌音"在 20 世纪五六十年代并不普遍，而现在已成蔓延之势（岳立静，2005）。

陕西蒲城（兴镇）有如下读音情况：

见、溪母开口呼韵母读 tʂ、tʂʻ：看 tʂʻã，开 tʂʻæ

见、溪母合口呼韵母读 k、kʻ：锅 kuo，科 kʻuo

见、溪母齐齿、撮口呼读 tɕ、tɕʻ：基 tɕi，欺 tɕʻi，曲 tɕʻy

知彻澄章母开口呼韵母读 k、kʻ：知 kɯ，超 kʻau，陈 kʻɛ̃，真 kɛ̃，臭 kʻou

知彻澄章母合口呼韵母读 tsʻ、tsʻ：桌 tsʻɣo，戳 tsʻɣo，钟 tsʻɣən，唱 tsʻɣei

（孙立新，1992）

见、溪母遇开口呼韵母读成了舌音声母，知彻澄章母遇开口呼韵母读成了舌根声母，两者可谓跨类音变；其中后者跟见、溪母遇合口呼韵母读音出现了混同。

上述现象都可以说明，照三系字读舌根音声母，是一种古今各地皆有、常有的共时音变，跟复辅音没有关系。

（三）心母谐声

李方桂看到心母字"差不多可以跟各种的声母的字谐声"，便提出"这些字显然是从复声母来的"。具体地说，李方桂构拟了一个 s 词头。"岁"字因其可与舌根声母字相谐，李方桂将其上古至中古的读音拟测为：*skwjadh > sjwäi（李方桂，1982）。董同龢亦看到闽语有心母字读 h- 声母现象，而做出两个推论：第一，"岁"字在上古必然和舌根音 k-、kʻ-、x- 系字有关；第二，闽语"岁"字读音不从《切韵》来（董同龢，1960）。

有意思的是，我们在天津话中，也看到了类似的现象。例如：炕上 kʻaŋ xaŋ（< saŋ）、先生 ɕian xəŋ（< səŋ）、多少 tuə xau（< sau）、告诉 kau xu（< su）（崔建新、黎意，1995）。

此外，s 与 h 的替换，在印欧语的历史上也不乏其例。例如，印度古地名就有"身毒、贤豆、印度"等名称。

事实上，心母跟来母，或者说 s、l，都因为是不需要强气流、相关器官处于紧张状态就能发出的音，因而都是很容易从别的音"变入"的音。它们的这一特点，很可能就是它们跟其他声母发生广泛关系（包括谐声）的原因。总之，也大可不必扯到复辅音上去。

参考文献

[1] 北京大学中国语言文学系语言学教研室.汉语方音字汇(第二版重排本).北京：文字改革出版社，1989.

[2] 陈天泉，李如龙，梁玉璋.福州话声母类化音变的再探讨——兼答赵日和同志.中国语文，1981（3）.

[3] 陈振寰，刘村汉.灌阳方言的二字语.中国语文，1982（6）.

[4] 崔建新，黎意.天津话的语流音变.中国语文，1995（1）.

[5] 董同龢.四个闽南方言.台北《"中央研究院"史语所集刊》第三十本，1960.

[6] 高本汉.张世禄，译.汉语词类.上海：商务印书馆，1937.

[7] 高玉振.福清方言的声母连读音变.中国语文，1978（4）.

[8] 龚煌城.汉藏语研究论文集.北京大学出版社，2004.

[9] 胡方.论厦门话[mb ŋg nd]声母的声学特征及其他.方言，2005（1）.

[10] 黄典诚.闽南方言中的上古音残余.语言研究，1982（2）.

[11] 李方桂.上古音研究.北京：商务印书馆，1982.

[12] 李如龙，梁玉璋，陈天泉.福州话语音演变概说.中国语文，1979（4）.

[13] 梁玉璋.福州方言重叠式名词.中国语文，1983（3）.

[14] 林伦伦.广东揭西棉湖的三种秘密语.中国语文，1996（3）.

[15] 林语堂.古有复辅音说.《晨报》六周年纪念增刊，1924.

[16] 罗常培，王均.普通语音学纲要.北京：商务印书馆，1981.

[17] 罗杰瑞.张惠英，译.汉语概说.北京：语文出版社，1995.

[18] 梅祖麟.跟见系字谐声的照三系字.中国语言学报（第1辑）.北京：商务印书馆，1982.

[19] 潘渭水.福建建瓯"鸟语"探微.中国语文，1999（3）.

[20] 钱曾怡.古知庄章声母在山东方言中的分化及其跟精见组的关系.中国语文，2004（6）.

[21] 沙加尔.龚群虎，译.上古汉语词根.上海：上海教育出版社，1999.

[22] 孙立新.蒲城（兴镇）方言见知章组声母的读音.方言，1992（3）.

[23] 吴波.中古精组及知见系声母在江淮官话中的塞化音变.语文研究，2008（3）.

[24] 岳立静.日照方言知庄章和精见端的读音类型.方言，2005（3）.

[25] 张树铮.多音节词的语音置换位一例.中国语文，1991（3）.

[26] 赵元任.反切语八种.台北《"中央研究院"历史语言研究所集刊》第二本第三分册，1934.

[27] 钟隆林，胡正微，毛秉生. 湘方言中的舌面前塞音声母. 中国语文，1983（6）.
[28] 周长楫. 上古汉语有复辅音说之辩难. 厦门大学学报（哲社版），1998（2）.

作者简介

丁启阵，1963 年生，毕业于山东大学中文系，文学硕士，副教授。主要研究方向为方言音韵、古代文学、传统文化，出版著作《秦汉方言》《汉语复辅音说辨正》《歌者的悲欢——全面解读唐代诗人》《杜甫字子美》《孔子真相》《论语真解》等十余部，发表学术论文 40 余篇。

（原载《汉语复辅音说辨正》，中华书局 2016 年版）

粤方言"冚唪唥"再探

陈小明

▲ **摘要** 本文以语言事实为依据,指出"冚唪唥"的"冚"本字应为表"全"义的副词"咸";"唪"的本字应为量词"朋",其为中国最早货币"贝"的计量单位("十贝为一朋");"唥"则是一个变声迭韵成分,主要作用是强调主观量大。"冚＋量词"或"冚＋量词＋变声迭韵音节"是至今仍然广泛存在于粤方言区的一种特有的结构形式。这种普遍性和独有性,可作为"冚唪唥"产生于粤方言区的有力证据。使用频率的催化、句法位置的诱发、择优选择的作用等,致使这种格式里表示"全"义的副词"冚"与表示"量大"义的"唪唥"发生了"融合","冚"与"唪唥"之间的分界也随之消失,最终两者凝固为一个表示"全部、统统"义的新单位——范围副词"冚唪唥"。

▲ **关键词** 范围副词"冚唪唥";变声迭韵;融合;主观量大

一、引言

"冚唪唥"[hem²¹paŋ²¹laŋ²¹]在粤语里是一个表示"全部、统统"意义的范围副词。它一般用在动词、形容词的前面,总括其所指对象的全部,表示它所限定的事物没有例外地发生或具有谓语动词或形容词所表达的行为动作或性状。例如：

佢哋冚唪唥去晒打波嘞。(他们全都去打球了。)

快,冚唪唥都快;慢,冚唪唥都慢。(快,全都快;慢,全都慢。)

(引自高华年,1980)

"冚唪唥"是粤语中使用频率最高的一个词语,但若问"冚唪唥"三字分别指什么,则往往是各有各说,没有一个统一的答案。学术界对这个词的来源及组成成分的分析，也是众说纷纭，莫衷一是。"冚唪呤"几乎成了粤语研究中的一个"谜"。为了解开这个"谜"，研究者们做出了艰苦的努力，并取得了一些具有突破性意义的研究成果。

本文在借鉴已有研究成果的基础上，对"冚唪呤"一词的来源等问题提出了一些个人的看法，以求教于大方之家。

二、各家对"冚唪呤"一词来源的见解

（一）洋泾浜英语来源说

有学者认为，"冚唪呤"源于广东话"咸埋包来"的英语讹读（吴旻，1994）；千岛英一（1999）还在《广州话"冚唪呤"[hem²²pa:ŋ²²la:ŋ²²]的来源再考》一文中，引用他的广州话老师的另一种"洋泾浜英语"来源说："据说[hem²²pa:ŋ²²la:ŋ²²]的语源是英语的 home balance。而关于 home balance 一词，又有这样的说法：过去在中国开办的外国企业（比如上海汇丰银行），进行决算时，当时的大班们有时使用 home balance 一词来代替 grand total。于是，这个词便经常飘进旁边广东人的耳朵里，他们将 home balance 的发音讹化成[hem²²pa:ŋ²²la:ŋ²²]，表'总共、全部'的意思。"

（二）北方方言来源说

文若稚（1993）在《广州方言古语选释续编》中提出："'冚棚硠'即'咸不剌'，'不剌'是元代大都（即今北京）一带出现的无意义语尾。实际用义是'皆也'，即全部的意思。"

（三）土著非汉语底层说

余蔼芹（1988）在《粤语研究》中提出："粤方言有一部分俗语词汇不但在其他汉语方言里头找不到，而且显示着不同的语言层次，有些可能是上古音遗迹，有些可能是土著非汉语方言的迹象。"并认为表示"所有"义的[ham6pa:6l ɑ:ŋ6]"可能和苗语的/bɑŋlɑŋ/（很多东西放在一起或堆在一起的样子）有关；苗语这个词两个音节都读Ⅱb调。"

（四）蒙古语借词说

涂良军（1999）在《广州话"hem²²pa:ŋ²²la:ŋ²²"词源辨析》一文中提出："我们推测这个词来自蒙古语的 xamuk bara:。xamuk 是"所有、一切、皆、全"的意思，

而 bara 的意思是①货物、商品；②东西、什物；③衣料、布匹；④家伙、小子。xamuk 在蒙古语里有一组同源词，可以证明它是蒙古语固有的，而不是从汉语借入的。"

（五）借自汉语南方方言说

有人认为"冚唪唥"[hem²¹paŋ²¹laŋ²¹] 一词是粤语从其他南方方言中借来的，譬如，借自吴语，吴方言区存在与广州话 [hem²¹paŋ²¹laŋ²¹] 意义相同、读音相近的一个范围副词。例如：

地点	表"统统、总共"的吴语词
宜兴	xAŋ⁵⁵bəə?⁵lAŋ⁵⁵tAŋ⁵⁵（亨孛冷当）
童家桥	haŋ⁵⁵mə?³l ɑ ŋ³t ɑ ŋ³¹（亨墨冷打）
江阴	hAŋ⁵⁵po?³lAŋ³³t ɑ ³¹（亨八冷打）
常州	xAɲ⁵⁵p ɑ ?⁵lAɲ⁵⁵tAɲ³¹（亨八冷打）
无锡	xã⁵⁵p ɑ ?⁵⁵lã⁵⁵tã⁵⁵（亨八冷打）
常熟	xA⁵⁵bA⁵⁵lA⁵⁵tA⁵¹（亨勃冷当）
昆山	ha⁴⁴bə?⁴⁴la³³ta³¹（亨勃冷当）
上海	hAɲ⁵⁵pa³lAɲ³³tAɲ³¹（亨八冷打）
杭州	hAŋ³⁴peŋ⁵lAŋ³³tAŋ³¹（亨不冷打）
绍兴	haŋ⁴³bə?³laŋ³³taŋ⁵¹（亨勃冷□）

（引自钱乃荣，1992）

（六）粤语来源说

不少人认为"冚唪唥"[hem²²paŋ²²laŋ²²] 一词是粤语独有的方言词，因为在粤语里还有若干带"冚"语素的词语，如"冚家铲""冚家富贵"等。

我们同意"冚唪唥"源于粤语的看法，下面的论述将为这一观点提供支持。

三、"冚""唪""唥"的本字

"冚唪唥"的"冚"，本字应为"咸"。"咸"，《说文》："皆也，从口，从戌。戌，悉也。"《广韵》："胡谗切，平咸匣。""咸"与广州话"冚"，义同音合，当属"冚"之本字，对此一般无异议。

"唪呤"的"唪"[paŋ²¹]，我们认为本字应为"朋"。"朋"，《广韵》："步崩切，平登并。""唪"与"朋"读音相近。"朋"，是我国最早的货币"贝"的计量单位。殷墟甲骨卜辞有关于"贝""朋"的记载："光取贝二朋，才正月取"（侯 17）；西周青铜彝器的铭文中，关于赐贝、赏贝的记述很多，如小臣单觯（武王克商时器）"周公易小臣单贝十朋"；《诗·小雅·菁菁者莪》也有"既见君子，赐我百朋"的章句。贝作为货币，单位以朋计，十贝为一朋。王国维《说珏朋》云："余意古制贝、玉，皆五枚为系，合二系为一珏，若一朋。"1959 年 5 月在安阳后冈发现的圆形殉葬坑中有三堆海贝，其中有一堆可以看出确是十贝为朋，联成一组。郭沫若参观此文物后，欣然以诗记之云："宝贝三堆难计算，十贝为朋不模糊"（《安阳圆坑墓中鼎铭考释》附录一）。

"唪呤"的"呤"，是一个没有实在意义的重迭成分。在粤方言中若要强调量多、量大，或表示某种色彩，有一个常见的表达方法，就是通过变声迭韵的方式，把单音节量词变为双音节迭韵量词。粤语单音节量词中的相当一部分，都可以在其后面增加一个无独立意义的音节，这个音节与前一音节的韵母、声调相同，只是声母不同，而且声母一定是边音"l"。变声迭韵后，或者强调主观量大，或者含有某种夸张语气，或者增添某种形象或贬义的色彩。这种由单变双的量词，其构成方式均可以进行类推，即变前一音节的声母为 l，然后再"复印"其韵母、声调，便可得出一个第二音节，例如：

一嚿 [keu²²] 猪肉 → 一嚿溜 [keu²² leu²²] 猪肉

（一块猪肉）　　　（一大块猪肉）

一堆 [tœy⁵³] 垃圾 → 一堆耒 [tœy⁵⁵ lœy⁵⁵] 垃圾

（一堆垃圾）　　　（一大堆垃圾）

一坺 [p'at²²] 泥泞 → 一坺辣 [p'at²² lat²²] 泥泞

（一摊烂泥）　　　（一大摊烂泥）

一帮 [pɔŋ⁵⁵] 细佬 → 一帮琅 [pɔŋ⁵⁵ lɔŋ⁵⁵] 细佬

（一帮小孩）　　　（一大帮小孩）

（主要引自李新魁等，1995）

至此，我们只是把对"咸朋呤"的认识做了一个简单的说明。这种说明必然会引来这样的发问：何以证明"咸朋呤"一词一定发源于粤方言区？何以认为"咸"和"朋呤"这两个不同的语言单位会在演变中合二为一？

四、"朋"的词义演变及量词"朋"在粤语区使用的广泛性

"朋"作为量词在普通话里已经消失，在其他方言里也难觅其踪影，而唯独在粤方言里，它还"活"着，而且在某些粤方言点里仍然异常活跃。

我们对广西钦廉片粤语进行了广泛的调查，结果发现，直至现在，在这些地区"朋"仍然是一个常用量词，只是已经由专指量词泛化为通指量词，原来专指货币单位"贝"的量词，变成了泛指连缀成串的东西的量词。量词"朋"语义的演变，其实是社会发展，尤其是货币制度的发展在语言上的一种反映。"贝"曾经是夏商周时期最重要的流通货币。海贝之所以能成为货币，是因为它可以作为一种装饰品和避邪物，而且坚固耐用又便于携带和转让，更为重要的是，它们一个个大小不一，分离可数，适宜于计量，便于表现商品价值的差别，因而汉族、乃至全世界滨海民族，都曾经长期而普遍地以它为货币。在中国，大约到了春秋时期，农业、手工业、商业有了迅速的发展，为了适应这种发展的需要，金属铸币开始逐步代替贝币及各种实物货币，天然贝的流通相应衰落，而逐渐退归为装饰品。随着"贝"作为货币使用的历史的结束，以"十贝"为定量的计量单位"朋"，也失去了其精确计量的意义。人们虽然还依习惯把连缀成串的贝壳称作"朋"，但因为贝壳已不是货币，因而对"一朋"究竟是多少个贝壳已没有太多的兴趣，人们注意的只是它还是连贯成串的东西，"成串的东西"就是"朋"，这个"朋"已不是最初意义上的"十贝为一朋"的"朋"，而是任何串形东西的通用计量单位。在这种心理的影响下，"朋"的"十贝"的定量义逐渐脱落，而这种实在意义的丢失，又导致"朋"的进一步虚化，并在虚化中不断地扩大着自己的适用范围。在钦廉片粤语中，北海、合浦、浦北、钦州、防城等县市，既可以说"個朋贝壳几多钱？"（这串贝壳多少钱？）也可以说"我仲日丢咗一朋锁匙。"（我昨天丢了一串钥匙。）广州话引申意义的"朋"，也可以用来指称人或牛一类动物的上下两排牙齿。例如："你朋牙真靓"（你两排牙齿真漂亮），"呢条老黄牛，朋牙都冇晒嘞"（这头老黄牛，两排牙齿全没有了）。下面是钦廉片粤语使用量词"朋"的一些情况：

表 1　能与"朋"搭配的名词（可以打√，不可以打 ×）

地点	贝壳	螺壳	珍珠	玻珠	菩提子	龙眼	荔枝	香蕉	锁匙	铜钱	牙齿	事情	问题
北海	√	√	√	√	√	√	√	×	√	√	√	√	√
合浦	√	√	√	√	√	√	√	×	√	√	√	√	√
浦北	√	√	√	√	√	√	√	×	√	√	√	×	×
钦州	√	√	√	√	√	√	√	×	√	√	√	√	×
防城	√	√	√	√	√	√	√	×	√	√	√	×	×
灵山	√	√	√	√	√	√	√	×	√	√	×	×	×

注：香蕉因有专门量词"穷 [k'ɔŋ^{53}] 梳 [ʃɔ^{53}]"等，所以不用"朋"计量。

从上表可以看出"朋"义的演变进程，其总的发展方向为词义由具体到抽象，使用范围由狭变广：

朋：十贝为一朋→连贯成串而不定量的贝壳（一朋贝壳、一朋螺壳）→连贯成串不定量的颗粒状物（一朋珍珠、一朋玻珠、一朋菩提子、一朋龙眼、一朋荔枝）→连贯成串的金属制品（一朋锁匙、一朋铜钱）→成排的牙齿（一朋牙齿）→连续性的抽象事物（一朋事情、一朋问题）

从"朋"的计量对象的不断扩大中，我们看到了"隐喻"(metaphor)机制对词义虚化的驱动作用。隐喻不仅是一种修辞手段，而且是一般的语言现象；隐喻也不仅是语言现象，而且是一般的思维方式。中国人的思维方式的一个显著特点就是"比类取向""援物比类"。通过"隐喻"来实现词义的引申泛化，便是这种思维方式在语言生活中的一种具体表现。"隐喻"必须建立在两个意义所反映的现实现象的某种相似的基础上。"朋"之所以能由表"十贝"的单位引申为"连贯成串而无定量的非贝类事物"的单位，就是因为本义"十贝为朋"中的"朋"是连贯成串的，"成串形"就是"贝"与其他事物之间的相似点，而"朋"能进一步由计量"成串形"的具体事物发展为计量连续性的抽象事物，即实现了"从一个认知域投射到另一个认知域"，也是因为"相似性"在这两者之间建立了联结点，因为"连续性的抽象事物"也是"一个接一个连缀在一起"的，无形的抽象事物也仿佛呈现出某种"串形"特征,而且"连贯成串"的具体事物和"连续性"抽象事物之间都暗含着一个共同的"多"义,所以"一朋贝"与"一朋事"之间通过"隐喻"便能够产生出一种深层次的"相似性",而具体与抽象之间的隔阂便因这种"相似性"而涣然冰释。

"朋"在粤方言中存在的普遍性及使用的经常性,跟其他方言形成了鲜明的对比。而这一点正好说明含有"朋"这一量词语素的"咸朋呤",最有可能产生于使用"朋"时间最长、范围最广的粤语地区,而不可能产生于"朋"早已绝迹了的其他方言区。

五、量词变声迭韵形式、"咸 + 量词"组合形式的普遍性及独有性

量词的变声迭韵形式、"咸 + 量词"的组合形式,广泛地存在于粤方言区,有些现象甚至仅见于粤语。这种普遍性和独有性,应该说可以成为"咸朋呤"产生于粤方言区的有力证据。

变声迭韵形式除了见于广州话量词外,还广泛地见于粤语的其他方言点:

广东信宜话: 一堆石头 [tui^{53}]　　　　一堆耒石头 [tui^{53}lui^{53}]
　　　　　　（一堆石头）　　　　　　（一大堆石头）
　　　　　　一帮细侬 [pɔŋ^{53}]　　　　一帮□细侬 [pɔŋ^{53}lɔŋ^{53}]
　　　　　　（一帮小孩）　　　　　　（一大帮小孩）
　　　　　　一窦黄蜂 [teu^{33}]　　　　一窦□黄蜂 [teu^{33}leu^{33}]
　　　　　　（一窝黄蜂）　　　　　　（一大窝黄蜂）
　　　　　　一把青菜 [pa^{35}]　　　　一把□青菜 [pa^{35}la^{35}]
　　　　　　（一把青菜）　　　　　　（一大把青菜）
　　　　　　一嚿猪肉 [keu^{11}]　　　　一嚿□猪肉 [keu11leu11]
　　　　　　（一块猪肉）　　　　　　（一大块猪肉）
　　　　　　一扑头毛 [pok^{22}]　　　　一扑□头毛 [pok^{22}lok^{22}]
　　　　　　（一把头发）　　　　　　（一大把头发）
　　　　　　一坡泥涊 [pɛt^{22}]　　　　一坡□泥涊 [pɛt^{22}lɛt^{22}]
　　　　　　（一团烂泥）　　　　　　（一大团烂泥）

一沓银纸 [tep²²]   一沓□银纸 [tep²²lep²²]
(一沓钞票)   (一大沓钞票)

一篇废话 [pʻɛn³³]   一篇□废话 [pʻɛn³³lɛn³³]
(一篇废话)   (一大篇废话)

一串问题 [tsʻyn³³]   一串□问题 [tsʻyn³³lyn³³]
(一串问题)   (一大串问题)

一担人工 [tam³³]   一担□人工 [tam³³lam³³]
(一番功夫)   (一大番功夫)

一趟人客 [tʻɔŋ³³]   一趟□人客 [tʻɔŋ³³lɔŋ³³]
(一班人)   (一大班人)

(引自罗康宁《信宜方言语法》，未刊)

广东阳江话：一朋菩提子 [paŋ⁴³]   一朋□菩提子 [paŋ⁴³laŋ⁴³]
(一架子葡萄)   (一大架子葡萄)

一扑嘢 [pʻeu²⁴]   一扑□嘢 [pʻeu²⁴leu²⁴]
(一包东西)   (一大包东西)

一挂猪肉 [ka²⁴]   一挂□猪肉 [ka²⁴la²⁴]
(一挂猪肉)   (一大挂猪肉)

一江雀仔 [kɔŋ³³]   一江□雀仔 [kɔŋ³³lɔŋ³³]
(一群小鸟)   (一大群小鸟)

(引自黄伯荣，1959)

广西北海、合浦、浦北、钦州、防城、灵山所说"白话"同属粤语钦廉系，各点量词的用法高度一致，集体、部分量词的绝大部分，个体量词的小部分均可作变声迭韵的变化。下面举出各点意义用法都相同的部分例子：

一堆 [tui⁵³]   一堆耒 [tui⁵³lui⁵³]
(一堆)   (一大堆)

一杯 [pui⁵³]   一杯耒 [pui⁵³lui⁵³]
(一杯)   (一大杯)

一萪 [kʻɔŋ⁵³]   一萪桄 [kʻɔŋ⁵³lɔŋ⁵³]
(一串)   (一大串)

一帮 [pɔŋ⁵³]　　　　　　　一帮琅 [pɔŋ⁵³lɔŋ⁵³]
(一帮)　　　　　　　　　(一大帮)

"咸+量词"是粤方言常见的一种结构方式。"咸"在古汉语中是"全"的意思，这个意义的"咸"至今还保留在粤语里，而且常常和量词结合在一起使用。在粤语钦廉片的北海、合浦、浦北、钦州、灵山、防城等县市中，"咸+量"式用法极为普遍。现举例如下：

咸+单音节量词　　　　　　　咸+双音节变声迭韵量词

咸帮人系啲做乜嘢?　　　　　咸帮琅人系啲做乜嘢?

(一整帮人在这干什么？)　　　(一整大帮人在这干什么？)

咸杯水我都食了。　　　　　　咸杯耒水我都食了。

(一整杯水我都喝了。)　　　　(一整大杯水我都喝了。)

咸堆嘢都放系啲。　　　　　　咸堆耒嘢都放系啲。

(整堆东西都放在这里。)　　　(一整大堆东西都放在这里。)

咸蒡香蕉都食了。　　　　　　咸蒡桄香蕉都食了。

(整把香蕉都吃光了。)　　　　(一整大把香蕉都吃光了。)

"咸+量词"这种组合方式，就我们所能查阅到的数据看，除了粤语地区外，并不见于其他方言区。

六、"朋唥"的虚化及与"咸"的融合

"咸+量词"既然是粤语区常见的组合方式，那么为什么不是所有的"咸+量词"都转变为副词，而仅仅是"朋唥"独自一个走向了与副词融合的道路？我们认为有以下几个因素的影响：

（一）使用频率的催化作用。一般而言，实词的使用频率越高就越容易虚化，而虚化的结果又提高了它的使用频率。"朋"是粤方言区使用频率最高的量词之一，而"朋"的使用频率又与粤方言区所处的地理、经济位置有着密切的关系。粤语区地处南方，盛产海贝，有学者认为贝币是古代殷民族从南方带到北方的。可以想象，在以海贝为流通货币的年代里，作为计量贝币单位的量词"朋"，理所当然是一个最常用的词，而作为海贝产地的南方，它更是须臾不能缺少的高频词。

即使在海贝退出货币流通领域后，这个"朋"字仍然是一个常用量词。频繁的使用，诱发了"朋"的不断虚化，由计量具体事物发展到计量抽象事物。从"连贯成串的具体事物"到"连续性的抽象事物"，进而又抽象出一个表示"多""很多"的意义。这个抽象义为"朋"的进一步虚化提供了更大的可能性。

（二）句法位置的改变与固定的诱发作用。一个实词由于句法位置的改变而进入某种结构关系之中，常常导致其词义与功能的变化。我们认为，"朋"的进一步虚化是从"数+量+名"进入"咸+量+名"这一格式引起的。在"数+量+名"中，任何数、量词都可以自由进入"数"和"量"的位置，因为这是一个量词体现其意义和功能的最佳位置，如，"一朋贝壳""三只猪""五樽酒"；而"咸+量+名"则是一个对数词有抵制的格式，一般只容许量词进入。随着这种新句法位置的固定，"朋"便失去了自由地接受任何数字修饰的特性，这种格式可称为"拒绝数词格式"，因为这个格式的功能主要用来表示全量，含有"整个""所有"等格式义。例如：能说"咸堆未垃圾都堆系道"（整堆垃圾都堆在这里），不能说"三咸堆未垃圾都堆系道"（三整堆垃圾都堆在这里）。这种格式可以看作是隐含了数字"一"，但一般不明白说出来。

这一格式将"朋"置于一个适合发生某种语法化的位置上。一方面促使了数词的脱落，使"朋唥"与副词"咸"结合得更为紧密，一方面也因为没有了数词的呼应而大大弱化了"朋唥"的计量功能。此外，在这种格式里的"朋唥"，因引申泛化而获得的"多"义得到了巩固和加强，并与表示"全"义的副词"咸"产生了"融合"（mixture），"咸"与"朋唥"之间的分界也随之消失，由A/B变为AB，最终两者合成了一个表示"全部、统统"义的新单位——范围副词"咸朋唥"。

（三）"择优"原则的作用。在若干个有可能虚化为另一词类的成分中，往往只选择使用频率高、虚化程度大的那一个成分。"朋唥"因为使用频率高，意义由实转虚，最后虚化为一个副词的构成成分；而其他"咸+量"组合的使用频率远不如"咸+朋唥"，两个成分之间尚有明显的语音停顿，而且整个组合的意义相当于两个直接成分意义的加联，所以还应该看作是自由短语，如"咸堆未"就是"一整大堆"。而"咸朋唥"则在音义上已融为一体，并且在功能上也与一般的"咸+量"组合大不相同了。"咸朋唥"作为副词，主要用在动词、形容词前面，表示"统统、全部"的意思，但不能出现在名词前面；而其他"咸+量"

组合则只能出现在名词的前面，充当名词的定语，而不能直接用于动词、形容词前，例如：

呢梳香蕉佢咸朋呤食晒。（这把香蕉他全都吃光了。）

* 咸朋呤香蕉佢食晒。

咸梳香蕉佢都食晒。（整把的香蕉他都吃光了。）

* 香蕉佢咸梳食晒。

七、结论

作为副词的"咸朋呤"，无一例外地存在于粤语的各个方言点：

地点	表"全部、统统"的粤语词
广州	咸唪呤 [hem^{22}paŋ^{22}laŋ^{22}]
香港	咸唪呤 [hem^{22}paŋ^{22}laŋ^{22}]
澳门	咸唪呤 [hem^{22}paŋ^{22}laŋ^{22}]
顺德（大良）	冚巴郎 [hem^{21}paŋ^{21}laŋ^{21}]
三水（西南）	冚巴郎 [hem^{21}pa^{21}laŋ^{22}]
高明（明城）	冚巴郎 [hem^{21}pa^{21}laŋ^{21}]
珠海（前山）	冚巴郎 [hem^{33}paŋ^{33}laŋ^{33}]
斗门（上横水上话）	冚巴郎 [ham^{21}pa^{21}laŋ^{22}]
斗门（斗门镇）	冚巴郎 [ham^{31}pa^{31}laŋ^{31}]
江门（白沙）	冚巴郎 [ham^{31}pa^{31}laŋ^{31}]
新会（会城）	冚巴郎 [ham^{31}pa^{31}laŋ^{31}]
台山（台城）	冚巴郎生 [ham^{31}pa^{31}laŋ^{31}laŋ^{21}]
开平（赤坎）	冚巴郎 [ham^{31}pa^{31}laŋ^{31}]
恩平（牛江）	冚巴郎 [ham^{31}pa^{21}laŋ^{31}]
中山（隆都）	冚巴郎 [hem^{31}paŋ11laŋ^{31}]
增城	嵌涩烂 [hem^{22}paŋ^{22}laŋ^{22}]
	嵌涩 [hem^{22}paŋ^{22}]
	嵌下 [hem^{22}ha1^{3}]

柳州	行帮啷 [haŋ³¹paŋ³¹laŋ³¹]
北海	咸朋呤 [hem²¹peŋ²¹leŋ²¹]
合浦	咸朋呤 [[hem²¹peŋ²¹leŋ²¹]
浦北	咸朋呤 [[hem²¹peŋ²¹leŋ²¹]
钦州	咸朋呤 [[hem²¹peŋ²¹leŋ²¹]
防城	咸朋呤 [[hem²¹peŋ²¹leŋ²¹]
灵山	咸朋呤 [[hem²¹peŋ²¹leŋ²¹]
南宁	咸朋呤 [[hem²¹peŋ²¹leŋ²¹]

（引自詹伯慧等《珠江三角洲方言词汇对照》及各种方言志、方言词典，部分例子为笔者调查所得）

"咸朋呤"在粤语里无一遗漏的分布状态，各地读音与用法的高度一致性，使我们有较充足的理由相信，"咸朋呤"是粤方言独创的一个方言词。而其他方言区的"咸朋呤"只呈零星的分布状态，而且使用范围极其有限，使用频率也极低。这种情况似乎可以说明这样一个事实：其他方言的"咸朋呤"可能都借自粤语。

综上所述，我们认为："咸朋呤"产生于粤语区，是一个由副词语素"咸"加变声迭韵量词语素"朋呤"经由虚化而融合为一体的范围副词。

参考文献

[1] 高华年. 广州方言研究. 香港：商务印书馆香港分馆, 1980.

[2] 黄伯荣. 汉语方言语法类编. 青岛：青岛出版社, 1996.

[3] 黄伯荣. 广东阳江话物量词的语法特点. 中国语文, 1959（03）.

[4] 李新魁, 等. 广州方言研究. 广州：广东人民出版社, 1995.

[5] 刘叔新. 广州话普通话语法对比研究的重要性和方法问题 // 广州话研究与教学（3）. 广州：中山大学出版社, 1998.

[6] 麦耘, 谭步云. 实用广州话分类词典. 广州：广东人民出版社, 1997.

[7] 千岛英一. 广州话"冚唪呤"[hem˨pa:ŋ˨la:ŋ˨]的来源再考 // 第七届国际粤方言研讨会论文集. 北京：商务印书馆, 2000.

[8] 沈家煊. 词义与认知——《从词源学到语用学》评介. 外语教学与研究, 1997（03）.

[9] 萧清. 中国古代货币史. 北京：人民出版社, 1984.

[10] 徐通锵. 语言论——语义型语言的结构原理和研究方法. 长春：东北师范大学出版社, 1997.

作者简介

陈小明，1962年生，毕业于南开大学中文系，文学博士，教授。主要研究方向为词汇、语法、方言和汉语国际教育，出版专著《语言与教学问题新探》《粤方言量词研究》《汉语称谓的多视角研究》（合著）等，发表论文30余篇。

（原载《第八届国际粤方言研讨会论文集》，中国社会科学出版社2003年版）

申论甲骨文中的"帀"当读为"师"
——兼谈构字部件语义相通的汉字结构类型[*]

方稚松

▲ **摘要** 本文首先对甲骨文中"帀"的用法重新进行了论述,赞成学者释读为"师"的意见。文中通过对相关卜辞的梳理指出甲骨文中的"帀"虽读为"师",但当理解为职官名,是工师之类的师,与表师旅的"𠂤"用法有别。在此基础上,文中又讨论了"师"字的构造问题,重点分析了构成汉字的两个部件在意义或用法上存在相通现象的汉字结构类型。

▲ **关键词** 帀;𠂤;师;汉字结构

将甲骨文中的"𠂤"释作"帀",最初是由孙海波先生提出的,1934年出版的初编《甲骨文编》六卷七页下将《后下》30.8(即《合》26845)中的字形释作帀,但未做说明[1]。后孙氏在1936年发表的《卜辞文字小记》最后一则"帀"字条下说道:

《后编》卷下弟三十叶八版"辛亥核□贞𠂤□尤,"不即帀字。《说文》"帀,周也,从反之而帀也,"往而反之,意为回帀,众意也,故师从帀从𠂤。金文师袁簋作𠂤,蔡大师鼎作𠂤,钟伯鼎作𠂤,挚乳以为师字。卜辞文意残泐过甚,未知其谊与金文同不。[2]

孙先生这里虽释出了"帀",但因辞例残缺而未明确指出为何义。真正明确指出甲骨文中的"帀"当读为"师"的应属王恩田先生。20世纪90年代,王先生连续撰有两文来论证这一说法。在《释𠂤(𠂤)、𠂤(官)、𠂤(师)》一文的追记

---
[*] 本文曾于2015年10月在河南安阳举办的"第五届中国文字发展论坛"上宣读。本文写作得到教育部人文社会科学研究青年基金项目"甲骨文记事刻辞研究"(项目号:13YJC740020)等"中央高校基本科研业务费专项资金资助(Supported by the Fundamental Research Funds for the Central Universities)"资助。
[1] 1965年由中国科学院考古研究所编辑出版的增订本《甲骨文编》卷六"帀"字头下除了举有后二30.8(合26845)外,又增加了甲752(《合》27894)、邺三下43.11(《合》32834)、掇一436(《合》27736)、掇二28(《合》21894)几例。
[2] 北平燕京大学考古学社《考古学社社刊》1936年第四期,第21页;此处据香港明石文化国际出版有限公司2004年影印本《考古学社社刊》第二册。

中列举有《甲》752（《合》27894）、《掇一》436（《合》27736）、《掇二》28（《合》21894）、《前》6.13.1（《合》21893）、《英》337、《粹》1177（《合》33084）、《邺三下》40.5（《合》33083）几例[3]（王恩田，1996）。后在《释ß（自）、ᘒ（官）、ᔮ（师）补正》一文中指出前所举《掇二》28、《前》6.13.1 中的字形乃是"不"的误释，并指出了这种特殊写法的"不"与"帀（师）"的区别是："师"字两斜画靠下，"不"字两斜画顶天（王恩田，1997）。王先生对"帀"与"不"字形的辨别十分正确，但遗憾的是这一意见似乎并未能得到学界足够的重视。在近来出版的一些甲骨文字编著作中仍有将"不"字归入"帀"字下的现象，如李宗焜先生（2012）在《甲骨文字编》字头编号3286"帀"字列举的《合》27736、21890、21899、21902、21905、21911、22289、22415 八例[4]，其中除《合》27736 确为"帀"字外，其他都是属于子卜辞中"不"字的一种写法（蒋玉斌，2006）[5]；而一些大型的释文类工具书中还仍将《合》27736、27894 卜辞中的"帀"误释为"不"，即使是认为不当释"不"的学者也未能注意王先生释"师"的意见[6]。鉴于学界多未曾留意王恩田先生之意见，且我们对此字理解与王先生也还有不同之处，故本文先对甲骨文中"帀"之含义做一补充说明。

目前，综合诸家所列举甲骨文中有关"帀"的辞例，汰除其中属于"不"字误释的外，剩下的主要是《合》18504、《合》26845、《合》27736、《合》27894、《合》32834、《英》337 几例。而对于《合》26845 中"贞"字下的字形是否该释为"帀"，学界意见也不统一。孙海波先生在《卜辞文字小记》中是将此字释为"帀"的，《甲骨文编》字头下收有该字形，《新甲骨文编》从之，但是在《甲骨文合集释文》及《殷墟甲骨刻辞摹释总集》等释文类工具书中又将此字释为"于"。从拓片看，该字形处泐痕较多，究竟为何字形实不易确认（即使释为"帀"，也不影响下面的论证）。至于《甲骨文编》中列举的《邺三下》43.11（即《合》32834）中的"ᔮ"字形，拓本作"ᔮ"，其字形左下角若是笔画，则整字似为"天"；若左下角为泐痕（我们倾向于看作泐痕），则此字确实与"帀"字较为接近，但考虑到此版卜辞乃属于历组草体，结合辞例这一字形很可能还是当看成"不"

---

3 其后面两例字形乃是ᔮ，王先生认为是"西帀（师）"合文。我们认为还是当理解为一字，为商之敌族名。因为在甲骨金文中，称"某师"多是自己一方的军队，未见有称敌人的用例。
4 刘钊先生主编的《新甲骨文编》（2009）曾将《合》21894 中的"不"归入帀字头下，后在增订本（2014）中删去。
5 参蒋玉斌《殷墟子卜辞的整理与研究》第111—116 页中所列举的圆体类、劣体类、刀卜辞中的特征字体。
6 见王子杨《甲骨文字形类组差异现象研究》第356—357 页。笔者在写作此文之前也对王恩田先生的说法有所遗忘，写作中才翻检得知。

字，参历草类《合》31999 中"不"的写法。《英》337 与《合》18504 两版内容为对贞，可缀合，从字形看，这两版上面的应该就是"帀"，其含义我们下面讨论。

总之，目前甲骨文中真正较为清楚的"帀"的辞例主要就以下几条：

(1) 丁亥卜：贾🈶帀，叀史令。

　　丁亥卜：贾🈶帀，史☐隹。

　　叀衍令。

　　　　　　《合补》10394（即《合》27736+27740）+《合》27742[7][历无名]

(2) 弜帀卿，叀多尹卿。

　　弜帀元簋。

　　元簋叀多尹卿。大吉。　　　　　　　　　　　《合》27894[无名]

(3) 戊午卜，宾贞：叀衍尖帀。

　　贞：叀量帀尖。十一月。　　　　《英》337+《合》18504[8][宾三]

第一条卜辞中的"贾"从李学勤先生（2016）释，表示的就是商贾之贾，"🈶"字表示的是菹，读为助（方稚松，2015），"贾🈶帀"意思就是"贾协助帀"。既然"贾"是一种职官身份，则辞中的"帀"表示的应该也是一种职官身份。不过此条卜辞占卜的焦点并不是在这句上，而是后面的"叀史令""叀衍令"，其中史、衍等人物身份有可能就是属于前面所说的"贾"。第二条卜辞中"帀"与"多尹"对举，表明"帀"也应该是一种职官，辞中的"卿"当读为飨，第一句是在贞问宴飨帀还是多尹，后面两句是贞问用元簋宴飨帀还是多尹，"弜帀元簋"一句中"帀"后应省略了"卿"，从最后一句中的验辞"大吉"可知，这次宴飨的是多尹。由这两条卜辞中的"帀"与"贾""多尹"并举或对称来看，我们认为将其读为"师"是合适的，但并非指军队之师，而是指工师、乐师、医师等具有一定技能的人，即《周礼》中的师氏之师，为职官名。第三条卜辞中的"帀"也当读作"师"，不过从辞意看，应理解为动词，《尚书·皋陶谟》"百僚师师"中的前一个"师"即为动词用法。卜辞中的"衍帀尖""量帀尖"意思就是让"衍"或"量"以尖为师，跟着尖学习。赵鹏先生在一篇未刊稿中指出我们所讨论的这条卜辞与《合》3249、《合》3250 等片中的"多子学疌"内容类似，"多子学疌"就是让多子跟

7　《合补》10394 为黄天树师缀，收入《甲骨拼合集》第 4 则。后蒋玉斌加缀《合》27742，参蒋玉斌《新缀甲骨 1—4 组》第 2 组。合 31678 正乃仿此片而刻，见周忠兵《卡内基博物馆所藏甲骨的整理与研究》第 306 页。

8　笔者缀，收入黄天树师主编《甲骨拼合四集》第 831 则，第 19 页。

着疫学习。赵先生根据《合》4345等片中"疫人夬"的说法，认为"疫"与"夬"关系密切："可能是两个人的名字，即'疫'为疫族的族长，'夬'为其分支'夬'的族长。但是似乎也不能完全排除'夬'与'疫'是一个人的可能性，这也许是因为'夬'的地位较高，直接把它作为'疫'族最具代表性的人物，而称之为'疫'。"[9]由此可知，"夬"或"疫"是可以作为"师氏"类的人物，这也说明我们将第三条卜辞中的"帀"读作"师"是合适的。

综上，我们认为甲骨文中的"帀"确应释读为"师"，不过，其含义并非指师旅之师，而是指工师之类的职官名。甲骨卜辞中表示师旅的师写作"𠂤（𠂤）"，表示工师的师作"帀"，两者用法有别。在商代金文（《集成》4144、5373）中出现了将这两个字形组合到一起形成的"师"字，西周甲骨中（H11:4）亦有此字形，西周金文中的"师"多见。但师与𠂤在用法上仍存在以"师"表职官和"𠂤"表军队的区别，对此学界也早有认识（商艳涛，2012）。现在我们释读出甲骨文中的"帀"之后，可以知道"帀""师"用法一脉相承，与"𠂤"有别，前者表职官，后者表军队。但或许是因为作为职官名的师其职务多与军事有关，加之军人也是属于具备一定技能的人，渐渐地"师"也有了表示军队含义的用法，战国以后，表示军队的"𠂤"逐渐为"师"所取代。"师"字产生之后，"帀"字也并未淘汰，在战国东方六国文字中多用"帀"兼表工师和军队，而秦文字则沿袭西周的"师"，过去多将六国文字中的"帀"看作"师"之省，其实并无必要。

那么，对于"师"字的结构该如何理解呢？上引王恩田先生文将"师"理解为是在"帀"上增加意符"𠂤"而成。王先生虽将"帀"释为"师"，但认为表示的就是师旅之师，并解释其字形象牦牛尾之形，本是指挥军队的用具，借为师字。而"𠂤"，王先生认为其本义当理解为馆，因古代军队多屯驻在客馆中，故可引申表军队。但上面我们已经指出"帀""师"在早期文字材料中并不指军队，而是工师之师。因此，对于"师"字的结构，王先生的解释并不合适，将"帀"理解为牦牛尾之形也缺乏证据。关于"师"字结构，其理解有这几种可能性：一是将"师"字所从的"𠂤"看作声符，即"师"字是在"帀"上加注声符"𠂤"而形成的形声字；二是"𠂤"确如王恩田先生所说是作为意符，是为专指军队中的职官名而增加的意符"𠂤"，不过受材料所限，这一点暂时也无法证明。除了这两种按照形声字的结构方式来理解"师"字外，也不排除另一可能性，即"师"是属

---

9 赵鹏《"疫人夬"及其相关问题》，未刊稿。

于合并"𠂤""帀"而形成的双声结构[10]。江学旺（2004）在《浅谈古文字异体揉合》一文中即认为"师"是将"𠂤""帀"揉合在一起而形成的。不过，因江先生认为"𠂤""帀"在语义上都可表师旅之师，存有相通之处，故看作是异体的揉合。江先生文中对异体揉合做了一些非常精彩的论述，这里将其中的一些段落引述如下：

"异体揉合"是指将两个或几个（大多为两个）异体字的不同部件揉合在一个构形单位（即字）之中，从而构成一个新的异体字，本文把这种新的异体字称为"揉合体"。异体揉合必须具备一个条件，即在揉合体出现之前，就已出现了参加揉合的两个或几个异体。（由于出土材料的限制，有的参加揉合的两个异体未必都已被我们发现，就是说，平面静态地看，已发现的两个异体中，结构较简单的相当于参加揉合的一个异体，结构较复杂的相当于"揉合体"，而未见到相当于参加揉合的另一个异体。这种情况，有可能是异体揉合，只是参加揉合的另一个异体还未被我们发现，也有可能就是"增加形符"或"增加声符"而成。在未发现确凿的证据之前，我们暂时把它们看成是"增加形符"或"增加声符"等。）

根据我们的观察，古文字中由异体揉合而成的新字形大多是由三个部件构成。这是由于参加揉合的两个异体分别是由两个部件构成，而且构成这两个异体字的部件中有一个是相同的，造成了一种字形上的"似是而非"，于是，人们在书写时很容易就把这两个异体字的三个不同部件揉合于一个新的字形之中。

……

没有相同部件的合体的异体字之间，一般是不会发生揉合现象的。如果是两个独体的异体字，即便字形相差很远，也有可能被揉合，这大概是因为大多数汉字都是合体字，所以，尽管这两个异体在字形上没有联系，人们也会把它们揉合在一起。这种情况目前虽很少发现，但确实存在。

由上引这段话可看出，江先生讨论的异体揉合主要是指两个合体字的揉合，且这两个合体字中还有一个共同的构成部件，这样构成的新"揉合体"字中会有

---

[10] 本文初稿完成后，见谭生力先生《说"𡰪"》（2014）一文即认为"师"是由双声符"𠂤""帀"合并而成的，但谭文中未提及"𠂤""帀"两字用法有别。该文将楚文字中的"厰"看作同字合并的现象也与我们讨论的汉字结构类型有相似之处。

一个共享部分。如"寝"字，甲骨文中的"寝"一般作👤（可理解为从宀，帚声的形声字），又可作👤、👤等（裘锡圭，2013），《花东》294 中即用为"寝"。西周金文中出现将两者揉合在一起而成的寝（陈斯鹏、石小力、苏清芳，2012）。

除了这种有共同构字部件的合体字的揉合，江先生也注意到了无共同部件的异体字揉合，不过这一现象较少，文中所举只有"师"字一例。但实际上将"师"看作异体揉合并不合适，因为根据我们前面的论述，"𠂤""帀"早期用法有别，并不混同，不宜当作异体关系处理。也就是说，从造字的角度说，"师"字并不属于将两个语义相近或相通字形组合在一起构成新字的现象。虽然江先生对"师"字构造的理解并不正确，但启发了我们换一个角度来思考问题，即静态地分析已有的汉字结构，看看构成某个字的几个部件是不是存在语义相近或相通的现象。这种构字部件的语义相近或相通有些是属于共时层面的，是造字者有意将语义相近或相通的汉字合并而构成新字的类型，如江学旺先生文中所举的异体揉合的那类字；而有些则是无意的巧合甚至是历时层面的相近相通。之所以将历时层面的相近或相通也涵盖在内，一方面是因为这是文字演化过程中形成的有意思的汉字构造现象，另一方面也是考虑到共时的相通相近并不表示历时就没有区别，所谓共时的相通相近其实也是一种历时的混同。因此，本文将讨论的范围尽量放宽一些，重在揭示组成某个汉字部件之间的语义关系。

陈伟武（1999）在《双声符字综论》中曾指出：广义的双声符字既包括组成一个字的两个偏旁只表音不表义的纯双声字，也包括在形声字基础上再加一个声符的"二声字"，以及一部分两个构件音义均相同相近的字。陈先生所说的最后一种类型就是我们这里想讨论的，即构成一个字的两个部件不仅读音相近，而且意义上也有关系。陈先生文中对这一类型列举的例字有堂、舒、䰜、牉、萌，其中"萌"是会意兼双声，用作声符的"亡"与"明"之间并不存在通用关系，故不列入我们所讨论的类型，其他则都符合我们所说的现象。另外，陈先生所引李学勤、李零先生《平山三器与中山国史的若干问题》一文中还提到了与"堂"类似的甲骨文中的"𢎨"和金文中的"寱"（《集成》634），其中所谓"寱"乃属误释，字形本作"👤"，实应分为"👤"和"妞"两字，并非"宿"与"夙"合写。而所举甲骨文中的"𢎨"可归入我们讨论的这一类型，对此字，黄天树师也认为是由"弱"和"弗"合并而成的双声字。这一字形在卜辞中用作否定词，辞例为"余弜丧其众"(《合》21153)。而构成此字的两个部件"弜"和"弗"在甲骨文中也同样是用作否定词,不过"弜"与"弗"在甲骨文中用法有一定区别,前者通常表示意愿,是占卜主体可以控制的,可翻译成"不要";后者表示可能性或事实,一般是占卜主体不能控制的,翻译成"不会"(裘锡圭,2012)。㢭从用法看,与"弗"接近(黄天树,2005)。虽然,组成㢭的"弜""弗"用法有所区别,但因都是否定词,故还是可以看作是语义相近的。其实,前面所讨论的"师"字,若是抛开共时用字层面,从历时角度看,因构成字的"𠂤""帀"都有表军队的用法,也不妨看作属于语义相近的现象。甲骨文中像这种组成字的两个部件不仅语音相近,意义也相通的字,除了㢭之外,还可找到以下这些:

䆞,甲骨卜辞中一些放在句子末尾的"我"常读为"宜",表示福宜之义(裘锡圭,2012),《合》6057 反面有一作地名用的䆞,正是将"我"与"宜"合并而组成的字。

𠂇,此字在甲骨文中作为地名,所从的"屮"与"又"都可表声,而两字在甲骨文用法上也多有相通之处,都可表示有无之有、侑祭之侑等,不过使用的组类上稍有区别。

𠂤,甲骨文中的"𠂤"与"𠂤"都可读为次,"𠂤"是在"𠂤"上增加"𠂤"而成,这里的"𠂤"不仅表音,而且表意,军队驻扎的地方是次,且甲骨文中就有"𠂤"用为次的字例,如《合》32487 中的"大甲𠂤",其他卜辞中作"大甲𠂤"(《合》27160、32486、《屯南》565 等),《合》36743 中的𠂤西也可作𠂤西(《合》36475)(王子杨,2013)。

𠨭、䛊,组成该字的"司"与"丂",裘锡圭(2012)在《说"𡥀"(提纲)》一文中曾指出两者读音相近,卜辞用法上也有互通之处,如卜辞中的"司屮父工"亦作"䛊屮父工"(《合集》5623、5625、9663 等)[11],故也可看作是由具有通用关系的两字组成的双声双意字。

𣲘、𣲘,甲骨文中"灾"字的一种异体,字形是在水流形的"灾"字基础上加声符"才"而成,但有意思的是甲骨文中也有假借"才"表"灾"的例子,如《屯南》1128"辛丑贞:王其狩,亡才(灾)";在战国简中,也有借"才"表"灾"的例子,如《上博简(二)·容成氏》简 16 中"祸灾去亡,禽兽肥大"之"灾"即借"才"表示。也就是说,构成𣲘的"𣲘"和"才"都有用作"灾"

11　此字例为王子杨先生所补。

的用法，其中一是表意字，一为假借字。

除了甲骨文中存有这种现象，在后来的金文及战国文字中也可找到这种类型的字。

廩，此字学界多理解为"亩"上加注声符"林"而成。"亩"即仓廩之廩的象形初文，而加注的"林"在古文字和文献中也都有与"廩"相通的用例（裘锡圭，2012），两者读音相同，意义上也相通，都有聚、众之意（田炜，2013）。故该字也属于构字部件林、亩含义相通的现象。

茅，此字见于中山王器和楚简，构成字的"兹"与"才"不仅读音相近，在用法上也有相通之处，李学勤（2002）在《说"兹"与"才"》一文中指出金文智鼎中的"兹三锊"之"兹"与亢鼎、裘卫盉中的"才五十朋""才八十朋"之"才"用法相通。

，"台"与"司"的合写，其中共享口形，这一字形在战国文字中可读为治，其中的构字成分"台"也有与"治"相通之例（白于蓝，2012），而"司"也有管理、治理之意，故也可归入我们讨论类型。

异，楚简中的字形，可表自己之意，《郭店·缁衣》中"故长民者，章志以昭百姓，则民致行异（己）以悦上"。这一字形可理解为是在"己"上加注声符"丌"，但加注的声符"丌"也可假借为"己"，如《郭店·六德》"豫丌（己）志，求养亲之志，盖无不已也"，《郭店·语一》"学，学丌（己）也"（陈斯鹏，2011）。

里，楚简中常见，构成字的"之"与"止"在读音和用法上都有相近之处（于省吾，2002；季旭升，2000）。

，是在表意字"集"上加声符"人"而成。但增加的声符"人"，据《说文》意思为"三合也"，而"集"表示的也是集合、会集义，两者意思相通。故此字也可看成是由两个意思相近的字组合而成的。

，见于《古玺文字征》14，字形左边为"百"，右边为"白"，"白"与"百"语音相近，用法上也有相通处，甲骨文中的一些"白羌"学者即认为当读为"百羌"（张惟捷，2014）。

其，本作𠀠，象簸箕之形，甲骨金文中常作虚词其，后出现下加横画作𠀤、𠀢、𠀣的字形，对于这一字形旧多理解为与𠀠无别，下部增加的笔画只是一种装饰[12]。我们认为旧说有误，添加的横画是另有含义，因为类似于这种加横画的字还有"册、酉、自"等，而"册"加基座形成了"典"，"酉"加基座形成了"奠"，"自"加基座变成了"次"。由"册"与"典"，"酉"与"奠"，"自"与"次"这种不加横画与加横画记录的是语言中不同词的特点看，"㠯"与加横画的字形应该也是记录语言中不同的词，我们认为加横画形成的"其"记录的是基座之"基"字。之所以选择在"㠯"下加横画来表示基座之"基"，除了因"㠯"有表声作用之外，"㠯"很可能也有表意的作用，古代像簸箕这种编织的筐类物经常作为器物的基座，如古文字中旧多释为"丑"的𢍻、𢍜、，字形左下方的㠯、㘴、㘹即是以编织的器物来表示承尊之器（董珊，2015）[13]。简而言之，我们认为㠯与㠯的字形含义是有区别的，"㠯"表示的是簸箕之"箕"，"㠯"表示的是基座之"基"。后来㠯下面的字形慢慢形成了丌字。古文字中"㠯""丌"与"其"三种字形都经常假借用来记录语言中的虚词 { 其 }[14]。因古文字中"㠯"与"丌"都可独立成字，故我们现在写的"其"可看作是由像簸箕的"㠯"和表基座的"丌"组合而成，"㠯"与"丌"读音相近，用法也相通。

  我们上面列举的这些字，就其形成来说大体可分为两类：一类属于在原有表意字上增加声符形成的形声字，如𠂤、𦉢、𩊠等，不过这种增加声符形成的形声字与一般的形声字的不同之处在于增加的声符与原来的字符在读音、意义上都有联系。一般后加音符构成的形声字没有这种特点，如"鸡"这种由最初象形的意符加声符"奚"构成的字，其声符"奚"与鸡的意思无关。还有一类字则不宜判断是增加字符还是合并字符而成，如弸、𩑡、䩙、㝵、㝅等字，这一类字往往被看成是双声字。而"其"字的演化又是一种特殊现象，最初"㠯"上面的"㠯"是音兼意符，下面的横画是意符，后来下面的横画又独立成字，形成了"丌"，而独立成字的"丌"与"㠯"在读音和意义上又都有关联。总之，我们讨论的就是这种组成一个字的两个部件在含义和用法上存有相通现象的汉字结构类型。

  对于上述结构类型的汉字，我们在后来的文字中也有发现。如《玉篇·么部》

12　添加在字形下方作饰笔的横画在早期文字中下并不常见，主要见于战国文字中，如上𠂤、相𤔔等字，参刘云《战国文字异体字研究》（2012）第 138 页。
13　董珊先生《释山东青州苏埠屯出土铜器铭文中的"亚丑"》（见李宗焜主编《古文字与古代史》第四辑，第 337—368 页）一文对该字形有详细论述。董先生将这一承尊器物看作"禁"，并从箕、𢍜可引申出"止"义的角度来论述为何将平底器座的"禁"写成箕、𢍜状的圜底器形。我们认为董先生的论述似求之过深，该字形表现的就是早期先民以编织器物作为器座的情形，并非一定要看作是后世平底的"禁"，当然，后世的"禁"与此当有同源关系。
14　此处借用裘锡圭先生在《文字学概要》中以 {} 表示语言中词的方式。

中的,训释有"小儿",王念孙《广雅疏证》中对其有详细阐述。其字形结构中的"幺"和"少"都表小义,《说文》:"幺,小也","少""小"一字分化。"幺""少"读音亦近,故"纱"也属于构字部件含义相通之结构类型。"嚮"字也可看作是本文所讨论的类型,其中的构字部件"乡"与"向"都可用来表示方向。字形上方的"乡"与"卿"属于一字分化,字形最初作𩙿,表示两人相向而食,甲骨金文这一字形即可表示共食的"飨",也可表示方向的"向",古书中也多用"乡"表方向义;而"向",《说文》解释为"北出牖也",可引申表方向之意,不过,裘锡圭(2013)认为"向"本义可能为响亮的"响",表示方向乃是其假借用法。另外,"歉"字杨树达(1954)怀疑"歉乃为欠之加声旁字,其他从兼声而有薄小不足之义者,兼皆欠之假,并受义于欠也"。若此说可信,歉也可看作是增加声符与原来字符在读音意义上都有联系的类型。

此外,张涌泉(2000)在《汉语俗字丛考》中提到"叵"的俗字"䨲",张先生认为因"叵"义俗多借"颇"表示,故产生了将"叵"与"颇"揉合而产生的字体。当然,或有学者认为该字形应理解为是在表意字"叵"上加声符"皮"而成的形声字,若这样理解,倒不属于我们讨论的类型了。但我们觉得即使看成是加注声符"皮",这个"皮"也是受"颇"字的影响。类似于金文中写作𤣩的"保",上面加注的意符"玉"应该是受"宝"的影响所致,金文中𤣩与"宝"多通用。故像这种䨲与𤣩未尝不可以看成是由存有通用关系的两字形组合而成的新字体。吴振武(2003)曾在《战国文字中一种值得注意的构形方式》一文中提到揉合两个经常通假的字形成新字的现象,列举有侯马盟书中的𤣩(献)和楚简中的𤣩(害)两例,前者是将"献"与"鲜"揉合而成,后者揉合了"害"与"萬"。吴先生所说的这种揉合和我们上面讨论的一些字的性质应该是一样的,如𩙿、𩙿等字也就是由两个有通假关系的字组合而成的,只不过吴先生举的字例是两字形杂糅在一起,而我们举的更像是合并,不是杂糅。这种杂糅而成的汉字结构自然也可归入构字部件存在语义相通的现象。

上面所列举的这些汉字,基本都是双声的类型,不过,也有组成字的两个部件只是意义相通、语音不相近的例子。比如《清华简五·良臣》中的叶公子高之"高"作𩙿,在"高"上加注意符"上","高"与"上"意思相近。《清华简六·子仪》和《清华简六·孺子》中的"望"作𩙿,在"望"字上又加注意符"视","视""望"意思也相近。楚文字中常见的"丧"之异体■(《上博五·三德》)、■(《上博二·民之父母》)、■(《清华六·太伯》),在"丧"上加注意符"死","死"与"丧"皆有亡义。又如《汗简》《古文四声韵》中收录的传抄古文字形■、■,隶定作"㐱",字形左边为"长",右边为"久";《集韵·有韵》"㐱,长也。通作久。"《正字通·长部》"㐱,长也。"《六书通》"久或作㐱,㐱与久同。"对于该字形来源,李春桃(2016)认为有两种可能:一种是在"久"上追加的意符"长";另一种可能是"长久"合文的误收。若按第一种说法,则该字也可看作是由"长"与"久"这两个意义相近的部件组合而成的。太田辰夫(2003)《中国语历史文法》所引《聊斋志异外述磨难曲》中为表示"俩"而造的俗字"■",也是将意思相同的"弍"与"两"合并而形成的。此外,"竖"也可看成是组合成字的两个部件意义相近。"竖"本作"豎",《说文·卷三·臤部》解释为"豎立也,从臤,豆声"。"豎""樹"同源,"树"之古文字字形作■,以手持木即可表树艺之意,也可表树立之意;而"豎"所从的意符臤是以手持臣表竖立[15],且"臣"本身就是竖立的目形,故可作为"豎"之意符,"豎"与"樹"后都增加"豆"作为声符。目前古文字中的"豎"作■(《侯马盟书》1:92),也有省去"又"形的,作■(《侯马盟书》156:27)、■(《侯马盟书》200:39)、■(《清华简六·孺子》)。而将从豆的"豎"写成从立的"竖",可能是因为大家对"臤"作为意符的含义已不太明了,故将原来的声符"豆"换成了意符"立",这种变化类似于"耻"(原作恥)因读音变化,声符"耳"渐渐不为大家所知,而将所从的意符"心"换成形近的"止"以起到表声的作用。

我们上面所讨论的这类构字部件语义相近或相通的现象中,有些明显是属于后加的意符。一般情况下,后加的意符多只是起到提示语义的作用,不存在增加意符和原字意思相通的现象,如"它"增加"虫"形成"蛇","然"增加"火"形成"燃"。不过,在增加意符而成的字中,有一种现象与我们上面分析的字例性质接近,如何琳仪先生在《战国文字通论》文字繁化中所举"增繁标义偏旁"

---

[15] 竖所从的"臤"与贤、坚等字中的"臤"应是同形字,读音表意都不同。贤中的"臤",《说文》读作 qiān,表示的乃是掔之初文,《说文·手部》训"掔"为"固也",正与训"臤"为"坚"意思相近,不过坚、固本非臤、掔之本义,从字形看,其本义为持取之类意思,"臤"字字形作以手持臣与"取"之构形以手持耳相类,不过这里"目"写作竖目之"臣"形可能主要是为了表音。字书中掔(《说文》解释为"拔取也,从手,寒声")、挈、擎(《说文》解释为"捪持也,从手,监声")皆有引取之意,三字或同源。陈剑先生曾在《柞伯簋铭补释》(《甲骨金文考释论集》第1—7页,2007)中认为■应该是"挈""擎"共同的表意初文,■与臤可理解为表同一个词的不同造字方式。若此,则古文字中的■这类字形不妨看作是■与臤揉合而成。

的䰛(气)、𪚔(牙)、坴(丘)等字,构成字的两个偏旁意义相关,与之类似的如《说文》所收的"矛"的古文字形𢦔,在"矛"旁又添加了意符"戈"。"灾"字亦如此,"灾"应是在以洪水之形表{灾}的"巛"字上增加意符"火"而成。像这种气增加火、牙增加齿、丘增加土、巛增加火的构字现象类似于联合式合成词中"骨肉""口齿""江山""耳目"这种语素同类而及的类型,而我们讨论的构字意符用法相通的现象则类似于联合式合成词的"朋友""答应""寒冷"这种同意连用的类型。

本文初稿中曾将上面讨论的这类汉字结构称为双意符字。所谓"双意符"是指构成字的两个部件的含义都与整字的意义有关,如文中讨论的"師",其中的"𠂤"与"自"在甲骨文中都有次的用法,而整个字"師"也表此,故构成字的"𠂤"与"自"都可看作意符,故将这类字称为"双意符字"并无问题,文中所举很多例子似都可称为"双意符"。但有些例子并不属于这类,如文中所举的"㞢",构字部件"屮"与"又"意义皆有关,但因"㞢"在甲骨文中作地名,整字的含义与构字部件意义是否有关还不宜确定,因此,这类字不属于"双意符字",犹如后世的"緘"字,构成字的"有"与"或"音义皆相通,但与整字含义无关。另外,像𡿧这类字,虽然构成字的"才"可借表灾义,但从结构来说,"才"还是看作声符更合理,将其称之为"双意符"亦并不合适,因此,这类字我们未采用"双意符字"这一表述方式。文中所讨论的这类字的共同特点是构成字的两个部件之间在意义或用法上存有相近或相通之处,这其中大部分属于双声字现象,也存在少量非双声的例子。这些例字多是我们在阅读过程中关注到的一些例子,相信若做细致全面的爬梳,应该还能找到一些我们未能注意到的字例。不过,总体来说,这类字的数量并不太多,且多处于古文字阶段,并没有在后世文字中通行开来。这一现象应该是由汉字构造的经济性原则所决定的。文字作为记录语言的方式,不仅要求其能准确地记录语言中词语的音或义,也力求在书写上简练,不要增加多余的负担。在汉字的几种结构类型中,形声字既能反映语言中词的读音,又能反映出词义,因此是最为合理的记录语言的方式,故在汉字体系中所占比重也最高。而其中又以一形一声的形声字类型最为经济,若一个汉字中存有多个读音相同的声符或多个意思相通的意符,势必会给书写和理解带来一些不必要的麻烦,不符合经济性原则,故这种叠床架屋式的构造方式在汉字的发展演变过程中渐渐被人们抛弃,在现代汉字中属于这种结构类型的只有极少数汉字。

参考文献

[1] 白于蓝.战国秦汉通假字汇纂.福州：福建人民出版社，2012.

[2] 陈剑.柞伯簋铭补释//甲骨金文考释论集.北京：线装书局，2007.

[3] 陈斯鹏.楚系简帛中字形与音义关系研究.北京：中国社会科学出版社，2011.

[4] 陈斯鹏，石小力，苏清芳.新见金文字编.福州福建人民出版社，2012.

[5] 陈伟武.双声符字综论//中国古文字研究（第一辑）.长春：吉林大学出版社，1999.

[6] 董珊.释山东青州苏埠屯出土铜器铭文中的"亚丑"//李宗焜.古文字与古代史（第四辑.）台北："中研院"历史语言研究所，2015.

[7] 方稚松.关于甲骨文叀字构形的再认识.故宫博物院院刊，2015（2）.

[8] 何琳仪.战国文字通论（订补）.南京：江苏教育出版社，2003.

[9] 黄丽娟.战国多声符字研究//新出土文献与古代文明研究.上海：上海大学出版社，2004.

[10] 黄天树.甲骨拼合集.北京：学苑出版社，2010.

[11] 黄天树.殷墟甲骨文中"有声字"的构造.台北：《"中央研究院"历史语言研究所集刊》（76本），2005.

[12] 季旭升.从战国文字中的"圥"字谈诗经中"之"字误为"止"字的现象.中国诗经学会会务通讯，2000（18）.

[13] 江学旺.浅谈古文字异体揉合.古汉语研究，2004（1）.

[14] 蒋玉斌.殷墟子卜辞的整理与研究.吉林大学博士学位论文，2006.

[15] 李春桃.古文异体关系整理与研究.北京：中华书局，2016.

[16] 李学勤.重新估价中国古代文明.新出青铜器研究（增订版）.北京：人民美术出版社，2016.

[17] 李学勤.说"兹"与"才"//古文字研究（24辑）.北京：中华书局，2002.

[18] 李学勤.兮甲盘与驹父盨.新出青铜器研究（增订版）.北京：人民美术出版社，2016.

[19] 李宗焜.甲骨文字编.北京：中华书局，2012.

[20] 刘云.战国文字异体字研究.北京大学博士学位论文，2012.

[21] 刘钊.新甲骨文编.福州：福建人民出版社，2009.

[22] 裘锡圭.释"求"//裘锡圭学术文集（第1卷）.上海：复旦大学出版社，2012.

[23] 裘锡圭.说"弜"//裘锡圭学术文集（第1卷）.上海：复旦大学出版社，2012.

[24] 裘锡圭.说"妈"（提纲）//裘锡圭学术文集（第1卷）.上海：复旦大学出版社，2012.

[25] 裘锡圭.文字学概要（修订本）.北京：商务印书馆，2013.

[26] 裘锡圭. 狱簋铭补释 // 裘锡圭学术文集（第3卷）. 上海：复旦大学出版社，2012.
[27] 商艳涛. 略论金文中的"自"及其相关诸字 // 古文字研究（第29辑）. 北京：中华书局，2012.
[28] 太田辰夫，著. 蒋绍愚，徐昌华，译. 中国语历史文法. 北京：北京大学出版社，2003.
[29] 谭生力. 说"尿" // 中国文字研究（第20辑）. 上海：上海书店出版社，2014.
[30] 田炜. 西周金文字词关系的共时与历时考察 // 出土文献与古文字研究(第五辑). 上海：上海古籍出版社，2013.
[31] 王恩田. 释阝（自）、𠂤（官）、𠂤（师）// 于省吾教授百年诞辰纪念文集. 长春：吉林大学出版社，1996.
[32] 王恩田. 释阝（自）、𠂤（官）、𠂤（师）补正 // 第三届国际中国古文字学研讨会论文集. 香港：香港中文大学，1997.
[33] 王子杨. 甲骨文字形类组差异现象研究. 上海：中西书局，2013.
[34] 吴振武. 战国文字中一种值得注意的构形方式 // 汉语史学报专辑（总第三辑）：姜亮夫、蒋礼鸿、郭在贻先生纪念文集. 上海：上海教育出版社，2003.
[35] 杨树达. 释谦 // 积微居小学述林. 北京：中国科学院，1954.
[36] 叶玉英. 论双声符字研究中的若干理论问题. 厦门大学学报（哲学社会科学版），2005（1）.
[37] 于省吾.《诗经》中"止"字的辨释 // 泽螺居诗经新证. 北京：中华书局，2002.
[38] 张惟捷. 说卜辞中"白羌"的有无及相关问题. 复旦大学出土文献与古文字研究中心网站 http://www.gwz.fudan.edu.cn/SrcShow.asp?Src_ID=2219.
[39] 张涌泉. 汉语俗字丛考. 北京：中华书局，2000.
[40] 周忠兵. 卡内基博物馆所藏甲骨的整理与研究. 吉林大学博士学位论文，2009.

作者简介

方稚松，1978年生，毕业于首都师范大学，文学博士，副教授。研究方向为甲骨学和古文字学，出版专著《殷墟甲骨文五种记事刻辞研究》，在《历史语言研究所集刊》《文史》《古文字研究》等专业期刊上发表论文20余篇。

（原载《出土文献》第12辑，中西书局2018年版）

甲骨文用牲法词语连用之句子结构及语义关系
——兼谈"蚑"的释读*

方稚松

▲ **摘要** 本文重点讨论了甲骨文中"宜卯""岁卯""蚑卯"等用牲法词语连用类的句子结构及语义关系，认为"宜卯""岁卯"中的"宜""岁"是祭祀方式，"卯"是具体用牲法动词，"卯"是处置"宜""岁"所用祭牲的手段，"宜""岁"是卯牲的目的，"宜卯""岁卯"不能理解为不同用牲法连用的并列关系；而"蚑卯"中的"蚑"和"卯"皆为用牲法动词，两者属于同义连用。文中梳理了一系列相关卜辞的含义，并对"蚑"的释读重新进行了探讨。

▲ **关键词** 甲骨文；用牲法连用；句子结构

所谓用牲法，指的是祭祀过程中对祭牲的处置方式。目前对甲骨文中用牲法类动词的统计各家也多有差异。李立新（2003）在其博士论文《甲骨文中所见祭名研究》中单列有"用牲法"一节，将这类词语分为宰割法的伐、戠、卯、毛、岁、弹、㱿、胄、用、蠱，加工法的箙、俎、则；处理方法的燎、烄、埋、沈。元镐永（2006）在其博士论文《甲骨文祭祀用字研究》中也专门列有"用牲法"一节，列出的词有22个：燎、叙、𢦏、彝、示、叔、烄、寮、沈、蘸、㱿、伐、戠、岁、血、𩰫、刚、凡、册、毛、俎、蠱；根据其含义不同将其分为焚烧（燎、叙、叔、烄、寮），棍棒或利器击杀肢解（彝、㱿、伐、戠、刚、毛），沈埋，取鲜血（血），水煮牲牲（𩰫），记录牲牲数量（册），置于祭台（俎）等类型。郑继娥（2007）在《甲骨文祭祀卜辞语言研究》一书划分的乙类祭祀动词基本上也都属于传统所说的用牲法，共有21个：毛、蒸、彝、烄、燎、沈、埋、施、岁、盟、伐、卲、箙、

---

* 本文写作得到"北京外国语大学一流学科建设科研项目"资助。论文写作过程中蒙赵鹏、齐航福等师友指正，匿名审稿专家亦提出了宝贵修改意见，在此一并致谢。

刚、凡、册、俎、鼟、用、卯、敦。我们这里并不打算对甲骨文的用牲法词语一一进行辨析,上面各家所列的一些词语是否属于用牲法也有可商榷之处。不过,大家所列的用牲法词语中相同的占很大部分,比如"燎、沈、伐、卯、俎(本文认为当释为宜,见于豪亮,1985、2015)、岁、毛、攸(本文隶定为蚊)"等,说明学界对这类词语的认识比较统一,本文要讨论的词语也都在大家公认的用牲法词语范围之内。

甲骨文中的这些用牲法词语在使用上大部分都是单用的,即祭牲前只用一种用牲法,但是也偶见两个用牲法词语连用在一起的辞例,对于这些辞例学界讨论较少,不少句子大家在理解方面还存有误解,有必要单独提出来做进一步的研究。因此,本文将研究重点放在了这类用牲法词语连用的卜辞结构上,本文所说的"连用"主要指在字面上前后相连,并不代表在语义或句子结构上是连用的。

本文重点讨论的是具有宰割祭牲含义的用牲法词语连用之辞例[1],主要有"宜卯""蚊卯""岁卯""蚊岁""蚊岁""毛岁"等辞例。不过,由于"伐"在甲骨文中兼具名词和动词两种词性,甲骨文中的"宜伐""册伐""岁伐"等结构是否属于用牲法连用是需要首先说明的。关于"伐"的词性,刘海琴(2006)在《殷墟甲骨祭祀卜辞中"伐"之词性考》一文有很好的研究,她指出上述"某伐"类结构中的"伐"都当理解为名词人牲,这种"某伐"结构属于动宾关系,并非动词连用。这一观点我们非常赞同,相关具体辞例讨论请参看刘文。另外,刘文中还对容易引起误解的有关"伐卯"的几条卜辞做了辨析,我们先将这几条卜辞引述如下。

(1) 辛丑贞:王其𤴓十羌又五,乙巳酒。

　　壬寅贞:伐,卯惠羊。

　　　　　　　　《合集》32066+《合集》32150(林宏明,2011)[历二]

(2) 伐其☒七十羌☒。

　　己亥贞:卯于大[示]其十牢,下示五牢,小示三牢。

　　庚子贞:伐,卯于大示五牢,下示三牢。　　《屯南》1115[历二]

(3) □辰贞:咸奏于曾,又[伐]☒。

---

1 卜辞中也有"燎卯"(《合集》25351)、"毛燎"(《合集》22246)两种用牲法词语连用辞例,但这实属于其后祭牲省略未说的不同用牲法连用辞例,用牲法词语中间应点断,对于这类辞例大家在理解上一般也不会出现困扰,故不必展开讨论。

□辰贞：又妾（？）伐，卯☒。　　　　　《合集》32164[历二]

(4) ☒于咸☒伐、卯☒。　　　　　　　　《怀特》16 正 [典宾]

(5) 丁酉卜，贞贞（衍文）：王宾伐、卯，亡尤。　《合集》35381[黄类]

其中 (1) (2) 两版，刘文根据同版上都有关于用羌的内容指出辞中的"伐"应是指伐羌，与卯不能连读，伐与卯之间应点断；(3) 与 (4) 辞例有所残缺，但其中"伐卯"刘先生认为也当点断；对于 (5) 中的"王宾伐卯"这一辞例，刘先生也认为"伐"与"卯"之间不应连读，对此，可比较《合集》23106"辛巳卜，行贞：王宾小辛升伐羌二卯二宰，亡尤"一辞，其中的"伐"与"卯"都是动词，指向不同的对象。这些意见我们认为都是可信的。不过，对于《花东》75"戊卜：惠五宰卯、伐妣庚，子御"，《花东》释文 (2003)、姚萱 (2006) 文及刘海琴 (2006) 文皆断句为"惠五宰，卯伐妣庚"，刘文认为该句子中的"伐"应理解为名词，是卯的宾语。其实该卜辞"卯"的对象是五宰，并不是伐，将该条卜辞与《花东》236"酒伐兄丁，卯牢，又鬯"及《花东》310"甲戌夕：酒伐一祖乙，卯☒"一对比，可知其中的"卯伐"之间是应点断的，"卯五宰"与"伐"是祭祀妣庚时两种不同的祭品，其中的"伐"确应理解为名词人牲。这与刘先生文中对《屯南》582"庚子贞:酒升岁伐、三牢"的分析相似,辞中的"伐"与"三牢"是用于岁的两种祭品。

讨论完"伐卯""卯伐"的卜辞之后，我们再来看看"宜卯"连用的例子。对此，刘海琴先生的文章中也曾提及，不过她认为只有《屯南》4178 一例。实际上，"宜卯"连用的辞例目前所见共有三例，除了《屯南》4178 外，还见于与之同文的《合集》32435 以及《花东》223 中。

(6) 宜卯三牢，又☒。

　　其五牢，又☒。

　　癸卯卜：宜即宗。

　　于咸宜。(朱德熙，1999)

　　　　《合集》32435+《合补》10226+《合集》31004（周忠兵，2008）

　　　　　　　　（同文《屯南》1078、《屯南》4178）[历二]

(7) [戊] 卜：其蚊卯五牛。一

　　戊卜：其宜卯牛。二

　　戊卜：岁卯牡。用。三　　　　　　　　　《花东》223

对于《屯南》4178 中的"宜卯三牢",刘海琴先生文认为"宜"和"卯"分别是两种不同的用牲方式,共同作用于后面的祭牲,也就是说祭牲是"宜、卯"共同的宾语,"宜、卯"是并列的两个动词,句子结构为"宜、卯 + 祭牲"的格式。若是从"宜"和"卯"在卜辞中都可单独接祭牲表示一种用牲法来看,上述理解似乎并无问题,且在《合集》10094 正中还有"卯三牛,宜牢"这一并列的结构。但是我们知道"卯"学界理解为是"刘"之初文,含有杀伐之意,同时也可作为处置祭牲的一种方式,由字形看,可看作是一种对半肢解的方式;而"宜"是指在俎案上置放牲肉,其后接祭牲时,是指将那种祭牲切割肢解,取其肉置于俎案上表示一种祭祀行为。"宜"所使用的牲肉是经宰杀肢解的祭牲,当它和"卯"连用时,说"宜""卯"共同作用于同一祭牲,实难以理解,且"宜""卯"词意有别,看作同义连用也难以让人信服。因此,在"宜卯 + 祭牲"这一结构中将祭牲看作是"宜、卯"共同的宾语是不合适的。

通盘考虑《屯南》4178 这版上的几条卜辞可知,贞卜的重点应该是在"宜"上,因此,此版上的"宜卯三牢"的语义关系应理解为"宜 + 卯三牢"的形式,"宜"与"卯"之间可点断。前两条卜辞的意思是为了宜,是卯三牢还是五牢合适;后两条卜辞的意思是问宜的地点是选择"即宗"还是"戚"。《花东》223 中的"其宜卯牛"也可点断为"其宜,卯牛",意思是将卯过的牛用于宜上,"卯"表示对准备用于宜的祭牲的具体处置方式。《花东》269 中"其宜又牛"的结构也应是"其宜,又牛",其中的"又"也是表用牲法,詹鄞鑫(2006)将这种用法的"又"读为"酼",其实也可能该理解为笼统的"用"之类含义。《花东》226"辛酉宜𦞦牝䍷豈豕,戎𧎢"中的"𧎢"也是表示对前面宜所用的两种祭牲的处置方式,与"卯"类似,对此下文还有具体分析。《花东》178 及《花东》376 中"庚戌宜一牢,发(𢇛)"之发,姚萱(2006)认为可理解为用牲法,表示"射",是对前面宜所用一牢的处置方式,不过,《花东》中的"发"基本都是用作人名,此处是否当理解为用牲法也可再讨论。但《合集》31144+《合补》9445(刘影,2016)中有"惠旧☒二牛用,宜大牢。又正。/ 发(𢇛),又正。"其中第二条中的"发"肯定用作用牲法,其与前面的"宜"属于选贞,是贞问用"宜"还是用"发"的方式来处置二牛合适。《合集》24143"[庚]寅卜,☒贞:翌辛[卯]岁,惠多生射"一辞中的"射",也可理解为是说明前面用于岁祭之祭牲的具体处置方式。可见,在"宜""岁"相关卜辞中,经常出现对宜、岁所用祭牲的具体用牲法词语，这说明我们将"宜卯三牢"中"卯三牢"看作补充说明"宜"应该是可信的。《花东》265 中"辛未：宜牝一，在入。卯，又肇䍙"，辞后的"卯"在理解上有两种可能：一是卯的对象就是前面的牝，整条卜辞的祭祀活动就是卯牝和肇䍙两件事，辞中的"又"起连接作用，与《合集》22945 中"翌乙亥［岁］入于祖乙，又卯牝"之"又"用法一样；另一种可能是"宜牝"是一件事，"卯"和"肇䍙"是另外两件事，卯后的祭牲省略未说，即祭祀某位祖先时，共有三种祭祀活动，按照这种理解，则辞中的"宜"和"卯"是并列关系。我们倾向于第一种理解，将"卯"看作是补充说明前面宜所用祭牲的处置方式。总之，"宜卯+祭牲"中的"宜卯"不能理解为是两种不同用牲法并列共同作用于后面祭牲。

既然"宜卯+祭牲"的格式应理解为"宜+卯祭牲"的含义，其中的"卯祭牲"是修饰说明"宜"，那么这也使得我们对"宜于义京"类记事刻辞的句子结构有了新的认识。对"宜于义京羌三人，卯十牛"这一类刻辞，过去大家多认为"宜羌三人"与"卯十牛"是并列的两件事，"宜"所处置的对象只是羌三人，"卯十牛"和"宜"似乎没有关系。但实际上"卯"的十牛应该也是用来宜的，也就是说"羌三人"和"卯十牛"都是"宜"的对象，例如《合集》32051"己亥贞：庚子酒宜于戚羌三十，十牢"一辞中，"十牢"前就没有动词，明显可直接看作是"宜"的对象。因此，从这一意义上说，这类句子应点断为"宜于义京，羌三人，卯十牛"，"羌三人"和"卯十牛"都是"宜"所用的对象。

上引《花东》223 中除了有"宜卯"这一结构外，还有"蚊卯""岁卯"的说法。其中"岁卯"那条，花东摹本及各家释文都做"戊卜：岁牡。用"。我们仔细观察照片，发现"岁"与"牡"之间间隙较大，应该还能刻下一到两字，从笔画来看，我们认为是"卯"的可能性较大。

像这样"岁卯"连用的还见于《屯南》2615 和《屯南》890 中。

（8）癸未贞：甲申酒出入日岁三牛。兹用。三。

癸未贞：其卯出入日岁三牛。兹用。三。

　　　　出入日岁卯［四牛］。不用。三。　　　　　　　　《屯南》890［历二］

(9)　［癸未贞：甲申］酒出［入日岁］三牛。兹用。二。

　　　癸［未贞：］其卯［出］入日岁上甲二牛。二。

　　　出入日岁卯四牛。不用。二。　　　　　　　　　　《屯南》2615［历二］

　　　这两版为成套卜骨中的第二版和第三版，内容基本相同，只是中间一辞稍有不同。对这两版上前两条卜辞的释读，学界多点断为"酒出入日，岁三牛"和"卯出入日，岁三牛"，认为其中的"岁"是处置"三牛"的用牲法。但从"出入日岁卯四牛"这一句式可知，上述点断不可信，"出入日岁"应连读，这几条卜辞是围绕"出入日岁"的占卜，"出入日岁上甲二牛"这一句子中"上甲"是岁的对象，"出入日"是"岁"的目的或时间。这几条卜辞中表示处置祭牲的用牲法动词应是"卯"。卜辞是占卜为进行"出入日岁"而"卯"几头牛合适，辞中的"出入日岁卯四牛"可点断为"出入日岁，卯四牛"，"岁"与"卯"语义上并不连读。与此相似，《花东》223 中的"岁卯牡"也可点断为"岁，卯牡"，卯牡是为了岁，或者说因为准备要岁，所以卯了牡。

　　　由"宜＋卯祭牲"和"岁＋卯祭牲"的意义关系可看出：虽然宜、岁、卯都可作为用牲法词语，但"宜""岁"既可表示一种非常具体的用牲方式（用牲法动词），又可笼统地表示一种肉祭（祭名）；而"卯"则是一种具体的用牲方式，是属于动作性较强的用牲法动词。当"卯"与"宜""岁"各自搭配不同的祭牲表示具体用牲法时，三者是不同的用牲法方式，之间可看作是并列关系；但当"宜""岁"作为一种肉祭的泛称时（即祭名），"卯"又可以是"宜""岁"所使用祭牲的一种具体处置方式。在后一种情况下，"卯"是处置"宜""岁"所用祭牲的手段，"宜""岁"是卯牲的目的，之间存在修饰关系，而非并列。

　　　和"卯"的这种性质接近的另一个动词是"蚊"，对此我们可以通过"岁"与"蚊"共见同一条卜辞的辞意关系来说明。

(10)　□酉卜，旅贞：妣庚岁，惠出蚊。　　　　　　　《合集》23220［出二］

(11)　甲午卜：岁祖乙牝一，于日出蚊。用。　　　　　《花东》426

(12)　己巳卜：翌庚岁妣庚黑牡又羊，暮蚊。用。　　　《花东》451

(13)　辛未：岁妣庚，先暮牛蚊，乃蚊小牢。用。　　　《花东》265

　　　这几条卜辞命辞中的前一分句是已确定岁哪位祖先或使用什么牺牲，贞问的焦点是在后面的分句上，是贞问蚊的地点、时间或顺序等。这些卜辞中的"蚊"

都是实现前面所说"岁"的具体用牲方式。《花东》314 中的"甲戌卜：暮蚊祖乙岁。用。""蚊"的对象也应该是用于岁祖乙的祭牲。也就是说，上述卜辞中"蚊"的对象是准备用于"岁"祭的祭牲。下面所列有关"岁蚊"或"蚊岁"连用的辞例也当如此理解，"岁"与"蚊"之间不是并列关系，而是一种修饰关系。

(14) 辛亥卜，□贞：先☒岁蚊。

　　　贞：先祖辛岁蚊。　　　　　　　　　　　　《合集》22992[出二]

(15) 庚申卜，旅贞：先妣庚宗岁蚊。在十二月。　　《合集》23372[出二]

(16) 戊卜：其宜牛。

　　　戊卜：其蚊豭，肉入于丁。

　　　戊卜：其先蚊岁妣庚。　　　　　　　　　　《花东》401

(17) 甲申：惠大岁又于祖甲。不用。

　　　甲申卜：惠小岁蚊于祖甲。用。一羊。　　　《花东》228

(18) 贞：人岁蚊于丁。九月。　　　　　　　　　《合集》1073[宾三]

(19) 丁未卜，争贞：勿退先以岁，蚊。在涂。

　　　贞：退先以岁。

　　　　　　　　　　《合集》15483+《合集》15484（李延彦，2010）[宾三]

这些卜辞中的"岁"与"蚊"虽是连用，但其含义应是为了进行岁祭而蚊。其中（14）（15）两例中的"先某某岁蚊"，其含义是先为岁祭哪位祖先而蚊牲。辞中虽未交代具体是何种祭牲，但因是"岁"，故一定会用祭牲，"蚊岁"中"蚊"的对象实际是指用于岁的祭牲。不过，对于甲骨文中的"岁"，我们认为其和"宜"一样，也是具有名词性的，《村中南》468 中有"二十岁"的结构，这是"岁"用为名词的最直接证据[2]。"岁"作为名词，其含义既可理解为是准备用于"岁"祭的祭牲，也可理解为用"岁"方式处置后的祭牲。故"蚊岁"中的"岁"也可直接看成是"蚊"的宾语。《花东》401"先蚊岁妣庚"辞意与上面两条相近，意思是先蚊用于岁妣庚的祭牲。《花东》228 的句子语义相当于"蚊小岁于祖甲"，这里的小岁就是后面所说的一羊，也就是说蚊的对象是一羊，卜辞辞意是对祖甲进行小岁，因是小岁，故蚊的只有一羊。而《合集》1073 的辞意相当于"蚊人岁于丁"，

---

2 关于《村中南》468 的"二十岁"，李霜洁博士在《殷墟小屯村中村南甲骨刻辞类纂》(2017) 第 317 页指出"二十"与"岁"之间有刮削掉的"屮"字，对此，笔者在初稿中未曾留意，经匿名审稿专家提醒才注意到。不过，笔者核对照片后感觉所刮削的"屮"字从行款位置和文意释读两方面来看都不宜放在"二十"与"岁"之间，而是在"二十岁"之上，全辞应读为"甲午卜：品昍　二十岁"。

蚊的对象是前面的"人岁"("人岁"说明岁的祭牲是人,不是其他动物)。《合集》15483 中"蚊"的对象应该是前面所说的先带来的岁。

"蚊"除了和"岁"共见于同一条卜辞外,还经常和"舌"共见,其关系与"岁"一样。

(20) 己卯卜:庚辰舌彡妣庚,先牢,后蚊牝一。用。　　　《花东》427

(21) 庚辰:岁妣庚窜,舌彡,牝后蚊。　　　《花东》490

(22) 祼(?)蚊舌祖乙牢牝。　　　《花东》180

(23) 乙巳卜:于既蚊舌,乃蚊牝一祖乙。　　　《花东》241

(24) 庚辰卜:于既[煭]窜,蚊牝一,鬯妣庚。用。彡舌。

《花东》428+《花东》561[3]

这些卜辞中的"舌"是与"岁"性质相类的词,甲骨文中"毛彡"经常连用,也见有"彡岁"连用的,如《合集》23429"汎㞢彡岁自母辛"。这种"彡毛""彡岁"连用的辞例都是说在彡祭中要使用祭牲,而蚊就是为完成毛或岁的手段。《花东》180 中的"蚊舌祖乙牢牝"与前面我们分析的《花东》401 中"蚊岁妣庚"、《花东》314 中"蚊祖乙岁"的语义关系是相同的,其中"蚊"的宾语是牢和牝,而"舌祖乙"则是说明牢和牝的用途。《花东》241 中的"于既蚊舌"语义关系也是如此,此句若是根据上下文并结合《花东》427、428、490 等辞把语义补充完整的话,意思就是在完用于"舌某祖先"的牢后,再"蚊牝一"以祭祀祖乙。若前面祖先名也是祖乙,则句中强调的是"牢"与"牝"的顺序。

弄清楚"宜卯""岁卯""蚊岁""蚊舌"等词语连用的卜辞语义关系后,我们再来看上引《花东》223 中"蚊卯五牛"之"蚊卯"的语义关系。"蚊卯"连用除了见于《花东》223 外,还见于以下几条卜辞:

(25) 己卜:暮蚊卯三牛妣庚。

　　己卜:于日羞中蚊三牛妣庚。　　　《花东》286

(26) 丙申卜,殻贞:来乙巳酒下乙。王占曰:"酒,唯㞢(有)求(咎),其㞢(有)戠。"乙巳酒,明雨;伐,既雨;咸伐,亦雨;蚊卯,鸟星(晴)。

《合集》11497 正(同文《合集》11498、1499)[典宾]

《花东》223 中的"蚊卯+祭牲"虽与"宜卯+祭牲"和"岁卯+祭牲"同版,

---

[3] 见蒋玉斌《殷墟子卜辞的整理与研究》(2006)第 220—221、229、245 页。辞中窜前缺字孙亚冰《殷墟花园庄东地甲骨文例研究》(2014)补为煭,当可信。

且卜辞兆序相连，但其中的语义结构关系是不同的。前面我们已说明"宜卯＋祭牲"和"岁卯＋祭牲"应分析为"宜＋卯祭牲"和"岁＋卯祭牲"，"卯"是说明"宜""岁"所用祭牲的具体处置方式，但"蚊卯＋祭牲"却不能如此分析：因为"蚊"与"卯"不像"宜""岁""舌"可看作是一种肉祭的祭名，这两个都是动作性较强的动词，是具体的用牲法动词。也就是说"卯祭牲"不能看作是实现"蚊"的方式手段，而上面我们已分析指出，"蚊"与"卯"是性质相似的一类动词，因此，在"蚊卯＋祭牲"这一结构中，"蚊"与"卯"的动作都是指向后面的祭牲，即后面的祭牲是"蚊"与"卯"共同的宾语，"蚊卯＋祭牲"应理解为"蚊、卯＋祭牲"的形式。

既然"蚊卯＋祭牲"应理解为"蚊、卯＋祭牲"，那"蚊"与"卯"之间究竟是何关系呢？一种认为"蚊""卯"是并列关系，是分别用两种不同的用牲方式来处置祭牲；一种认为有承接关系，即先蚊再卯，这一理解与现学界对蚊字的释读和词义理解有关，这一问题我们放于文后再谈。这里，先陈述一下我们对"蚊卯"连用这一结构的意见：我们认为"蚊卯"连用属于同义连用，正因是同义连用，故"蚊卯"又可简省为"蚊"，如上引《花东》286 中两条卜辞上一句用"蚊卯"，下一句用"蚊"；《合集》11497 中说"蚊卯，鸟晴"，同文《合集》11498 中作"蚊，鸟晴"。与"蚊卯"一样同属于析言有别浑言则通关系的还有下列卜辞中"舌岁"。

(27) 已酉夕：翌日舌岁妣庚黑牡一。庚戌酒牝一。　　　　《花东》457

(28) 已酉夕：翌日舌妣庚黑牡一。　　　　　　　　　　《花东》150

(29) 已亥卜：业岁毛天庚子用卢豕。　　　　　　　　　《合集》22077[午组]

其中《花东》457 中"舌岁"连用，而同文的《花东》150 中只有"舌"；《合集》22077 又是"岁毛"连用；对此，将"舌岁"看作同义连用是最好解释的，都笼统地指割牲而祭。

下面我们谈谈有关蚊字的释读问题，对该字的释读过去影响较大的主要是于省吾（1979）的释施之说，认为其本义为以支击它（蛇），引申有割解之意；后裘锡圭（2012）指出字形从虫不从它；近年来，杨泽生（2006）将其改释为"椎"，陈剑（2012）、刘云（2012）又改释为"杀"。其实，后两种释读法的差别主要在于该字究竟对应的是语言中的哪一个词，大家在词义理解上还是很接近的，都认为其在甲骨文的用法是指把对象处死，只不过将其理解为是具体的捶杀、击杀义，还是笼统的"杀戮"义，陈剑先生文中认为表示椎杀、击杀是其本义，一般的"杀戮"为其引申义，甲骨文中两种用法都有。不过，不论是释椎还是释杀，这里有一个问题似乎大家都未曾谈及：既然大家都认为该字表示的是将祭牲处死之意，那就意味着大家默认该字指向的对象是活的，但是甲骨文中大多祭祀动词所处理的对象其生死的可能性都是存在的。《周礼·兽人》记载"凡祭祀、丧纪、宾客，共其死兽生兽"，可见祭牲有生有死。

目前甲骨中像"燎""沈""坎"等可作为用牲法的祭祀动词，其动作含义既可用于活的祭牲，也可用于死的祭牲。从礼书中的相关记载看，"燎、沈、坎"等所处理的一般都是已经杀死的祭牲；而与"燎、沈"常搭配使用的"卯"，其所处置的对象也可以是已经被宰杀的祭牲。如《花东》49 和 220 中的"卯胴"之胴，花东整理者即理解为牲肉，这是"卯"后对象明确为已宰杀处理过的牲肉之例；《花东》496 中"其将妣庚示，岁脤"之脤，姚萱（2006）将其读为脤，指祭祀的肉，这说明岁的对象也是已经宰割后的了。另外，表用牲法的"乇"我们一般读作"磔"，按照字书解释是指将祭牲分裂张开，这一动作所指向的祭牲也可以是已杀死的。也就是说，甲骨文中的这些用牲法动词后跟祭牲时，多是强调如何处置祭牲，祭牲是死是活皆可适用。通览甲骨文中有关"蚊"的辞例，当所指向的是人、羌等对象时，可认为所处置对象活的可能性较大；而当其所指向的是动物类祭牲时，绝大多数都无法判断是生是死，在这种情况下，将大部分辞例中的蚊理解为笼统的"杀戮"义并无什么不妥，但是有个别辞例就值得注意了，如《花东》223 中有"蚊伐"一辞，当"伐"作名词时，有学者认为既可指砍了头的人牲，也可指还未被砍头准备被"伐"的活人牲；前引刘海琴文则力主"伐"都是已经砍了头的人牲[4]。我们认为卜辞中的"伐"可以作为泛称，并非一定要理解为都是砍了头的人牲。所以《花东》223 中的"伐"还很难认为一定是死的。但在《合集》11497 中的"蚊、卯"，因其语义上是续接前面的"酒""伐""咸伐"，其对象学者多理解为就是前面的伐，既然是"咸伐"，那说明后面"蚊"的对象一定是死的人牲，这样的话，将蚊释为"杀"在词义搭配上就不好理解了。

4　参刘海琴《殷墟甲骨祭祀卜辞中"伐"之词性考》一文第 192 页"征取、进献过程中的'伐'是否为全牲的一点辩驳"。
5　朱凤瀚先生在《论肜祭》(《古文字研究》第 24 辑，第 87—94 页) 一文中解释《合集》11497 中的"伐""咸伐""蚊卯"为伐牲，继续伐牲，蚊卯牲。李学勤先生在《殷墟卜辞的星》(《缀古集》第 185—188 页) 一文中将《合集》11497 中的"伐"理解为"杀"，"蚊"理解为陈放，卯读为"窌"，理解为埋藏，也认为几个字的动作是连续的，不过李先生对"蚊、卯"含义的理解恐不可从。

另外，前面分析的《合集》1073 中"蚊人岁"以及《合集》15484"先以岁，蚊"中"先"所带来的岁，究竟是未处理的还是已处理的祭牲都很难说清楚。也就是说，目前对于"蚊"所处置的祭牲我们还无法排除其为已杀死祭牲的可能性。因此，若从这一角度考虑，对将蚊释读为杀一说似乎是不利的：因为古汉语中"杀"的基本语义是"致死"，杨荣祥（2002）将其语义特征描写为"+ 采用某种工具或手段，+ 致死，+ 有生命物"；所以"杀"所指向的对象一般是活的，目前我们在先秦文献中也未见有杀后跟已死之对象的例子[6]。那释为"杀"是不是就完全错了呢？问题似乎也不是这么简单，原因详见下文。当然，若是释读为"椎"，理解为具体的捶击义，其所指向的对象生死皆可，但若捶击的是已杀死的祭牲，则一般表示的是殷修之类含义，指制作肉干，这与甲骨文中的实际含义也并不相符。其实，从辞意上说，过去于省吾先生将"蚊"理解为割解牲体之意在疏通所有卜辞方面还是最为顺畅的。

　　前面我们已提及，甲骨文中"蚊"与"卯"含义最为接近，学界一般"卯"字字形象对剖之形而认为"卯"含有分剖、肢解之意，这一理解应是可信的。甲骨文常见的"卯牛"，其含义不仅仅是指将祭牲杀死，实际也是包含了将祭牲割解为肉块用于祭祀活动。既然"蚊"与"卯"两者意义相近，那么将"蚊"释读为"杀"也并非就一定不能成立。理由是：学界多认为"卯"字是"刘"字初文，而文献中的"刘"往往表示笼统"杀"之意，并不含有对剖、肢解义（李文，2016）；既然"卯"在甲骨文中的含义不完全等同于所释读的"刘"之含义，与此同理，甲骨文中的"蚊"所表示的含义也并非要完全等同于"杀"的含义。换言之，虽文献中"刘"和"杀"的用法含义不适合于甲骨文，但并不影响我们将甲骨文中的"卯"和"蚊"字释为"刘"和"杀"，即文献中某个词的含义与甲骨文时代的用法会存有一定的出入，不能完全根据后世文献中某词的含义来理解甲骨文。况且，我们认为上面所分析的"卯"和"蚊"具有割解牲体之意，这一含义并不一定是这两个词的词意本身赋予的，而是由具体的语境语用赋予的，对此，我们可用下面的例子来说明：

　　　《仪礼·少牢馈食礼》：明日，主人朝服即位于庙门之外，东方南面。宰、宗人西面北上。牲北首东上。司马<u>刲</u>羊，司士<u>击</u>豕。
　　　……

---

[6] 文献中有"戮尸"一说，但是指对尸体的一种羞辱行为，并不含有真正的"杀戮"之意。

司马升羊右胖，髀不升，肩、臂、臑、膊、骼，正脊一、脡脊一、横脊一、短胁一、正胁一、代胁一、皆二骨以并，肠三、胃三、举肺一、祭肺三，实于一鼎。司士升豕右胖，髀不升，肩、臂、臑、膊、骼，正脊一、脡脊一、横脊一、短胁一、正胁一、代胁一、皆二骨以并，肠三、胃三、举肺一、祭肺三，实于一鼎。(李学勤，2000)

这段话中是用"刲"和"击"来表示用牲方式的，郑玄注："刲，击，皆谓杀之"。但从下文司马、司士呈上的是已肢解的牲体来看，所谓"刲羊""击豕"也并非只是杀牲而已，杀牲之后仍有进一步肢解的动作。但这种肢解之意并不一定要看作是"刲"和"击"这两种动词含义中具备的，只是在具体的语用环境下我们理解出来的。与此类似，我们理解的"卯"和"蚩"中含有的肢解牲体之意也可能是由具体的语境赋予的，并不代表这两个词的词义中一定要含有肢解之义。甲骨文中像"卯""蚩""岁"这类含有"杀"之意的动词，在使用时，往往并不仅仅表示"杀"这一动作，"杀"之后的进一步处理等动作含义也涵盖于这一动词中。不过，虽然"卯""蚩""岁"都可表"杀"义，但具体词义上面还是存在区别的，结合字形含义可知"卯"是剖杀，"蚩"是击杀，"岁"是砍杀、刺杀。即使"卯""蚩"二者都同样表肢解之意，也存在"体解""豚解"之分，《仪礼·士虞礼》"杀于庙门西，主人不视。豚解。"郑玄注："豚解，解前后胫脊胁而已，孰乃体解，升于鼎也。"孙诒让《周礼正义》云："凡豚解者为七体，体解者为二十一体，解肆虽同，体数则异。庙享二解兼有，但荐腥则豚解，荐孰则体解。"从字形上说，"卯"更像是豚解，而"蚩"或相当于体解。《合集》31116"旦其蚩，鼎，乃各日，又正"一辞，似正可理解为将肉体解之后，放入鼎中进行烹煮。

综上所述，我们认为甲骨文中用牲法词语连用的"宜卯""岁卯""蚩卯"三者之间的关系并不一样："宜卯""岁卯"中的"宜""岁"是祭祀方式，"卯"是具体用牲法动词，"卯"是处置"宜""岁"所用祭牲的手段，"宜""岁"是卯牲的目的；"岁蚩""蚩岁"亦如此，"蚩"是处置"岁"所用祭牲的方式。而"蚩卯"中的"蚩"和"卯"皆为用牲法动词，两者属于同义连用。

注：本文所用甲骨著录资料简称：
《合集》——《甲骨文合集》　　《合补》——《甲骨文合集补编》

《屯南》——《小屯南地甲骨》　　《英藏》——《英国所藏甲骨集》
《花东》——《殷墟花园庄东地甲骨》　《怀特》——《怀特氏等所藏甲骨文集》

参考文献

[1] 陈剑.试说甲骨文的"杀"字//古文字研究（第29辑）.北京：中华书局，2012.
[2] 黄天树.甲骨拼合集.北京：学苑出版社，2010.
[3] 黄天树.甲骨拼合四集.北京：学苑出版社，2016.
[4] 蒋玉斌.殷墟子卜辞的整理与研究.吉林大学博士学位论文，2006.
[5] 李立新.甲骨文中所见祭名研究.中国社会科学院研究生院博士学位论文，2003.
[6] 李霜洁.殷墟小屯村中村南甲骨刻辞类纂.北京：中华书局，2017.
[7] 李文.从殷商用牲之"卯"谈段玉裁《说文刘字考》中的卯丣之辨.西南民族大学学报（人文社会科学版），2016（4）.
[8] 李学勤.十三经注疏（标点本）·仪礼注疏.北京：中华书局，2000.
[9] 李学勤.殷墟卜辞的星//缀古集.上海：上海古籍出版社，1998.
[10] 林宏明.醉古集.台北：万卷楼，2011.
[11] 刘海琴.殷墟甲骨祭祀卜辞中"伐"之词性考.华东师范大学博士学位论文，2006.
[12] 刘云.释"杀"及相关诸字.复旦大学出土文献与古文字研究中心网站 http://www.gwz.fudan.edu.cn/Web/Show/1963.
[13] 裘锡圭.释"虫"//裘锡圭学术文集·甲骨文卷.上海：复旦大学出版社，2012.
[14] 孙亚冰.殷墟花园庄东地甲骨文例研究.上海：上海古籍出版社，2014.
[15] 杨荣祥.古汉语中"杀"的语义特征和功能特征//汉语史学报（第二辑）.上海：上海教育出版社，2002.
[16] 杨泽生.甲骨文"蚑"字考释//中山人文学术论坛（第七辑）.澳门：澳门出版社，2006.
[17] 姚萱.殷墟花园庄东地甲骨卜辞的初步研究.北京：线装书局，2006.
[18] 于豪亮.说"俎"字//于豪亮学术文存.北京：中华书局，1985.
[18] 于豪亮.于豪亮学术论集.上海：上海古籍出版社，2015.
[19] 于省吾.甲骨文字释林·释饮.北京：中华书局，1979.
[20] 元镐永.甲骨文祭祀用字研究.华东师范大学博士学位论文，2006.
[21] 詹鄞鑫.释甲骨文"久"字//华夏考——詹鄞鑫文字训诂论集.北京：中华书局，2006.
[22] 詹鄞鑫.释甲骨文"彝"字//华夏考——詹鄞鑫文字训诂论集.北京：中华书局，2006.

[23] 郑继娥. 甲骨文祭祀卜辞语言研究. 成都：巴蜀书社，2007.

[24] 中国社会科学研究院考古所. 殷墟花园庄东地甲骨（第六册）. 昆明：云南人民出版社，2003.

[25] 周忠兵. 历组卜辞新缀十一例. 先秦史研究室网站 http://www.xianqin.org/blog/archives/497.html.

[26] 朱德熙. 释𢆶 // 朱德熙文集（第 5 卷）. 北京：商务印书馆，1999.

[27] 朱凤瀚. 论酌祭 // 古文字研究（第 24 辑）. 北京：中华书局，2002.

作者简介

方稚松，1978 年生，毕业于首都师范大学，文学博士，副教授。研究方向为甲骨学和古文字学，出版专著《殷墟甲骨文五种记事刻辞研究》，在《历史语言研究所集刊》《文史》《古文字研究》等专业期刊上发表论文 20 余篇。

（原载《文史》2019 年第 4 期）

谈甲骨文中"妍"字的含义 *

方稚松

▲ **摘要** 本文对甲骨文"妍"字的含义进行了梳理。文中根据该字在甲骨文中可用于"侑、祷、酒、告"等动词前,且可接受"其、弜"等词的修饰之用法特点,运用文例比勘,指出旧将其理解为祭名并不正确。该字应是一个具有表范围类副词用法的词,与"兼、佥、咸、一、皆"等范围副词具有同源关系。

▲ **关键词** 甲骨文;妍;范围副词;限定性

甲骨文中有 字,郭沫若先生在《殷契粹编》247 片考释中认为字形"象女头箸簪之形"(中国科学院考古研究所,1965),释为"先"字异体。《说文》解释"先"为"首笄也,从人,匕象簪形"。裘锡圭(2012)认为 象女人头上插二"笄",当即"妍"字初文。我们认为裘先生的释字更为准确。其异体又可作 ,女子头上插一"笄"[1]。目前,甲骨文中有关该字的卜辞并不多见,我们将相关辞例罗列

---

* 本文写作得到教育部人文社会科学研究青年基金项目"甲骨文记事刻辞研究"(项目号:13YJC740020)和北京高等学校青年英才计划项目(Beijing Higher Education Young Elite Teacher Project)——以部件为纲的现代常用汉字研究(项目编号:YETP0849)的资助。

1 李宗焜先生《甲骨文字编》(2012)指出"妍"字字头下列有三类异体字形,其中第二类的前两个字形 和第三类中的 ,从字形和用法上看都与本文讨论的"妍"字有别,究竟能否看成"妍"字异体还存疑(第一类中的首尾字形恐怕也不是"妍")。刘钊先生主编的《新甲骨文编(增订本)》(2014)即将后两种字形与"妍"分列,放于附录中。我们认为《新甲骨文编》的做法是可取的。另外,《新甲骨文编(增订本)》中"妍"字头下列举的第一个字形是《花东》458 中的 ,该字形又见《花东》84,作 。相关卜辞内容是:

(1) 羌入,叀 飯用,若,侃。用。　　　《花东》84
(2) 羌入,孜乃(?) 叀入祣用。　　　《花东》137
(3) 孜乃(?) 先飯 ,廼入祣。用。　　　《花东》458

姚萱先生在《殷墟花园庄东地甲骨卜辞的初步研究》(2006)一文中曾专门谈及此组卜辞,姚先生以《花东》458 中作上下书写的 在《花东》84 中作左右书写的 为据,认为当析为"飯"" "两字,"飯 "和"叀 飯"意思是指以飯的方式用人牲" ",并指出 即裘锡圭先生所释的"妍"。其实,姚先生以文字分书作为判断字的理由并不充分,况且"此"既有作上下结构,又有作为左右结构的,宋镇豪先生在《殷墟甲骨拾遗》序中也举有上下结构作为左右结构的蔑字(2015)。况且如若分为两字,为何《花东》458 作"飯妍",而《花东》84 中作"妍飯"?当然,或以为《花东》84 辞前有"叀",故可将动词后置,但该辞的主要动词应是"用",并非是叀,而且《花东》137 中是"叀入祣用"的形式而不是"叀祣入用"的形式。鉴于此,我们更倾向于花东卜辞整理者的意见,将"飯 "当作一字,并且所谓的"人祣"也当是一字,从《花东》84 与 137 的内容看,两辞应是选贞的关系,焦点是在用 还是用 ,这两字或许表示的是不同的用羌方式。

如下（释文用宽式）：

(1) 弜侑一羁。
中宗三羁。
妍侑祖乙。 《合》27250[无名]

(2) 其侑于燕壬，卯侑于公，王受佑。
弜卯侑，其妍于燕壬，王受佑。 《合》27651[无名]

(3) 于大乙祖乙妍祷年，王受[佑]。 《合》28273[无名]

(4) ☒卜其妍祷雨于南☒䍜☒亡雨，大吉。用。 《合》30459[无名]

(5) 叀☒小牢。
☒妍酒☒东。 《合》34543[历二]

(6) 其妍告☒。 《合》32169[历一]

(7) ☒卜其妍在大乙☒。 《合》30458[无名]

(8) 弜妍于祖乙，以祖辛、祖甲。 《合》32577[历无名]

(9) 卯妍于上甲
卯䍜大乙。 《合》32167+《合》32431（林宏明，2013）
（同文《合》32168+《北图》2891（林宏明，2013）、《屯南》2648）[历二]

(10) ☒卯妍于上甲十☒。
《屯南》1232+《屯南》2846（林宏明，2013）[历二]

(11) ☒自于又☒妍若。 《合》30460[无名]

对于"妍"在甲骨文中的含义，学界似未见有专文讨论。《说文》："妍，技也。一曰不省录事也；一曰难侵也；一曰慧也；一曰安也。"这些含义皆与甲骨文用法不合。屈万里（1961）在《殷虚文字甲编》753片（即《合》30459）考释中认为是祭名（这里的"祭名"，即后来学者所称的"祭祀动词"），姚孝遂先生在《甲骨文字诂林》的按语中也持同样意见[2]。之所以将其理解为祭祀动词，是因为甲骨文有关"妍"的辞例基本都是出现在祭祀卜辞中，并且有"妍于祖先"这样的辞例。但我们若仔细揣摩上述辞例中"妍"之用法，会发现将"妍"理解为祭名并不合适。上述有关"妍"的辞例虽数量不多，且多有残缺，但仍然可看出"妍"字用法有如下两个特点：一是"妍"可用于祭祀动词"侑""祷""酒""告"之前，

---

[2] 参屈万里《殷虚文字甲编考释》（1961）第119页、于省吾主编《甲骨文字诂林》（1996）第460页。前文提及姚萱先生一文曾认为花东卜辞中所谓"妍"指的是人牲，这或许能解释有关"卯妍"的辞例，但对于"妍祷""妍酒"等卜辞明显是解释不通的。

修饰动词，如上述例（1）—（6），其中例（2）中的"姘"字从上文看，后面很可能是省略了祭祀动词"侑"；二是"姘"前可接受"其""弜"等词的修饰，并能单独用于介词短语前，如例（7）—（10）。根据"姘"字的这种用法特点，我们或许可以通过甲骨文例的比勘确定其含义。

上面所列举辞例中有"其姘祷""其姘告"的形式，我们利用汉达文库对甲骨文含有"其"的辞例做了较全面的检索，发现能用于"其 + X +V"结构之间的词语（即结构中的X）大致有以下几种类型：

1. 副词性成分，可分为以下几类：

（1）频率副词"亦、寻、或、复"等（黄天树，2015），如：其亦围（《合》20424）、其亦祷（《合》25892）、其寻祷（《合》30047）、其亦寻祷（《合》23694）、其寻宜（《花东》297）、其或田（《屯南》4556）、其复值（《英藏》468）。

（2）范围副词"皆、暂、遍、率、专"等（黄天树，2014）[3]，如：其皆祝（《合补》13382）、其暂又（《合》1819）、其遍又（《合》30456）、其率宾（《合》2922）、其专伐（《合》7603 正）、其专酒（《合》16217）。

（3）时间副词"延、先"等[4]，如：其延有疾（《合》13931）、其延陟邕（《合》19222）、其延祷（《合》27613）、其延登（《合》30345）、其延伐（《合》32258）、其先祼（《合》25203）、其先祭（《合》23229）、其先酒（《合》32029）、其先燎（《屯南》658）、其先杀（陈剑，2012）（《花东》401）、其先遘（《英藏》593）。

（4）情态方式副词"大[5]、迟"等，如：其大出（《合》6694）、其大敦（《合》7665）、其大御（《合》32330）、其迟入（《合》28011）。

2. 助动词"肩、克"等（黄天树，2014），如：其肩兴（《合》8895）、其克捷周（《合》20508）。

3. 名词，多为表示时间的名词，如：其暮入（《合》27769）、其暮燎（《合》33744）、其戊省（《合》29387）、其夕告（《合》33043）。

4. 动词，这里分为一般性动词与祭祀类动词：

（1）祭祀类动词，这一类型中卜辞常见的主要有"其酒 + 祭祀动词"和"其

---

3 参黄天树师《甲骨文中的范围副词》。关于这里的"专"，黄天树认为有可能是属于表限制类的副词，不过，因辞例较少，是否一定看成副词还存疑，但意思上应是有表单独、独自之意。
4 此处时间副词及下面情态方式副词的分类主要根据张玉金《甲骨文语法学》(2001)。
5 黄天树师《谈谈甲骨文中的程度副词》(2014) 将"大"看作程度副词，亦可从。

侑＋祭祀动词"的形式，如"其酒彡（《合》15710）、其酒翌（《合》22751）、其酒祭（《合》25956）、其酒劦（《屯南》922）、其酒幼（《英藏》2605）、其酒蒦（《合》30830）、其酒燎（《缀集》286）、其酒髟（《屯南》900）、其酒祼（《合》672正+《合》1403+《合》7176+《合》15453+乙2462）、其酒奏（《合》23256）、其酒祷（《合》30335）、其酒壴（15456）、其酒卯（《合》18030）；其侑伐（《合》41456）[6]、其侑岁（《合》27615）、其侑升（《合》32397）、其侑升岁（《合》23002）、其侑燎（《合》28108）。除了这两种形式外，还可见其祷（《英藏》2356）、其祼告（《合》32915）、其酒告（《合》24940）、其酒匸（《合》6331）、其侑匸（《合》32378）、其祷侑（《合》27092）、其祝祷（《合》28296）、其祝岁（《屯南》246）"等形式。

（2）一般性动词，如：其陟用（《合》32020）、其退伐（《合》32261）、其卯伐（《合》32122）、其值伐（《合》32122）、其出宜（《花东》26）、其出伐（《合》36518）、其往蓳（《合》24425）、其替御（《合》32892）、其引御（《合》32892）、其引岁（《合》31318）、其遘又升（《合》27050）。对于这些辞例的含义，我们这里稍作解释："其陟用"意思是（祭祀祖先时）按照从下往上的顺序来用。"其退伐""其卯伐"可能表示的是用退、卯的方式来举行伐这种祭祀，当然，很可能这两例中的"伐"表示的是名词祭牲，退伐、卯伐乃是动宾结构，与我们讨论的类型无关。"其值伐"与卜辞中常见的"臽伐""深伐"应属一类，这里的"伐"是攻伐之意，"值"表示的可能是攻伐的方式或程度；至于"出宜""出伐""往蓳"等形式乃是一种连动结构。《合》32892中的"替御""引御"乃是对贞，张政烺（2004）指出卜辞中的"替"表废除之意，"引"表延续义，结构上应是动宾关系；而《合》31318中的"其引岁牢五十"，根据《合》23368"己亥卜喜贞：翌庚子妣庚岁，其引牢。"《怀特》1016"丁未卜，王曰贞：父丁朝岁，其引三牢。兹用。"、《英藏》2347"贞：其先帝甲告，其引二牛。"等辞例，"引"表示的应是一种用牲方式，似有用之意。若此，则"引岁牢五十"也应是一种动宾关系。至于卜辞中常见的"其遘又"等形式也属于动宾关系。

5. 介词短语，如："其从上涉（《合》35320）、其自东来（《合》12870甲）、其于六月娩（《合》116正）、其于生一月令（《合》14127正）、其于贾视（花

---

6 关于卜辞中常见"又伐"中的"伐"既有动词性用例，又有名词性用例，参刘海琴《殷墟甲骨祭祀卜辞中"伐"之词性考》（2006）。

东 7）"等。

综合上面所列能用于"其 +X+V"这一结构中的成分，我们所讨论的"妍"字究竟相当于哪一类型呢？首先可排除介词短语，而"妍于上甲"的用法说明"妍"是助动词和名词的可能性也不大，剩下可能性较大的就只有动词和副词两种类型了。理解为祭祀动词，可能比较好解释"妍于上甲"这样的辞例，但出现在介词短语"于祖先"前面的词除了祭祀动词外，也可以是"告、陟、用"等一般性动词，甚至可以是一些副词性的词，如：亦于妣庚（《合》2477）、廼于祖乙（《合》22918）、汎于妣庚（《花东》115），《合》34077"☒祷生，汎于☒"虽有残缺，但根据相关辞例，"于"字后也应是祖先类词语；而"延于示癸（《合》22710）、延于羌甲（《合》23326）、延于南庚（《合》32606）"中的"延"既具有动词性，也兼有副词性。我们不赞成将"妍"理解为祭祀动词，主要是因为"其妍祷""其妍侑""其妍告"这种形式与上面出现在"其"字结构中的祭祀动词结构有别。在"其 +X+V"这一结构中，X 是祭祀动词时，主要以"酒"和"侑"为主[7]，而有关"妍"的辞例中有"妍酒""妍侑"的用法，可见"妍"不能理解为"酒""侑"一类的祭祀词语。当然，或许认为《英藏》2356 中的"其剖祷"可以与"其妍祷"比对，"剖"一般理解为是祭祀动词。但实际两者的含义并不一样，"其剖祷"的"剖"，甲骨文常见"剖某祖先䙴"辞例，《屯南》3286 中有残辞"☒䙴祷"，完整的或许是"剖某祖先䙴祷"，这种结构的"剖祷"意思应是"为剖进行祷"，语义上相当于"其祷剖"，"剖"可看成是"祷"的原因宾语，而"其妍祷雨""妍祷年"这样的结构说明"妍"不可能是"祷"的宾语，故"妍"与"剖"并不是一类含义。至于"其祝祷""其祝岁"中的"祝"可能应理解为告义，当然也不排除是名词，表祝告人员；"其祷侑"中的"祷"也是表祷告义，如《英藏》594"贞：屮于祖乙，告或。/ 贞：祷或于祖乙。/ 贞：告或于上甲、成。"中祷与告互文，可见"祷、告"义近。而"妍祷""妍酒""妍侑""妍告"的形式也不类于"祼告""酒告""祝祷"等。

以上我们主要从语法角度，通过对辞例的分析认为过去将"妍"看作祭祀类动词并不正确，这一情况与学界对"督""汎"等词的认识过程有相似之处。"督"与"汎"旧也多认为是祭名，但经过陈剑（2007）对相关辞例的全面排比分析，

---

[7] "其"字结构外，一些属于两个祭祀动词连用的多是"升岁""伐燎""燎卯""燎岁"等不同用牲法连用的现象，与本文讨论的"妍祷"格式也不同。

指出其用法当与表总括的范围副词"皆""率"等词相近,力证过去释为"祭名"之误。虽然学界对陈剑先生关于"甯""汎"的具体释读意见还有争议,但现大都已接受"甯""汎"非祭名之说。甲骨文中的"妍"字与"甯""汎"一样,亦非过去所认为的祭祀动词,下面我们再从辞意入手看看"妍"该理解为何种意思。

先看例(8)"弜妍于祖乙,以祖辛、祖甲"和例(9)"卯妍于上甲。/ 卯罙大乙",辞中"妍"分别与"以""罙"连用、对用,仔细揣摩辞意,句中的"妍"似有一种对祭祀对象进行限定的含义,例(8)似乎是"(某种祭祀)不要只对祖乙,带上祖辛、祖甲";例(9)前一句是贞问"卯只对上甲",后一句贞问"卯要加上大乙"。沿着这一思路再看例(1)和例(2),例(1)中的"妍侑祖乙",根据上下文,"妍"前的主语很可能是前面提到的"三羁",此句中的"妍"似乎也是限定只"侑"祭祖乙;例(2)辞意最为完整,"其侑于燕壬,侑于公,王受佑"与"弜卯又,其妍于燕壬,王受佑"对贞,"弜卯又"应是"弜卯又于公"之省,辞中的"卯"字形作▨,左侧从阜,台阶之形,右侧从卩,卩形稍高于阜,像是延台阶跪升之形,似理解为表意字为妥,猜测其含义很可能表示的是登、升、陟之类意思[8]。"其又于燕壬,又于公"大意是说在对燕壬进行侑祭时,再向上进一级对公也进行侑祭,其对贞卜辞则说不用向上侑于公,只侑于燕壬。对于例(3)"于大乙、祖乙妍祷年",其中的"妍"也可理解为是限定"祷年"之对象的,例(4)"☐卜其妍祷雨于南☐罙☐亡雨,大吉。用。"中的"妍"亦如此,表示祷雨之对象为南方和某方。可见,将"妍"理解为表示限定祭祀对象范围含义的词,能将所有较完整卜辞含义疏解通,也就说,"妍"很可能是一个具有表范围类副词用法的词,至于词性上究竟是副词还是动词,因辞例较少,还不宜确定。不过,汉语中的副词多由动词转化而来,在甲骨文这种早期的汉语语言中,一些词表现出动词和副词性特点是极为正常的现象。

根据"妍"的这种含义,我们最初考虑从古汉语中表限定类的范围副词入手看能否找到相类似的词,但发现大多限定类范围副词出现较晚,目前商周时代的甲骨金文中限定性范围副词数量极少,有些词是否理解为限定还存有争议[9]。而

---

[8] 彭邦炯先生在《从〈花东〉卜辞的行款说到▨、▨及▨、▨字的释读》(《甲骨文与殷商史(新一辑)》,2008)一文中认为▨、▨均像人由下沿阜而上行状,当释作上升、登高之义;近见周忠兵先生又进一步论述▨当释为阩,表升、登义。本文所讨论的卯或可看作阩之异体。

[9] 前引黄天树师《甲骨文中的范围副词》一文曾举有"专",但黄师自己对其是否限定性范围副词也存疑。我们曾在《谈花东甲骨中"柬"的含义》(《古籍整理研究学刊》2013年第5期)指出"柬"在作范围副词时可能是表限定性的,这种限定性是由"柬"表包围这一本义引申出来的。

考虑到范围副词表总括还是限制，有时只是理解的方向不同而已，杨伯峻、何乐士（2001）《古汉语语法及其发展》一书中论及"专"既可表范围之广，又可表范围之小时说"就某种单独的情况说是专一的，也就是全也，皆也。而就全局来看，就是那只是一种情况"，汉语中类似于"专"这种兼具总括性和限定性的范围副词还有不少（唐贤清、邓慧爱，2013）。故我们认为上面的"妍"理解为"皆"类词亦未尝不可，例（8）也可说是"不要全部于祖乙，带上祖辛、祖甲"，例（2）亦可理解为"全部侑于燕壬"，例（3）"于大乙、祖乙妍祷年"理解为"皆祷年于大乙、祖乙"同样文从字顺。甲骨文中的"皆"也有这种指向复数性介词宾语的例子，如《国博》192"皆用羌十、豕十于五示"中的"皆"就指向后面的"五示"。文献中的"皆"也有此用例，何乐士（2004）在《〈左传〉的"皆"》一文中阐述"皆"字的总括对象时曾指出有少部分"皆"指向宾语，表示宾语包含的对象是复数，这里所说的宾语，就包括介词宾语。而例（7）"☒卜其妍在大乙☒"正可与《合》27445"弜皆在父甲"对比，辞中"在"表"于"义，前引陈剑先生文曾将后者断句为"弜皆，在父甲"，认为意思是说"不要都，只于父甲做某事（祝祭？）"。若由例（7）看，句中似不应加句读，当作一气读，意思是"不要全部给大乙（或父甲）"，若依陈先生点断理解，则于"在父甲"之前无形中增加了限制性副词"只"，以与"皆"相对，这似有增字解经之嫌。卜辞中"妍"的用法与"一"亦多有相似之处，"一"后也多跟单一性的宾语，如：

(12) 辛亥卜，犬延以羌，一用于大甲。　　　　　　　　　　《合》32030

(13) 丁亥贞：一用于父丁。　　　　　　　　　　　　　　　《合》32021

(14) 壬戌卜：羌一用于父丁。

　　　　　　　　　　《合》32215+《合》34124+《国博》133（林宏明，2013）

(15) 甲辰贞：射𠦪以羌一于父丁。　　　　　　　　　　　　《合》32025

甲骨文中的"妍"不仅含义与"皆"相近，读音上，"妍"与"皆"也有关系。依据前引陈剑先生一文分析，"皆""𠨘"都从几得声，"几"为见母脂部字；而"妍"为疑母元部字，声母上见、疑同属牙音，韵母元部与脂部看似有隔，但实际上是存在相通关系的。例如，从开得声的字，除了妍、研、汧、𨫒等属元部字外，还有属于见母支部的䀩（《说文》"蔽人视也，从目，开声，读若携手。一曰直视也）、枅（《说文》"屋栌也，从木，开声"）、屏（《玉篇》"音溪，倒也"）；从开得声的"蚈"（元部字）既可通元部的䗪，又可通支部的蹊（参

《古字通假会典》）。而单独的"开",《说文》中读作见母元部字,但学界认为"开"即笄之初文,东周货币中的"开"学者多读为轵正依于此（李家浩,2013；吴良宝,2004）。"笄",学者多看作是见母脂部字,如唐作藩（2013）,陈复华、何九盈（1987）,郭锡良（2010）等先生；但郑张尚芳（2003）则将其归入了见母支部字（此蒙张富海先生告知）。与此类似的还有"羿",《说文》羿作羿,从开得声,一般也多归入脂部字（郭锡良先生归入脂部入声质部）,郑张先生则归入支部字。若综合考虑有关开的谐声和通假现象,"笄"归入支部可能更合理,支元互通之例较多,如"册"为支部入声锡部字,从册的"删""珊"等字是元部字。不过,脂支的关系也极为密切,查《古字通假会典》支部字中与脂部相通的例子就有二十多例（包括入声）（高亨,1989）,如"只（支）与旨（脂）、伎（支）与几（脂）、睼（支）与睇（脂）、埤（支）、毗（脂）"等,王力先生《同源字典》中所举"敉（脂）"与"弭（支）"也是两部相通之证据；谐声方面,"脂"支也有互谐之例,如"氏"是支部字,而从"氏"的"眂"为脂部字；另外,同一批汉字,诸家在归部方面也呈现出"脂""支"的不同,如从规得声的"睽、巏",唐作藩、郭锡良等先生归入支部,郑张先生则归入脂部。这些都说明了脂支关系之近。鉴于此,我们认为"姘"与"皆"在读音上相通应该是没有问题的。

以上我们论述"姘""皆"读音上的相近,并不代表一定要将甲骨文中的"姘"读作"皆",其实,古汉语中表总括类的范围副词如"兼、佥、咸、一、皆、姘"等在音韵上也都有相通之可能,我们倾向于认为这些词在表示范围副词时有可能是同源词,在具体使用上,受其本义等因素的影响在语法、语义等方面多少会有些区别。就目前的甲骨文辞例来看,大体有这样一种情况："皆"在表总括时,其范围不论是指向主语还是宾语,大多是多个不同的个体对象,强调个体,翻译时一般前面不加"所有"；而"一"表总括时,指向的多是同一个对象的复数性,强调整体,翻译时前面可加"所有"；"姘"字似兼具"皆""一"之特点（从组类上看,"皆"主要见于无名组,"一"主要见于历组,而"姘"是两者兼用）。到了西周金文中,"皆"字前有明确指向整体概念,不强调单独个体之例,如中山王器中"诸侯皆贺""谋虑皆从"等句可翻译成"所有诸侯都来祝贺""所有谋虑都听从"。可能正因为"皆"字慢慢兼具了"姘"的用法特征,故"姘"渐渐被"皆"所兼并,后世文字材料中未见用"姘"作范围副词的用例。

参考文献

[1] 陈复华，何九盈. 古韵通晓. 北京：中国社会科学出版社，1987.
[2] 陈剑. 甲骨文旧释"眢"和"蠿"的两个字及金文"羁"字新释// 甲骨金文考释论集. 北京：线装书局，2007.
[3] 陈剑. 试说甲骨文中的"杀"字// 古文字研究（29辑）. 北京：中华书局，2012.
[4] 方稚松. 谈花东甲骨中"朿"的含义. 古籍整理研究学刊，2013（5）.
[5] 高亨. 古字通假会典. 济南：齐鲁书社，1989.
[6] 郭沫若. 殷契粹编. 北京：科学出版社，1965.
[7] 郭锡良. 汉字古音手册（增订本）. 北京：商务印书馆，2010.
[8] 何乐士. 左传语言研究文集·第一分册·左传范围副词. 长沙：岳麓书社，1994.
[9] 何乐士. 《左传》虚词研究（修订本）. 北京：商务印书馆，2004.
[10] 黄天树. 甲骨文中的范围副词// 黄天树甲骨金文论集. 北京：学苑出版社，2014.
[11] 黄天树. 甲骨文中的频率副词. 首都师范大学学报（社会科学版），2015（1）.
[12] 黄天树. 谈谈甲骨文中的程度副词// 黄天树甲骨金文论集. 北京：学苑出版社，2014.
[13] 黄天树. 殷墟甲骨文助动词补说// 黄天树甲骨金文论集. 北京：学苑出版社，2014.
[14] 李家浩. 战国开阳布考// 安徽大学汉语言文字研究丛书·李家浩卷. 合肥：安徽大学出版社，2013.
[15] 李宗焜. 甲骨文字编. 北京：中华书局，2012.
[16] 林宏明. 契合集. 台北：万卷楼，2013.
[17] 刘海琴. 殷墟甲骨祭祀卜辞中"伐"之词性考. 华东师范大学博士学位论文，2006.
[18] 刘钊. 新甲骨文编（增订本）. 福州：福建人民出版社，2014.
[19] 彭邦炯. 从《花东》卜辞的行款说到 ｜ 、 ｜ 及 ｜ 、 ｜ 、 ｜ 字的释读// 甲骨文与殷商史（新一辑）. 北京：线装书局，2008.
[20] 裘锡圭. 史墙盘铭文解释// 裘锡圭学术论集·金文及其他古文字卷. 上海：复旦大学出版社，2012.
[21] 屈万里. 殷虚文字甲编考释. 台北：台湾"中央研究院"历史语言研究所，1961.
[22] 宋镇豪. 殷墟甲骨拾遗. 北京：中国社会科学出版社，2015.
[23] 唐贤清，邓慧爱. 范围副词语义对立现象探索. 中南大学学报（社会科学版），2013（2）.
[24] 唐作藩. 上古音手册（增订本）. 北京：中华书局，2013.
[25] 吴良宝. 空首布"织"地考. 古文字研究（第25辑），2004.
[26] 杨伯峻，何乐士. 古汉语语法及其发展. 北京：语文出版社，2001.
[27] 于省吾. 甲骨文字诂林. 北京：中华书局，1996.
[28] 张玉金. 甲骨文语法学. 上海：学林出版社，2001.

[29] 张政烺. 中山王礜壶及鼎铭考释 // 张政烺文史论集. 北京：中华书局，2004.
[30] 郑张尚芳. 上古音系. 上海：上海教育出版社，2003.

作者简介 ┝─────────────────────────────────────

　　方稚松，1978 年生，毕业于首都师范大学，文学博士，副教授。研究方向为甲骨学和古文字学，出版专著《殷墟甲骨文五种记事刻辞研究》，在《历史语言研究所集刊》《文史》《古文字研究》等专业期刊上发表论文 20 余篇。

（原载《古文字研究》第 31 辑，中华书局 2016 年版）

语言接触与
历史语法研究

从梵汉对勘看"所有"全称统指与任指用法的差别

王继红

▲ **摘要** 全称量化限定词"所有"具有统指与任指的差别。全称统指，意为"一切，全部"，总括一定范围内事物的全部。这是"所有"的主要用法。全称任指，相当于"任何"，通过对单一个体的任指陈述实现全称数量限定，泛指客观存在的某种事物的全部，而没有范围的限制。"所有"的这种用法出现频率较低。从梵汉对勘可知，中古译经中的"所有"已经具有统指与任指的差别，二者在梵文原典中有着不同的对应情况。佛经翻译发生的梵汉语言接触导致汉语全称量化表达新词汇与新构式的获得。

▲ **关键词** 所有；统指；任指；梵汉对勘；金刚经

一、前言

根据《现代汉语八百词》，"所有"是只能修饰名词的形容词，意为"全部；一切"，"着重指一定范围内某种事物的全部数量；不受事物可否分类的限制"。《现代汉语词典》（第5版）认为"所有"有三个义项，发别是（1）动词，领有；（2）名词，领有的东西；（3）形容词、属性词，一切；全部。由上可知，"所有"的语法属性主要是用来修饰名词或名词性短语的形容词，其语义内容主要是总括事物的数量。

徐颂列（1998）借鉴逻辑学领域的研究成果，把现代汉语的总括表达式分为统指、逐指、任指和仅指四类，但是其中的仅指并非表达全量。曹秀玲（2006）将汉语全称限定词分为三大类：第一类是统指全称限定词，对论域中的全体成员进行统指，包括"所有、一切、全体/部、凡（是）"等；第二类是分指全称限定词，通过对单一个体的分指陈述实现对整个集合的描述，包括"每、任何、各"等；第三类是整指全称限定词，将集合作为一个不可分割的整体进行指涉，包括"整、全、满、通、一"等。董正存（2010）把表达全量的词汇形式分为叠加性周遍表达与一体性周遍表达两类，前者可以分为统指、任指与逐指三个小类，后者只有整指一个小类。全称限定词的指称类别直接影响其句法分布。虽然三家分类的细节有些差别，但是都注意到全量表达方式存在统指、逐指与整指等类型，而且都把"所有""一切""全部/体""凡（是）"等视为统指类全称量化形容词，与逐指和任指等相对存在，充当论域内所有成员的统指成分。

但是，从实际语料来看，现代汉语全称量化限定词"所有"有两种不同的用法：第一，全称统指，意为"一切，全部"，总括一定范围内事物的全部。这是"所有"的主要用法。例如：

（1）我们乘务队所有见过他的人都认为他和阿眉是天造地设的一对，极为般配。（王朔《空中小姐》）

（2）从下午5点起，我们吃了一顿好饭，看了一场好电影，又在这个冷饮店里坐了几个小时，吃遍了这家店所有品种的冰淇淋，花光了我们俩身上的所有钱，再要一瓶汽水也要不起了。（王朔《过把瘾就死》）

第二，全称任指，相当于"任何"，通过对单一个体的任指陈述实现全称数量限定，泛指客观存在的某种事物的全部，而没有范围的限制。"所有"的这种用法出现频率较低。"所有+NP"一般单独用做主语或宾语。例如：

（3）有一次，她在极端恐惧中，曾在梦中找过我，到处找找不着。所有人都不告诉她我在哪儿。（王朔《过把瘾就死》）

（4）权威出错犹如重载列车脱轨，除了眼睁睁看着它一头栽下悬崖，没有任何办法可以挽回，所有努力都将是螳臂挡车，结果只能是自取灭亡。（王朔《我是你爸爸》）

例（1）（2）中"所有"所修饰的定语中心语是有范围限制的，是属于"我们乘务队"或者"这家店"的全部东西；例（3）（4）中"所有"修饰的事物是没有范围限制的，泛指客观存在的某种事物的全部。

本文使用汉译佛经专书梵汉对勘材料和佛教文献学间接梵汉对勘材料，证明中古汉译佛经中的全称量化限定词"所有"已经存在统指与任指用法的差别，并且探究"所有"统指与任指差异形成的原因。

二、《金刚经》中"所有"的统指与任指用法

（一）《金刚经》中"所有"的用法

本文使用《金刚经》梵汉对勘语料。《金刚经》是初期大乘佛教的代表性经典，在僧俗两界流行极广。慧立、彦悰在《大唐大慈恩寺三藏法师传》卷第七中记载了唐高宗与玄奘讨论《金刚经》的一段对话，可以帮助我们了解《金刚经》的重要地位。

> 帝又问："《金刚般若经》一切诸佛之所从生，闻而不谤，功逾身命之施，非恒沙珍宝所及。加以理微言约，故贤达君子多爱受持，未知先代所翻，文义具不？"法师对曰："此经功德实如圣旨。西方之人咸同爱敬……"

"上至封建最高统治者，下至普通民众，读经、抄经，对《金刚经》的崇信要超出其他的佛教经典，而文人不仅读经、抄经，他们还可以解经并在文化活动中予以推广，对《金刚经》的普遍崇信热情起推波助澜的作用。"（张海沙，2007）因此，《金刚经》很有可能成为经由佛经翻译所导致的语言接触对汉语影响的载体。

《金刚经》有宝贵的梵文平行本存留。而且前人对此梵本做过大量的校勘整理工作，可以保证梵汉对勘成果的可靠性。《金刚经》曾多次被译为汉语，现存姚秦鸠摩罗什、北魏菩提流支、陈朝真谛、隋朝达摩笈多、唐朝玄奘及义净等六种译本。

表 1 《金刚经》的六种汉译

梵文原典	VajracchedikāPrajñāpāramitā
汉语同经异译	姚秦·鸠摩罗什（344～413）译《金刚般若波罗蜜经》
	北魏·菩提流支（508 至洛阳）译《金刚般若波罗蜜经》
	陈·真谛（499～569）译《金刚般若波罗蜜经》
	隋·达磨笈多（？～619）译《金刚能断般若波罗蜜经》
	唐·玄奘（602～664）译《能断金刚般若波罗蜜多经》
	唐·义净（635～713）译《能断金刚般若波罗蜜多经》

《金刚经》的六位译者均为佛经翻译史不同阶段的代表性人物，代表不同的翻译风格。对分属于不同时代、不同母语译者的异译本进行比较，可以帮助我们了解"所有"的全称统指与任指用法是译者们共同的选择，反映了当时社会语言的真实情况，还是一种偶然出现的现象。

《金刚经》六种汉译本出现 86 个"所有"字段，包括全称量化限定词"所有"81 个、梵语标句词仿译标记"所有"4 个、"所+有"随机字符串 1 个。从梵汉对勘可知，"所有"具有全称统指与任指两种不同用法，并且分别对应梵文原典中不同的语言现象。详见下表：

表 2 《金刚经》中"所有"的用法

全称量化限定词	统指	yāvat 引导的量化关系从句	9	10	12	22	7	8	68	81
		X-sama 复合词			1	1			2	
	任指	疑问词+cit（否定句）				5		1	6	
		yad 引导的关系从句		1		4			5	
总计			9	11	18	31	7	10	86	

（二）《金刚经》中"所有"的全称统指用法

1. 统指"所有"的语义特征

在《金刚经》的六种汉译本中，全称统指用法的"所有"出现 70 次。例如：

（5）【鸠】如一恒河中<u>所有</u>沙，有如是等恒河，是诸恒河<u>所有</u>沙数佛世界，如是宁为多不？

【菩】如一恒河中<u>所有</u>沙，有如是等恒河，是诸恒河<u>所有</u>沙数佛世界，如是世界宁为多不？须菩提言：彼世界甚多！世尊！

【真】如其沙数<u>所有</u>恒伽，如诸恒伽<u>所有</u>沙数世界，如是宁为多不？

【笈】<u>所有</u>恒伽大河沙，彼<u>所有</u>恒伽大河有，<u>所有</u>彼中沙彼<u>所有</u>及世界有，多彼世界有？善实言：多，世尊！多，善逝！彼世界有。

【奘】乃至殑伽河中<u>所有</u>沙数，假使有如是等殑伽河，乃至是诸殑伽河中<u>所有</u>沙数，假使有如是等世界。是诸世界宁为多不？

例（5）中五个句子都是对原典"yāvatyogaṅgāyāṃmahānadyāṃvālukās

tāvatyaevagaṅgānadyobhaveyuḥ tāsuyāvālukāstāvantaś ca lokadhātavobhaveyuḥ kaccitbahavastelokadhātavobhaveyuḥ"的同经异译，大意为"如果有像恒河沙数那样多的恒河，那么像这些恒河的沙那样多的世界，可说多吗？"[1]

统指用法的"所有"是具有存在断定功能的全称量词，所在的句子断定的是一种现实情况的命题，说明一类中的全部是否具有某种属性或关系。这个断定可以是虚假的。无论是有像恒河沙数那样多的恒河，还是有像恒河中沙粒那样多的世界，断定的都是实际上不存在的现实情况。就像维特根斯坦（1983）所说的，"所有"就是逻辑的"所有"，逻辑的"所有"是可能性的"所有"，而不是现实的"所有"，这是因为逻辑从本质上说来关涉的是可能性，逻辑不关心一切现实性的东西，现实的东西在逻辑之外。布拉德雷（1960）也认为"所有"是一个假言判断，是一种"如果"观，它不关涉现实，"我们下一个全称判断，决不是指着全体。我们的意思只是说'任何'，'不管什么'或'无论何时'。而这些字眼实在都涵着'如果'的基调。"玄奘对上例的翻译方法便很好地体现了这种假言逻辑关系，将其译作由连词"假使"所引导的假设复句。

全称统指"所有"是对一类中全部成员的确指，表示的是合举。例如：

(6)【鸠】尔所国土中，<u>所有</u>众生，若干种心，如来悉知。

【菩】尔所世界中，<u>所有</u>众生，若干种心住，如来悉知。

【真】尔所世界中，<u>所有</u>众生，我悉见知心相续住，有种种类。

【笈】<u>所有</u>，善实，彼中世界中众生，彼等我种种有心流注知。

【玄】乃至尔所诸世界中<u>所有</u>有情，彼诸有情各有种种，其心流注我悉能知。

【义】此世界中<u>所有</u>众生，种种性行其心流转，我悉了知。

例（6）一组例句是"yāvantassubhūteteṣulokadhātuṣusattvās teṣāmahamnānābhāvāmcittadhārāmprajānāmi"的同经异译。此句意为，那些世界的全部众生，他们种种川流不息的心识，我都知道。因为有了"尔所国土（世界）"的明确范围限定，"所有"修饰的中心语是有定的。

2. 统指"所有"的梵汉对应情况

在《金刚经》六种异译本中，"所有"的全称统指用法出现70次，其中有68个对应梵文原典中由 yāvat 引导的量化关系从句，另外2个"所有"对应梵文原典中的 -samā 复合词。

---

[1]《金刚经》译文主要参考许洋主（1995）。下同。

表 3 《金刚经》中"所有"的梵语对应形式

梵文对应形式	鸠	菩	真	笈	玄	义	总计
yāvat 引导的量化关系从句	9	10	12	22	7	8	68
X-samā 复合词			1	1			2

yāvat 是梵语中的关系代词，由关系代词 yad 演化而来，意为"as great, as large, as much, as many, as often, as frequent, as far, as long, as old"[2]。tāvat 是梵语代词 tad 演化而来，意为"so great, so large, so much, so far, so long, so many"。tāvat 经常与关系代词 yāvat 搭配使用，构成量化关系从句"yāvat+ 范围 NP+ 参照物 NP+（存现动词），tāvat+ 目的物 NP+bhaveyus"，通过比况的方法，以某种已知范围事物的数量来说明未知范围事物的数量。

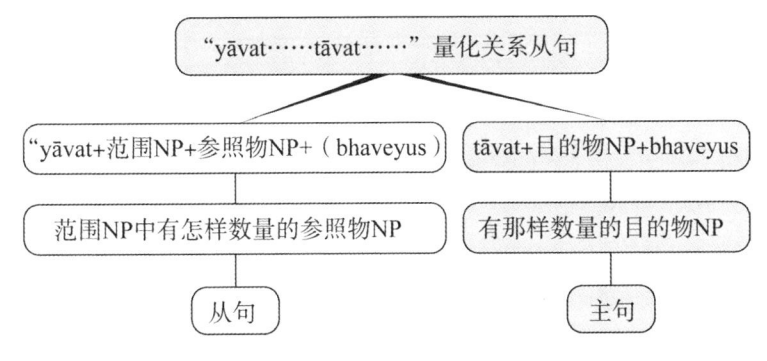

图 1 "yāvat……tāvat……"量化关系从句

在"yāvat……tāvat……"量化关系从句中，范围名词（短语）带有依格格尾，参照物和被说明的目的物 NP 都是复数形式。量化关系从句表示不与事实相反的假设，存现动词大多带有假设语气的形态语尾，主句表示断定。例如：

（7）yāvatyasgaṅgāyāmmahānadyāṃvālukās tāvatyasevagaṅgānadyasbhaveyus tāsuyāsvālukās api nu tāsbahvyasbhaveyus

此句意为，在如恒河沙数那样多的恒河之中所有的沙粒很多吧？同经异译如下：

【鸠】如恒河中所有沙数，如是沙等恒河，于意云何？是诸恒河宁为多不？

【菩】如恒河中所有沙数，如是沙等恒河，于意云何？是诸恒河宁为多不？

【真】于恒伽所有诸沙，如其沙数所有恒伽，诸恒伽沙宁为多不？

2　Monier Williams. A Sanskrit-English Dictionary, 852.

【笈】<u>所有</u>恒伽大河沙，<u>彼所有</u>如是恒伽大河有，彼中若沙，虽然彼多沙有？

【玄】乃至殑伽河中<u>所有</u>沙数，假使有如是沙等殑伽河，是诸殑伽河沙宁为多不？

【义】如殑伽河中<u>所有</u>沙数，复有如是沙等殑伽河。此诸河沙宁为多不？"

例（7）与"所有"翻译相关部分的语法信息标注如下[3]：

yāvatyas	gaṅgāyām	mahā-nadyām	vālukās	(bhaveyus)
rel.f.pl.N[3]	f.sg.L	f.sg.L	f.pl.N	(opt.3.pl.P)
……这样多的	恒伽	大-河	沙	（有）
tāvatyas	eva	gaṅgā-nadyas	bhaveyus	
rel.f.pl.N	adv	f.pl.N	opt.3.pl.P	
……那样多的		恒伽-河	有	

此句是一个典型的量化关系从句。"yāvatyasgaṅgāyāmmahānadyāmvālukās"是从句，直译便是"在恒伽大河中（有）怎样多的沙粒"；"tāvatyasevagaṅganadyasbhaveyus"是主句，直译便是"就有那样多的恒伽大河"。

量化词"所有"并非简单地来自"所+有"结构，而是与其所在小句"X+所+有+Y"有关。因为全称量限表达成分"所有"的形成与 yāvat 引导的数量关系从句有关，所以导致现代汉语中"所有"具有如下语义特征与句法特点：

第一，因为 yāvat 从句经常用来比况数量，所以"所有"往往与数量有关，强调事物数量的总和，"着重指一定范围内某种事物的全部数量，被修饰的事物是否能够分类并无影响"（《现代汉语八百词》）。"所有+N/NP"一般表示复数。

第二，因为 yāvat 从句的谓语动词经常是 bhavet，即动词√bhū 的现在时第三人称单数可能情态形式，经常用以表示不与事实相反的假定，所以 yāvat 从句的语义与语用效果与条件句"只要……就……"非常接近。定语从句的作用就是用来限定中心语，所以现代汉语中的"所有"只是充当名词或名词性短语的限定性定语，作用是使表达的内容更加明确清晰，这与修饰性成分使表达对象生动形象的目的有所区别。此外，由于"所有"大多用在 yāvat 从句中，说明参照物的

---

[3] 梵文语法信息标注缩略语：m. 阳性；n. 中性；f. 阴性；N. 体格；AC. 业格；G. 属格；L. 依格；sg. 单数；pl. 复数；adj. 形容词；adv. 副词；rel. 关系代词；indef.pron. 疑问代词；dem.pron. 指代词；abs. 绝对分词；opt. 祈愿式；P. 主动语态。

特征，所以现代汉语中的"所有"的确指度较低，只强调整体不看例外；"全""全部"强调整体中没有例外；"每""每个"强调个体的特征，即个体不存在例外。

第三，梵语的关系从句的子句大多出现在主句之前，所以现代汉语中的全称量限构式"所有 +N/NP"倾向于分布在句中的动词前位置，尤其是主语位置。"所有 +N/NP"在句子中"倾向于分布在动词之前作主语 / 话题 / 介词宾语，在口语中尤其如此，因为它们在语篇中都具有强定指性而往往传递低信息值的已知信息。"（崔显军，2007）

《金刚经》另有 2 例全称量化限定词"所有"对应于梵文原典的 X-sama 复合词。例如：

(8)【真】若有善男子、善女人，如诸恒河所有沙数，如是沙等身命舍以布施。

此句意为，须菩提啊！如果有一位女子或男子，每天能够施舍像恒河沙数那样多的身命，并能在像恒河沙数那样多的劫期间，如此施舍身命。此句所对应的梵文是"yas ca khalupunarsubhūtestrī vāpuruṣasvā dine dinegaṅgā-nadī-vālukā-samānātma-bhāvānparityajet"，与"所有"相关部分的梵语语法信息如下：

gaṅgā-nādī-vālukā-**samān**	ātma-bhāvān	parityajet
恒-河-沙-等同	身-命	舍
m.pl.Ac.	m.pl.Ac.	opt.3.sg.P.

sama 意为"same, equal, similar, like, equivalent（相同、类似，相等）"[4]，持业释复合词"gaṅgā-nadī-vālukā-samān"直译应为"与恒河沙数量等同的"，真谛将其译为"如诸恒河所有沙数"。真谛等译师将 samā 译为"所有"，这也是对"所有"全称统指用法受到梵语量化关系从句影响的一个证明。

（三）《金刚经》中"所有"的全称任指用法

1. 任指"所有"的语义特征

在《金刚经》的六种汉译本中，全称任指用法的"所有"出现 11 次。全称任指的"所有"具有极性义与任选义双重特征，因此"所有"任指用法也受到具体的句法环境限制。"所有"任指用法在《金刚经》中出现的句法环境主要是否定句。极性义"所有"在否定语境或疑问语境中得到允准。例如：

(9)【义】妙生！诸有发趣菩萨乘者，其所有法是断灭不？

4　Monier Williams. A Sanskrit-English Dictionary, 1152.

（10）【真】如我解佛说义，无所有法如来所得名阿耨多罗三藐三菩提，亦无有法如来所说。

例（9）意为，求菩萨道的人知道任何法的破灭或断绝。例（10）意为，如我所理解的世尊所说的意思是，没有任何一种被如来觉知的、称为无上正等菩提的法，没有如来宣示的这种法。

"所有"的任指用法和"任何；无论什么"相同，对一类中不确定的任一分子进行限定。整个句子表示的是断定一种条件联系的命题。在例（10）中，对于任何一种法而言，如果它被如来觉知并且称为无上正等菩提的法，那么它不存在。如果说全称统指的"所有"强调的是确定性和现实性的话，那么全称任指的"所有"强调的就是任意性和普遍性。"一个'任何式命题'的重要性不在于前提和结论中提到的条件实际上能否实现，而恰恰在于这些条件之单位的关系。"（泽诺·万德勒，2002）

任指"所有"的辖域为非特定集合内所有可能的集合成员，所指范围不确定，如例（11）。任指"所有"之前一般也不会出现范围名词（短语）。

（11）人之本际则泥洹也，所号本净但着言耳，则无所有法不可逮，因名演称语无所达。（竺法护《佛说阿惟越致遮经》）

统指"所有"的辖域为特定集合内的所有集合成员，例如：

（12）一佛境界中诸海所有水，取一发破为百分从中取一分，以一分之发取海水尽，尚可数知几渧，阿惟越致菩萨行劝人、助其欢欣，其福不可数。（支娄迦谶译《道行般若经》）

（13）譬如阿耨达池及四大海，所有水聚总置一所。若复有人手掬此水，东方过恒河沙等世界之外，始下一掬。（阇那崛多译《大法炬陀罗尼经》）

（14）菩萨为大医王发大庄严，随诸众生所有疾患施法药相故。（求那跋陀罗译《大方广宝箧经》）

（15）王于佛所，生尊重心，复欲建立诸功德故，宣令国内十二由旬，所有香油华鬘之属，不听一人私窃盗卖，若有卖者，唯王得买自将供养。（阇那崛多译《佛本行集经》）

（16）（是诸天女）亦于晨朝日初出时，各取种种天木香等，倍于人间所有香木，其木香气，能灭人中种种臭秽。（昙无谶译《大般涅槃经》）

2. 任指"所有"的梵汉对应情况

梵语中的不变词，如 ca、cana、cid、api、vā 等，与疑问代词或关系代词连用时，可以表示不定指的意义。如 kadcana（any one，任何一个）；nakaḥapi（not any one）等。真谛译本中的"所有"对译原典中的"kascit"。对于最小量级的否定，就意味着对于全部量存在的否定，指涉辖域内的所有成员。例如：

（17）yathāahambhagavanbhagavatasbhāṣitasyaarthamājānāmi naastisaskascitdharmas yastathāgatenaanuttarāsamyaksaṃbodhisitiabhisaṃbuddhas naastidharmasyastathāgatenadeśitas

	na	asti	sas	**kascit**	dharmas
	adv.	pres.3.sg.P.	pres.3.m.sg.N.	indef.pron.	m.sg.N.
	无			所有	法

此句同经异译如下：

【鸠】如我解佛所说义，无有定法名阿耨多罗三藐三菩提，亦无有定法如来可说。

【菩】如我解佛所说义，无有定法，如来得阿耨多罗三藐三菩提，亦无有定法如来可说。

【笈】如我世尊世尊说义解，我无有一法若如来无上正遍知证觉，无有一法若如来说。

【玄】如我解佛所说义者，无有少法如来应正等觉证得阿耨多罗三藐三菩提，亦无有少法是如来应正等觉所说。

鸠摩罗什和菩提流支的翻译方法最直观地体现了原典中 kascit 的不定指语法意义，"无有定法"意为没有固定的法，也就意味着任何的法。这种对于梵文原典中不定指用法的翻译方法主要见于鸠摩罗什的译经，零星散见于西晋竺法护、北凉昙无谶和唐菩提流志等人的译经中。例如：

（18）汝等当发阿耨多罗三藐三菩提心，是阿耨多罗三藐三菩提易得耳。何以故？无有定法众生所著处，但颠倒故，众生着处。（鸠摩罗什译《摩诃般若波罗蜜经》）

（19）亦无所趣者，以众生无有定法可趣向故。如火定有所趣；而众生名，无实众生可趣。（鸠摩罗什译《大智度论》）

例（17）中定指短语 kascit（疑问代词 + 小品词）在笈多译本中译为"无有一法"，在玄奘译本中译为"无有少法"。二者有着共同之处，都是通过对最小量的否定而实现全称任指量化表达。这两种用法也都是多见于中古译经，中土文献少见。例如：

（20）于此众中，无有一法胜此法者，若修行已、多修行已，受人中福，受天上福，得泥洹证。（瞿昙僧伽提婆译《增壹阿含经》）

（21）有为法中无有一法不待心力成善不善。（玄奘译《阿毗达磨顺正理论》）

（22）有言安隐事者，所谓为令一切众生护自身心逼恼事故，无有少法能生苦者而不受故，无有少法能生乐者而不舍故。（昙摩流支译《信力入印法门经》）

（23）善现！是诸法本性空及有情本性空，最极寂静，无有少法能增能减、能生能灭、能断能常、能染能净、能得果能现观。（玄奘译《大般若波罗蜜多经》）

（四）《金刚经》"所有"翻译的译者差异

在《金刚经》异译本之间，"所有"的翻译存在译者差异。在《金刚经》六种译本中，限定词"所有"出现频次如下：

表 4 《金刚经》异译本中"所有"的频率差异

	鸠摩罗什	菩提流支	真谛	笈多	玄奘	义净	总计
次数	9	11	18	31	7	9	85
频率	11%	13%	21%	36%	8%	11%	100%

从翻译风格来看，玄奘与笈多是以词语作为基本翻译单位的，所以力求逐词，甚至是"逐形态成分"地翻译。玄奘译本中"所有"数量较少的原因在于，玄奘将部分 yāvat 译为"乃至"，具体原因及评价将另文讨论。笈多译本中"所有"的数量超出其他几种译本的原因有二：

第一，笈多将"yāvat……，tāvat……"译为"所有……，彼所有……"，其中 yāvat 译为"所有"，tāvat 译为"彼所有"，对应整齐，有着规律性。其他译者并未采用这种做法。例如：

（24）【笈】若复善实，所有三千大千世界须弥山王，彼所有聚七宝，普散如来应等正遍知施与。

（25）【笈】所有恒伽大河沙，彼所有恒伽大河有，所有彼中沙彼所有及世界有，多彼世界有？

第二，yāvat 在梵语中是个多义词，用法多样，不但可以充当量化关系代词，也可以充当标句词，相当于英文的"that"。例如：

（26）āścaryam bhagavan parama aścaryam sugata yāvat ayam dharma paryāyas tathāgatena bhāṣitas agra yāna saṃprasthitānām sattvānām arthāya śreṣṭha yāna saṃprasthitānām arthāya yatas me bhagavan jñānam utpannam

【笈】希有，世尊！最胜希有，善逝！所有此法本如来说，此我世尊智生，不我曾生来如是色类法本闻，先最胜彼世尊希有。

此句意为，世尊啊！这真是难得的事。善逝啊！这真是非常难得的事，如来为了镜益求无上道的众生，为了镜益求最胜道者而说是这个法门。世尊啊！我的智慧因而产生了。此例中的"yāvat ayam dharma paryāyas tathāgatena bhāṣitas"是由标句词 yāvat 引导的名词性从句，充当主语，意为"这个法门被如来说"。标句词 yāvat 在笈多译本中被译为"所有"。

朱庆之（2006）指出，笈多译《金刚能断般若波罗蜜经》并非学界之前所说的直译本，而且"笈多本可能并不是一部'译经'，而是供中国僧人学习梵文原典或者是供西域僧侣学习汉语的一部教材。""笈多用汉语的字词将原文的词句，连同语法结构和语义结构，甚至包括了形态成分，按意译的方式全部'转写'下来，而且完全没有用音译。""笈多对梵语从词汇义到语法义所进行的全面的表意性转写，并非偶然，而是建立在印度人从波你尼以来形成的深厚的语法学和词源学传统之上。"因此，根据笈多译本中"所有"的系统翻译方法，我们推测，在真谛和笈多译经时代，"所有"已经具有全称量限表达功能，"所有"的全称统指用法最接近数量关系从句。

这给我们一定的启示，不同译师的译本对于探索当时语言的面貌有着不同的意义。以语法、语素作为翻译对等单位的译本，便于我们发现汉译本中翻译单位与原典的对应关系；而以句子和语段为翻译对等单位的译本因为更易流布，所以更有可能成为语言接触的渠道。在讨论汉译佛经对于汉语的影响时，我们更应关注的是流行度高、受众更广的译本。就《金刚经》而言，罗什本是该经的第一个中译本，后世几种译本均受其影响。"普通民众阅读《金刚经》，基本上都是读的鸠摩罗什译本。现在是如此，古代也是如此。现存敦煌文献中的《金刚经》，鸠摩罗什的写本大约有 2000 本以上，菩提流支的写本仅 8 本，陈真谛的写本仅 2 本，唐玄奘的写本仅 1 本。"（马振凯、刘振光，2011）

三、"所有"的统指与任指差别的间接梵汉对勘证明

朱庆之（2001）指出，以语言研究为目的的梵汉对勘可以分为间接与直接两种。佛经梵汉对勘工作耗时费力，目前已经完成的以语言学研究为目的的专书对勘材料数量有限。为了增强梵汉对勘材料的说服力，避免以偏概全，还需要借助佛教文献学领域的间接梵汉对勘材料。间接梵汉对勘材料主要见于各种佛教词典，特别是荻原云来主编《汉译对照梵和大辞典》、平川彰编《佛教汉梵大辞典》、辛岛静志编《法华经词典》等，以及日本大藏经学术研究会编《大正藏索引》等，也包括单部佛经经典的索引等。日本佛学界长久以来一直在进行梵汉佛经的对勘，编制了一些词语索引，积累了大量梵汉对照语汇数据，这些文献学的工作对于汉语史研究者来说是极为宝贵的。

根据荻原云来《汉译对照梵和大辞典》[5]、平川彰《佛教汉梵大辞典》[6]、朱庆之、梅维恒《〈汉译对照梵和大辞典〉索引》，可知"所有"在梵文原典中存在多种梵文对应形式。

> 所有　yad, yat kiṃcit; sarva; bhoga, sva; avikala, idam, iyattaka*, upārjita, ettaka, kiṃcana, tadvat, parigraha, paryāpanna, bhaṇḍaka, bhāvatva, yāttaka, yāttika, yādṛśa, yāni kānicit, yāvat, yāvattaka, vidyamāna, vidyamānatā, vṛtta, vyavahāra, saṃsṛṣṭa, samantat, saṃpad, svalpa

图 2　《佛教汉梵大辞典》"所有"的梵文对应形式（第 1323 页）

统指类全称量化限定词"所有"在梵文原典中的对应形式有两种：

第一，通过数量比况的方式实现全称统指。"所有"在梵文原典中对应 yāvat、yad、tad-vat 等。yāvat、yad 等梵文词语的词汇意义并非"全部、一切"，但它们都是关系代词，可以引导量化关系从句，通过比况的方法限定一定范围内

---

[5] 荻原云来《汉译对照梵和大辞典》使用的梵汉对勘语料来自于阿毗达磨俱舍论本颂、阿毗达磨俱舍论、撰集百缘经、在般若波罗蜜多经（第四会）、小品般若波罗蜜多经、大方广佛华严经、因明入正理论、入楞伽经、金刚经、妙法莲花经、阿弥陀经、无量寿经、金光明经等九十余部汉译佛经。

[6] 平川彰《佛教汉梵大辞典》不但吸收了荻原云来《汉译对照梵和大辞典》的大量梵汉对勘材料，又补充了摩诃僧祇律、四分律、五分律、十诵律、瑜伽师地论、佛说大悲空智金刚大教王仪轨经等二十四部汉译佛经的梵汉对勘材料，又使用了俱舍论索引、藏梵汉大无量寿经索引、梵藏汉对勘理趣经索引等佛教文献学材料。

某种事物的全部数量。tad-vat 的英文释义是 like that, thus, so，与 yad-vat 搭配使用，也可以通过比况的方法来说明未知事物的数量。

第二，"所有"在梵文原典中的对应形式是全称统指量化限定词，例如：

（1）sarva，意为"全部，一切（whole, entire, all）"

（2）avikala，意为"全部的，整个的，全体的（unimpaired, entire）"

（3）parigraha，意为"整体，全部，总数，总额（comprehending, summing up, sum, totality）"

（4）saṃsṛṣṭa，意为"聚集在一起的（gathered together, collected）"

上述词语都是梵语中的全称统指量化限定词，而且都是以合举的方式来表达全称，它们在汉译本中被译为"所有"。

任指类全称量化限定词"所有"在梵文原典中的对应形式也有两种：

第一，梵语中的小品词 cit、cana 等可以与疑问代词 kim 或关系代词 yad 配合使用，表示任指。例如"yat kiṃ cit、kiṃ cana、yāni kāni cit"等。它们在汉译佛经中被译为任指类"所有"。

第二，梵语中的词语 svalpa、iyattaka 都表示小量、少量，在否定句中，对于最小量级的否定，就意味着对于全部量存在的否定。

"所有"在梵文原典中有规律的系统对应情况可以证明,全称量化限定词"所有"存在着统指与任指的差别[7]。

四、"所有"的统指与任指用法的形成

（一）统指"所有"的形成

在北京大学中国语言学研究中心语料库（CCL）古代汉语子库中，我们检索到"所有"字段有效语料 13,542 条，"所有"在从先秦至民国的中土文献中出现 5884 条，占 43.45%；在佛经中出现 7658 条，占 56.55%。"所有"的全称量化用法最早出现在东汉译佛经之中，例如：

（27）复有比丘，名坻罗末，白佛："我不学诸法，我亦不学欲所法，是所有

---

[7] "所有"在汉译佛经中是个多义词，除了全称量化用法以外，还有其他含义：第一，拥有。在梵文原典中对应 upārjita（获得、拥有）等词。第二，存在的，现存的。在梵文原典中对应 vidyamāna（existent, existing, present, real）、vṛtta（existing, effective, unimpaired）等词。本文不作讨论。

法悉不学，诸法法而不学。"（东汉支娄迦谶译《文殊师利问菩萨署经》）

（28）佛言："舍利弗！置我诸弟子、复置弥勒佛诸弟子，于陂陀劫中诸佛、天中天所有诸弟子及余得道弟子复共合会，当令在阿閦佛刹诸弟子众边百倍、千倍、万倍、亿万倍、巨亿万倍不与等，但说解脱者无异人。"（东汉支娄迦谶译《阿閦佛国经》）

（29）为有道者可具足行，如是辈行戒者，我亦戒者，当应比共慧者同学者，所求道要厌者，但行直灭苦，如是辈我亦如是辈，应比共慧者同学者，是法不共取重，亦若所有利法致从法得，一切所得在随器中，如是利当为同学共，无有独匿，是法不共取重。（东汉安世高《十报法经》）

在东汉以前的中土文献中却未曾见到全称量化限定词"所有"，甚至连可以重新分析的用例都没有出现。全称量化统指"所有"的形成是佛经翻译活动导致的通常性接触所引发语法化的典型例子。统指类全称量化限定词"所有"并非直接来自上古汉语的名词化短语"所有"，而是与其所在小句"X+ 所 + 有 +Y"有关。因为梵文（模式语）原典中存在由 yāvat 或 yad 引导的全称量化关系从句，佛经译者要利用译经目的语言（汉语）里可以得到的使用模式来产生与之对等的范畴，即关系代词"所"与动词"有"。

王继红（2015）指出，"所有"所在句子对译梵文"yāvat……tāvat……"量化关系从句，对有定范围内全部物体数量的概括，这使得"所有"获得了全称量化的语义特征。由梵汉对勘可知，汉译本中对应梵文原典 yāvat 的"所有"具备如下特征：(1) 出现在由关系代词"所"引导的量化关系从句中；(2) 动词"有"表示广义存在关系；(3)"所有"意为"有怎样数量的……"；(4)"范围 NP+ 所有 + 参照物 NP"为"主语 + 谓语 + 宾语"关系。但是，对于不了解梵语语法规则的中土佛经读者而言，"所有"原本的确切语义内容"有怎样数量的……"反而被忽视了。在重新分析之后，"所有"被解读为：(1)"所有"意为"一切、全部"；(2)"范围 NP+ 所有 + 参照物 NP"为"范围定语 + 形容词 + 中心语"关系。这种心理机制造成对"所有"句法与语义特征的双重分析。

重新分析是语法化发生的机制之一。在翻译作品中，重新分析正是以双重分析为前提的。对于翻译作品而言，源头语言与目标语言的差异，译者的意图与读者的理解之间的错位，这些都使得汉译佛经中的某些语言现象存在双重分析的可能，并且进一步推动词汇、语法的演变。

（二）任指"所有"的形成

"所有"任指用法的出现晚于统指用法。东汉译经中没有"所有"的任指用法。任指用法是在三国之后才出现的，而且仅见于个别译者的译经之中，大多数的译者倾向于使用"一""少""定"等形容词。"所有"统指与任指用法的产生原因有所不同。全称量化统指"所有"是佛经翻译活动导致的梵汉语言之间通常性接触所引发语法化的结果。而任指"所有"是在统指"所有"的影响下产生的。

始于东汉的佛经翻译对汉语词汇产生过很大的影响。学者不仅找出了更多的来自佛教的外来词语，而且开始关注新词新义产生的机制，如梁晓虹（1994）提出的"梵汉合璧"、颜洽茂（1997）提出的"语词的割裂和省缩"等，朱庆之（2000、2003）提出译经中大量存在的"仿译（calque）"是一种更为隐晦的词汇借用。特别值得关注的是，朱冠明（2010）指出，"移植（semantic/functional transfer）"是佛经翻译影响汉语词汇的另外一种方式，这种方式只是使汉语固有的词汇增加了新的义项或者用法，并不产生新词。

所谓"移植"，是指译师在把佛经原典语梵文（源头语）翻译成汉语（目标语）的过程中存在的这样一种现象：假定某个梵文词 S 有两个义项 Sa、Sb，汉语词 C 有义项 Ca，且 Sa = Ca，那么译师在翻译中由于类推心理机制的作用，可能会把 Sb 强加给汉语词 C，导致 C 产生一个新的义项 Cb（=Sb）；Cb 与 Ca 之间不一定有引申关系，且 Cb 在译经中有较多的用例，这个过程我们便认为发生了语义（包括用法）移植。汉译佛经中的动词"持"（记忆、记住）、动词"踊跃"（高兴、欢喜）、名词"宫殿"（天车）、称呼语"长寿"、动词"发遣"（回答）、领属语"自"和连词"若"都是译经中的移植现象。

任指用法"所有"的产生与移植相似，但又有所不同。假定某个译经中词 C 有义项 Ca，对应于梵文词 S1；梵文词 S2 在特定语境下与 S1 有类似但并非完全相同的用法，S1 与 S2 有着共同的上位义；由于类推心理机制的作用，译师把 S2 的义项强加给汉语词 C，导致 C 产生一个新的义项 Cb。Cb 与 Ca 之间不一定有引申关系，Cb 与 Ca 有着共同的上位义，且 Ca 在译经中有更多而常见的用例。

具体而言，梵文 S1 具有全称量化用法，如 yāvat 等词在汉译本中被译为"所有"。"所有"在上古汉语中原本已经有了义项"拥有的东西"，如此又获得了新的义项 Ca：全部、一切，即全称量化统指。梵文 S2 是任指义词语，否定或疑问语境使得这些任指义词语或构式获得了全称数量限定用法。S1 是全称统指，而

S2 是全称任指，S1 与 S2 的相同之处在于二者都具有全称量化功能。而"所有"是译经中频繁出现的全称量化形容词，部分译者便用"所有"来翻译原典中的任指义词语。"所有"便又获得了一个新的义项 Cb：任何，即全称量化任指。

（三）语言接触和借用导致的"结构缺位"填补

从东汉开始，汉译佛经中经常出现的其他定语位置上的量化词有"一、少、定、一切、所有、各、各自、每、诸、随、凡、都卢"等。那么，为什么汉译佛经中定语位置上会产生数量比较多的全称量化词呢？

上古汉语能够出现在定语位置的全称量化限定词数量稀少。董正存（2010）在描述全称量化表达方式中，统指类列举了 89 个词汇形式，包括"都卢、总是、尽皆、是凡、一应、凡、大纲（大纲来、大刚来、大刚、大冈）、大古（大古来、大古里、待古、待古里）、都来、都齐、尽场儿、尽都、尽多、尽情、尽数、尽行、是件、通体（通身）、通通、通统、团团、一例、一律、一谜、一抹儿、一弄、一齐、一总、备、遍、并、纯、殚、共、固、既、兼、交、皆、尽、且、举、具、俱、普、佥、曲、全、索、通共、通同、悉、咸、奄、一、壹、辄、终、触事、浑、尽底、略、扫除、通然、一概、一皆、一时、亦、应有、应是、只、祇、所是、是、所有、是处、诸有、诸余、百凡、但有、里外、一托头、诸凡、凡百、但（但是、但凡）、凡有、一切、是人、是事、是物"。通过对北京大学 CCL 语料库、台湾"中央研究院"上古汉语标记语料库进行检索，我们发现，上述 89 个统指类全称量化表达词汇在上古汉语中出现 32 例，在中古汉语中出现 25 例，在近代汉语中出现 32 例。上古汉语时期只有两个统指全称量化词可以出现在定语位置上。

任指类全称量化词的历史分布情况也大致相仿。董正存（2010）列举了 20 个任指类全称量化词，如"不管、不计、不拣、选甚、正使、不论、不问、不以、任何、不分、不拘、任凭、任是、随便、随问、也好、也罢、遮莫、折莫、折末、折么、者么、者莫、随时、无论、无问"等。这些词在上古时期少见，中古时期出现 8 例，近代出现 12 例，而且其中与译经或禅宗语录有关的有 8 例。

根据 Alice C. Harris & Lyle Campbell（1995），语法空位倾向于通过借用来填充。某些语言发生借用，只是因为这些语言缺少某些有用的句法范畴或结构式，而这些句法范畴或结构式正是这些语言的使用者在与其语言发生接触的其他语言中遇到的。这就解释了为什么这些源于接触语言的量化表达手段一旦被人们熟悉之后，他们就如此之快地开始习得这些新的语言成分。

Campbell（1987）以皮皮尔语（Pipil）复合句的演变为例，说明通过语法化实现语法空位填补的情况。皮皮尔语的并列句只有非常有限的并列关系和主从关系的表达手段，如 i-wan 和 ne 等。通过语言接触与借用，皮皮尔语获得了很多并列连词：

pero, pe:roh	but	（西班牙语 pero）
ni, nike	neither nor, nor	（西班牙语 ni, nique）
sino	but	（西班牙语 sino）

皮皮尔语借用西班牙语并列连词，并且将自身的某些关系名词改造成并列连词，这种演变旨在填补与西班牙语接触中发现的皮皮尔语的"语法空缺"。

以前皮皮尔语 wan 只用来连接名词性成分，例如：

| Juan | i-wan | Maria |
| John | her-with | Mary |

"John and Mary / John with Mary"

wan 现在已经获得了新的用法，用如典型的并列连词"and（与）"，可以用来连接小句，如：

| ne | ta:kat | k-itskih | ne | mich | wan | ki-kwah |
| the | man | it-caught | the | fish | and | it-ate |

"The man caught the fish and ate it."

这种演变使皮皮尔语变得不再是一种并列结构有限且不含任何真正的并列连词的语言。因为定语位置上统指类全称量化限定词数量较少，所以中古时期经由佛经翻译导致的梵汉语言接触导致汉语全称量化表达新词汇与新构式的获得。这些新的量化词、量化构式与量化句，相较于梵汉语言接触引发的演变和借用发生之前可以利用的全称限量表达类型，构成了更为广泛的表达手段和话语选择。

现以重叠为例。胡敕瑞（1999、2002）将东汉佛典与《论衡》中各类重叠式词语做了一个比较：从数量上讲，前者有33个，后者只有2个；从语法意义上讲，《论衡》更多是对上古汉语重言式状态词的继承，而"佛典众多语义重叠所包含的意思倒是与现代汉语重叠式有很多相同之处"。朱庆之（2000）认为，"佛经翻译尤其是仿译是造成佛典众多重叠复合词的原因，对后来汉语语义重叠复合词的发展起了重要的推动作用。"王继红（2001、2003）指出，从东汉开始，汉语量范畴系统发生了较大变化，从重言到重叠之间经历了一个语音构词→语法构词→语法构形的过程。重言与重叠最大的差别在于后者具有调量的作用。重言到重叠的演变在先秦已经可以见到萌芽，到了中古时期，这种转移步伐陡然加快。而且在此期间，汉语程度副词、范围副词和量词等与量范畴相关的语言形式也开始发生变化。

（四）佛教因明思想的影响

汉译佛经中大量出现量化词语与佛教因明思想也有密切关系。佛教逻辑对直言命题的分析是最具特色和内容丰富的部分。因明探讨了各种命题的本质及分类，在命题的主词与宾词上，因明从体三名（即自性、有法、所别）和义三名（即差别、法、能别）等三个不同的层次进行分析，并制定规则。

关于命题的量，因明立量习惯上使用全称或单称命题，而极少使用特称命题。陈望道（1931）认为，全分、一分就是逻辑上的全称、特称："言语的分量上，有表示后端遍通于前端的全分的，也有表示后端遍通于前端的一分的。后端遍通于前端的全分的，如说'凡甲是乙'，这是宗，就称为全分的宗；后端遍通于前端的一分，如说'有甲是乙'，这是宗，就称为一分的宗。"

佛教文献逻辑与思辨的特征以及佛教因明的影响，使得佛教文献中量化表达数量较多，而且对量范畴表达方法的准确性和适用性提出较高的要求。

五、结语

关于佛经翻译是否对汉语语法曾经产生影响的问题，太虚法师（1931）指出："中国向来作文，只是神而明之，或是'读破万卷书，下笔如有神'，并无文法可言至。于佛教传入中国，初或是直译，或是意译，皆不甚切当；迨唐时，我国沙门学者多至印度求得原本，不唯明经中之教理，且能通彼邦之文法，于翻译上亦多别开生面，故知唐时即有梵文之文法输入我国。其'八啭声'，即是名词、代名词、动词、助词等，与西洋文法无异，然因当时无人应用，所以不能传播于民间。我们若看唐译之佛经，尚能考见其一般。又如大藏中之六离合释，亦是梵文文法之一种。现在国人多以马氏文通为我国文法之鼻祖，殊不知唐时即有佛教文法之输入也。"汉译佛经的语料价值也正在于此，佛经的翻译人员是自知自觉的语言文字工作者，特别是译场制度成熟之后，有较多中土文化素质较高译者的加入，使得译者有意识地选择汉语中最有效、准确的字词表达。这可以帮助我们了解中古时期社会语言的面貌。

一般认为，佛教的输入和佛典的翻译对汉语语法的影响没有对词汇的影响那么明显。但是我们如果将词汇进行更为细致的分类，如"所有""一切""自己"等语法词承载了丰富的语法信息。佛经翻译对于汉语语法的影响，未必是直接体现在句法结构上，更有可能是以"大词库，小语法"的形式来达成的。生成语法学家所提倡的"大词库，小语法"，指的是"以词汇中包含的信息作为语法信息的来源"，以句法规则为中心转向以词汇描写为中心。我们期待，通过对汉语佛经中的语法词进行细致的研究之后，可以更好地了解经由佛经翻译导致的语言接触对汉语产生影响的机制。

参考文献

[1] 布拉德雷.逻辑学原理（上卷）.北京：商务印书馆，1960.
[2] 陈丹丹.汉语史上关系从句的类型学考察.中国社会科学院研究生院博士学位论文，2009.
[3] 陈望道.因明学.上海：世界书局，1931.
[4] 荻原云来.汉译对照梵和大辞典.台北：新文丰出版股份有限公司，2003.
[5] 董秀芳.词汇化：汉语双音词的衍生和发展.成都：四川民族出版社，2002.
[6] 董正存.汉语全称量限表达研究.南开大学博士学位论文，2010.
[7] 胡敕瑞.《论衡》与东汉佛典词语比较研究.成都：巴蜀书社，2002.
[8] 胡海燕.关于《金刚经》梵本及汉译对勘的几个问题.南亚研究，1985（3）.
[9] 龙国富.从语言接触看汉译佛经中连接词"若"的特殊用法.汉语史学报（7辑），2008.
[10] 吕叔湘，主编.现代汉语八百词.北京：商务印书馆，1996.
[11] 马振凯，刘振光.鸠摩罗什译《金刚经》版本述异与分期.山东教育学院学报，2011(1).
[12] 毛向樱."所有"的词汇化过程探析.北方文学，2011（6）.
[13] 彭睿."临界环境—语法化项"关系刍议.语言科学，2008（3）.
[14] 彭睿.临界频率和非临界频率——频率和语法化关系的重新审视.中国语文，2011(1).
[15] 平川彰.佛教汉梵大辞典.东京：灵友会，1997.
[16] 太虚.佛教对于中国文化之影响.海刊，1931（13）.
[17] 王继红.重言式状态词的历时发展及语法化考察.华中师范大学硕士学位论文，2001.

[18] 王继红.重言式状态词的语法化考察.语言研究，2003（2）.

[19] 维特根斯坦.逻辑哲学论.北京：北京大学出版社，1983.

[20] 吴福祥.关于语言接触引发的语言演变.民族语文，2007（2）.

[21] 吴福祥.语法化的新视野——接触引发的语法化.当代语言学，2009（3）.

[22] 伍雅清，杨稼辉.量化名词的两种形式——谈"所有NP"和"所有的NP".外国语，2011（1）.

[23] 辛岛静志.道行般若经词典.东京都八王子市：创价大学国际佛教学高等研究所，2010.

[24] 徐朝红，吴福祥.从类同副词到并列连词——中古译经中虚词"亦"的语义演变.中国语文，2015（1）.

[25] 徐颂列."任何"与"所有".杭州大学学报，1989（4）.

[26] 徐为民."所有"的语法特性——一幅不完全的图像.自然辩证法研究，2005（1）.

[27] 许洋主.新译梵文金刚般若波罗蜜经.台北：如实出版社，1995.

[28] 袁毓林，李湘，曹宏，等."有"字句的情景语义分析.世界汉语教学，2009（3）.

[29] 泽诺·万德勒.哲学中的语言学.北京：华夏出版社，2002.

[30] 张海沙.唐宋文人对《金刚经》的接受.人文杂志，2007（4）.

[31] 张蕾，李宝伦，潘海华."所有"的加合功能与全称量化.世界汉语教学，2009（4）.

[32] 朱冠明.从中古佛典看"自己"的形成.中国语文，2007（5）.

[33] 朱冠明.移植：佛经翻译影响汉语词汇的一种方式//汉语史中的语言接触问题研究.北京：语文出版社，2010.

[34] 朱庆之.佛教混合汉语初论//语言学论丛（24辑）.北京：商务印书馆，2001.

[35] 朱庆之.略论笈多译《金刚经》的性质及其研究价值.普门学报，2006（36）.

[36] 朱庆之，梅维恒.荻原云来《汉译对照梵和大字典》汉译词索引.成都：巴蜀书社，2004.

[37] Bernd Heine & Tania Kuteva. Language Contact and Grammatical Change. Cambridge: Cambridge University Press, 2005.

[38] Chen, Yeh Ling-hsia. Quantification in Chinese. PhD dissertation. Indiana University, 1986.

[39] Harris, Alice C. & Lyle Campbell. Historical Syntax in Cross-linguistic Perspective. Cambridge: Cambridge University Press, 1995.

[40] Monier Williams. A Sanskrit-English Dictionary. Oxford: Oxford University Press, 1988.

[41] William Dwight Whitney. Sanskrit Grammar. London: Oxford University Press, 1941.

[42] Yang Rong. Common nouns classifiers and quantification in Chinese. PhD dissertation. New Brunswick, New Jersey, 2001.

作者简介

  王继红，1977年生，毕业于北京大学中文系，文学博士，教授。主要研究方向为汉语语法、佛经翻译，出版专著《基于梵汉对勘的＜阿毗达磨俱舍论＞语法研究》《＜金刚经＞同经异译与语言研究》，发表论文《玄奘译经的语言学考察》《从梵汉对勘看全称量化限定词"所有"的形成》等多篇。

（原载《中国语言学报》2016年总第17期）

《金刚经》复合词翻译对等完整度的译者差异

王继红

▲ **摘要** 复合词是梵语的重要特点之一，中国古代文献将之称为六离合释、六合释或六释。本文使用《金刚经》梵汉对勘和同经异译语料，分析比较历代异译本六离合释复合词翻译方法的异同。从梵汉对勘可知，《金刚经》梵文复合词在六种汉译本中的对应单位存在译者差别，表现在梵汉翻译对应单位完整度与选择性两个方面。梵汉语言的类型差异、中印文化的不同，以及译者的原典语言分析能力、汉语（目标语言）的表达能力、翻译风格的影响等，都会导致同经异译本在复合词翻译对等单位的完整性和选择性上存在差异。梵汉对勘与同经异译是汉译佛经文献语言研究的重要方法。

▲ **关键词** 六离合释；译者风格；翻译策略；金刚经；玄奘

一、前言

复合词（samāsa）是梵文中极有特色的一类词，"是梵语的鲜明特色之一"（段晴，2001），印度古老的语法书《波你尼语法》对复合词也曾详加论述。"所有的复合词，除相违释（Dvandva）外，永远只是由两个部分组成：前部分和后部分。"（段晴，2001）"复合词的前词和末词所指事物之间的不同的关系，或者是它们之间相互的关系，或者是与第三者的关系，也都可以按照规则用两个或者更多的带变格的词汇来表现，或者通过从句得到表现（所谓对复合词的分解）。"（A.F. 施坦茨勒，1869、2009）根据复合词前后部分语义关系的不同，印度古代语法书大多把复合词分为六类。因为需要对复合词分别解释（离释），然后再总合解释（合释）其义，故称六离合释。我国古代译经将梵语复合词称为六合释，又作六离合释、六释等。第一为依主释,又作依士释、属主释、即士释。第二为相违释。第三为持业释,又作同依释。第四为带数释。上述四释为名词性复合词的解释方法。第五为邻近释,相当于不变词。第六为有财释,又作多财释。

本文使用《金刚经》梵汉对勘和同经异译语料,分析比较历代异译本对六离合释复合词翻译方法的异同。《金刚经》现存六种汉译本:第一,后秦鸠摩罗什译于402年,名为《金刚般若波罗蜜经》;第二,北魏菩提流支译于509年,名为《金刚般若波罗蜜经》;第三,南朝陈真谛译于562年,名为《金刚般若波罗蜜经》;第四,隋代达磨笈多译于592年,名为《金刚能断般若波罗蜜经》;第五,唐代玄奘译于648年所译,名为《能断金刚般若波罗蜜多经》;第六,唐代义净译于703年,名为《能断金刚般若波罗蜜多经》。

从梵汉对勘可知,《金刚经》中入句充当句法成分的六离合释复合词共有742个,其中相违释复合词8个、带数释复合词14个、持业释复合词299个、依主释复合词421个。《金刚经》梵文复合词在六种汉译本中的对应单位存在译者差别,这也是六种汉译本最为直观的文本差异之一。译者差别表现在梵汉翻译对应单位完整度与选择性两个方面。"原作和译作都是由从词素到篇章的各个层次交织在一起的网络,而翻译单位正是通观这一网络后做出的综合选择,翻译转换单位可以小到音位和词素,大到语篇。"(郭能,2010)梵语复合词在汉译本中的翻译单位就是原典语言在译语中具备对应物的最小的语言单位。影响复合词梵汉对等单位的原因是多样的。译者的原典语言分析能力、汉语(目标语言)的表达能力、翻译风格的影响等,都会导致同经异译本在复合词翻译对等单位的完整性和选择性上存在差异。

二、《金刚经》中复合词的类型

(一)相违释复合词

相违释复合词由两个或两个以上的词并列构成,各个构词成员之间是并列关系,可以用"和"拆分和连接。例如:vāg-artha(字和义)。在《金刚经》中,有7个相违释复合词充当句法成分,共计出现8次。举例说明如下:

相违释复合词 śabda-gandha-rasa-spraṣṭavya-dharma(声—香—味—触—法)

在六种异译本中都译为"声、香、味、触、法",与原典语序一致。例如:【玄】不住于色应生其心,不住非色应生其心,不住声、香、味、触、法应生其心,不住非声、香、味、触、法应生其心,都无所住应生其心。

相违释复合词 māyā-avaśyāya-budbuda 在《金刚经》各种译本的翻译方法如下:

(1) tat yathākāse tārakā timiraṃ dīpo māyāvaśyāyabudbudaṃ svapnaṃ ca vidyud abhram ca evaṃ draṣṭavyaṃ saṃskṛtaṃ tathā prakāśayet tenocyate saṃprakāśayee iti

【鸠】一切有为法,如梦幻泡影,如露亦如电,应作如是观。
【菩】一切有为法,如星、翳、灯、幻、露、泡、梦、电、云,应作如是观。
【真】应观有为法,如暗、翳、灯、幻、露、泡、梦、电、云。
【笈】星、翳、灯、幻、露、梦、电、云,如是此有为者。
【玄】诸和合所为,如星、翳、灯、幻、露、泡、梦、电、云。应作如是观。
【义】一切有为法,如星、翳、灯、幻、雾、泡、梦、电、云,应作如是观。

tat	yathā	ākāse	tārakā	timiraṃ	dīpo
dem.pron.n.sg.N.	adv.	n.sg.L.	f.sg.N.	n.sg.N.	m.sg.N.
如		虚空	星	翳	灯

māyā-vaśyāya-budbudaṃ	svapnaṃ	ca	vidyud	abhram	ca
n.sg.N.	n.sg.N.	conj.	f.sg.N.	n.sg.N.	conj.
幻-露-泡	梦	又	电	云	又

玄奘与菩提流支、真谛、笈多、义净等的翻译方法相同,译为"幻、雾、泡",共同充当像似动词"如"的宾语。鸠摩罗什的翻译方法略有不同,将 māyā(幻)译为"梦幻",将 budbuda(泡)译为"泡影"。

(二)带数释复合词

带数释复合词又称为双牛释复合词。例如:tri-loka(三—界)。它的前部分是数字,表示一定数量的事物,用中性单数形式。"带数释者,谓以数显义。如说十地等,皆从数以显义别也。"(唐法藏《华严经探玄记》)《金刚经》中的带数释复合词 14 次独立入句充当句法成分。

（2）api tu khalu punaḥ subhūte yasmin pṛthivī pradeśe ito dharaparyāyād antaśaś catuṣpādikām api gāthām udgṛhya bhāṣyeta vā samprakāśyeta vā sa pṛthivī pradeśaś caityabhūto bhavet sadevamānuṣā surasya lokasya kas punar vādo ya imaṃ dharmaparyāyaṃ sakalasamāptaṃ dhārayiṣyanti vācayiṣyanti paryavāpsyanti parebhyaś ca vistareṇa samprakāśayiṣyanti | parameṇa te subhūte āścaryeṇa samanvāgatā bhaviṣyanti

【鸠】复次，须菩提！随说是经，乃至<u>四句</u>偈等。当知此处一切世间天、人、阿修罗，皆应供养，如佛塔庙。

【菩】复次，须菩提！随所有处，说是法门，乃至<u>四句</u>偈等。当知此处一切世间天、人、阿修罗皆应供养，如佛塔庙。

【真】复次，须菩提！随所在处，若有人能从是经典，乃至<u>四句</u>偈等，读诵讲说。当知此处，于世间中即成支提，一切人、天、阿修罗等，皆应恭敬。

【笈】虽然复次，时，善实，此中地分，此法本乃至<u>四句</u>等偈，为他等说若，分别若、广说若。彼地分支帝，有天、人、阿修罗世。何复言，善实，若此法本，持当、读当、诵当。

【玄】复次，善现，若地方所，于此法门，乃至为他宣说、开示<u>四句</u>伽他。此地方所，尚为世间诸天及人、阿素洛等之所供养，如佛灵庙。

【义】妙生！若国土中，有此法门，为他解说，乃至<u>四句</u>伽他，当知此地，即是制底，一切天、人、阿苏罗等，皆应右绕而为敬礼。

此句意为：须菩提啊！若某人少至只从这个法门取四句偈后，加以演说或阐明的地方，那地方就是天、人、阿修罗所住世界中的宝塔。带数释复合词 catur-pādikā（四—句）在《金刚经》梵文原典中出现 6 次。pādikā 指每句由八个音节组成的四句偈颂。根据隋吉藏《百论疏》，"婆沙列四种偈，一者以八字为一句，三十二字为一偈。此是结偈法，名阿菟咤阐提，是经论数法，亦是计书写数法。"《金刚经》六种异译本均将 catur-pādikā 译为"四句"。

（3）yāni hi tāni bhagavan dvātriṃśanmahāpuruṣalakṣaṇāni tathāgatena bhāṣitāny alakṣaṇāni tāni bhagavaṃs tathāgatena bhāṣitāni | tenocyante dvātriṃśatmahāpuruṣalakṣaṇānīti ||

【鸠】如来说<u>三十二相</u>，即是非相，是名三十二相。

【菩】如来说<u>三十二大人相</u>，即是非相，是名三十二大人相。

【真】此三十二大人相，如来说非相，故说三十二大人相。

【笈】所有世尊三十二大丈夫相如来说，非相所有如来说。彼故说名三十二大丈夫相者。

【玄】世尊！三十二大士夫相，如来说为非相，是故如来说名三十二大士夫相。

【义】三十二相，佛说非相，是故说为大丈夫相。

此句意为：世尊啊！因为如来说，三十二种伟人的身体特征，那些不是三十二种伟人的身体特征，所以是三十二种伟人的身体特征。带数释复合词 dvātriṃśat-mahat-puruṣa-lakṣaṇa（三十二—大—人—相）意指三十二种伟人的身体特征。鸠摩罗什译为"三十二相"，菩提流支和真谛译为"三十二大人相"，笈多和义净译为"三十二大丈夫相"，玄奘译为"三十二大士夫相"。

（三）持业释复合词

持业释复合词的前一部分对后一部分加以限定，但拆开以后两部分同格。例如：megha-dūta（云使）。《金刚经》中有302个持业释复合词入句充当句法成分。持业释复合词的前半部分与后半部分是定语与中心语关系。例如：

(4) bhagavān āha | tat kiṃ manyase subhūte | yāvat trisāhasramahāsāhasre lokadhātau pṛthivī rajaḥ kaccit tad bahu bhavet

【鸠】"须菩提！于意云何？三千大千世界所有微尘，是为多不？"

【菩】"须菩提！于意云何？三千大千世界所有微尘，是为多不？"

【真】佛告须菩提："三千大千世界所有微尘，是为多不？"

【笈】世尊言："所有善实，三千大千世界地尘有多有？"

【玄】佛告善现："乃至三千大千世界大地微尘宁为多不？"

【义】"妙生！三千大千世界所有地尘是为多不？"

此句意为：世尊问："须菩提啊！你认为如何？在三千大千世界中尘土很多吗？"持业释复合词 tri-sāhasra-mahat-sāhasra（三—千—大—千）。tri-sāhasra（三千）是带数释复合词，意为千的三次方。mahat-sāhasra（大千）是形容词关系的持业释复合词。tri-sāhasra（三千）和 mahat-sāhasra（大千）共同构成形容词关系的持业释复合词 tri-sāhasra-mahat-sāhasra，即三千大千世界。这是印度对无限进行描述时经常使用的一种化抽象为具象的方法。古代印度的宇宙观与中土相差极大。古代印度人以四大洲及日月诸天为一小世界，合一千小世界为小千世界；合一千小千世界为中千世界；合一千中千世界为大千世界。唐玄奘《瑜伽师地论》

曾经记载："三千大千世界俱成俱坏，即此世界有其三种。一小千界，谓千日月乃至梵世总摄为一。二中千界，谓千小千。三大千界，谓千中千。合此名为三千大千世界。如是四方上下无边无际三千世界正坏正成，犹如天雨注，如车轴无间无断。其水连注堕诸方分，如是世界遍诸方分，无边无际正坏正成。即此三千大千世界名一佛土。"各个译本都把 tri-sāhasra-mahat-sāhasra 译为"三千大千"。

持业释复合词大多修饰语在前，中心语在后。例如：

（5）sarve te subhūte 'prameyam asaṃkhyeyaṃ puṇya-skandhaṃ prasaviṣyanti pratigrahīṣyanti |

【鸠】是诸众生得如是无量福德。

【菩】须菩提！是诸菩萨生如是无量福德聚，取如是无量福德。

【真】须菩提！是善男子、善女人生长无量福德之聚。

【笈】一切彼善实无量福聚生当取当。

【玄】一切有情当生无量无数福聚，当摄无量无数福聚。

【义】彼诸菩萨当生当摄无量福聚。

此句意为：须菩提啊！他们全部都将生出，且都将拥有无量无数的福德。副词关系持业释复合词 a-saṃkhyeya（不能计算）和 a-prameya（不能测量）是一组同义词。否定前缀 a- 意为"无法、不能、难以"，saṃkhyeya 是动词 sam-khyā（计算）的未来被动分词，prameya 是动词 pra-mā（测量）的未来被动分词。

（四）依主释复合词

依主释又称限定复合词，即前一部分对后一部分进行限定。拆开以后，前后两部分不同格，根据后一部分是名词还是形容词（分词）来断定整个复合词的词性。"例如梵语之 rāja-puruṣaḥ，汉译为'王臣'，系由梵语之 rājñaḥ puruṣaḥ（王之臣）所组成之复合词，其中'王'为所依，'臣'为能依，则准此依主释之规则，能依之臣依于所依之王，即成'王臣'一词。"（《佛光大辞典》第 3052 页）在《金刚经》梵文原典中，有 421 个充当句法成分的依主释复合词。复合词的两个组成部分之间的格位关系有五种类型，分别是业格关系依主释复合词（37 次）、具格关系依主释复合词（39 次）、为格关系依主释复合词（47 次）、属格关系依主释复合词（195 次）、依格关系依主释复合词（103 次）。

业格关系依主释复合词"A-B"中，B 是动作行为，A 是 B 的支配物件。A 和 B 可以是各自独立的一个词，也可以由复合词充当。译为汉语时，"A-B"一般译为"动作—支配对象"语义关系的短语或句子。例如：

(6) tad yathāpi nāma subhūte puruṣo 'ndhakārapraviṣṭo na kiṃcid api paśyet evaṃ vastupatito bodhisattvo draṣṭavyo yo vastupatito dānaṃ parityajati |

【鸠】须菩提！若菩萨心住于法，而行布施，如人入暗，则无所见。

【菩】须菩提！譬如有人入闇，则无所见。若菩萨心住于事，而行布施，亦复如是。

【真】须菩提！譬如有人，在于盲暗，如是当知菩萨堕相，行堕相施。

【笈】譬如，善实，丈夫闇舍入，不一亦见。如是事堕菩萨见应，若事堕施与。

【玄】善现！譬如士夫入于暗室，都无所见。当知菩萨，若堕于事，谓堕于事而行布施，亦复如是。

【义】妙生！若菩萨心住于事而行布施，如人入闇，则无所见。

此句意为：须菩提啊！执着于事物而布施财物的菩萨，就像进入黑暗中而看不见任何东西的人。andhakāra-praviṣṭa（黑暗—进入）是业格关系的依主释复合词，意为"进入黑暗"。六种译者都将其译为动词及其支配的宾语。又如：

(7) sacet punaḥ subhūte lakṣaṇasampadā tathāgato draṣṭavyo 'bhaviṣyad rājāpi cakravartī tathāgato 'bhaviṣyat | tasmān na lakṣaṇasampadā tathāgato draṣṭavyaḥ |

【鸠】须菩提！若以三十二相观如来者，转轮圣王则是如来。

【菩】须菩提！若以相成就观如来者，转轮圣王应是如来，是故非以相成就得见如来。

【真】若以具足相观如来者，转轮圣王应是如来，是故不以具足相应观如来。

【笈】彼复善实,相具足如来见应有,彼王转轮如来有。彼故不相具足如来见应。此相非相，故如来见应。

【玄】善现！若以诸相具足观如来者，转轮圣王应是如来，是故不应以诸相具足观于如来。

【义】妙生！若以具相观如来者，转轮圣王应是如来。是故不应以具相观于如来，应以诸相非相观于如来。

此句意为：须菩提啊！因为如果能因如来的身体具有特征而看见他，那么转轮王也可以就是如来了。所以不能因如来的身体具有特征而看见他。cakra-vartin（轮—转）是业格关系的依主释复合词，六位译者都将 cakra-vartin 译为动宾短语，充当名词 rājan（王）的定语，rājan cakra-vartin 就是"转轮圣王"。

三、梵语复合词翻译的译者差别

（一）翻译对等单位的完整度

从翻译对等单位的完整度看，如果梵文原典中有一个复合词 A-B-C，它在汉译本甲中译为 a-b1-c，在同经异译本乙中译为 a-b2，那么，

A-B-C 与 a-b1-c 属于完整对应，梵语复合词的每个部分在汉译本中都有对应形式；

A-B-C 与 a-b2 属于非完整对应，梵语复合词的部分构词成分在汉译本中有对应形式。

例如：

（8） tad yathāpi nāma subhūte puruṣo bhaved ① upetakāyo ② mahākāyo yat tasya ③ evaṃrūpa ④ ātmabhāvaḥ syāt tad yathāpi nāma sumeruḥ ⑤ parvatarājaḥ | tat kiṃ manyase subhūte api nu mahān sa ātmabhāvo bhavet |

【玄】佛告善现："如有士夫①具身②大身，其③色④自体，假使譬如妙高⑤山王。善现！于汝意云何？彼之自体为广大不？"

【鸠】"须菩提！譬如有人②身如须弥⑤山王。于意云何？是身为大不？"

【菩】"须菩提！譬如有人②身如须弥⑤山王。须菩提！于意云何？是身为大不？"

【义】"妙生！譬如有人②身如妙高⑤山王。于意云何？是身为大不？"

【真】"须菩提！譬如有人②体相胜大，如须弥⑤山。须菩提！汝意云何？如是体相为胜大不？"

【笈】"譬如，善实，丈夫有此③如是色④我身有，譬如善高⑤山王。彼何意念？善实！虽然彼大我身有？"

tad yathā api	nāma	subhūte	puruṣo	bhaved	①upeta-kāyas	②mahā-kāyas
ind ind ind	n.sg.Ac.	m.sg.V.	m.sg.N.	opt.3.sg.P.	m.sg.N.持业释	m.sg.N.持业释
如 名字		须菩提	人	有	具身	大身

yat	tasya	③evam-rūpa	④ātma-bhāvas	syāt
rel.pron.n.sg.N.	pers3.m.sg.G.	m.sg.N.持业释	m.sg.N.依主释	opt.3.sg.P.
凡	他（的）	这样的	自体	是

tad	yathā	api	nāma	sumeruḥ	⑤parvata-rājas
ind.	ind.	ind..	n.sg.Ac.	m.sg.N.	m.sg.N.依主释
如			名字	妙高	山王

此句意为：须菩提啊！譬如有男子具有身躯，身躯高大，像妙高山。须菩提啊！你认为如何？他的身体真的很大吗？梵文原典中出现了五个复合词：① upetakāyo、② mahākāyo、③ evaṃrūpa、④ ātmabhāvaḥ、⑤ parvatarājaḥ。

①持业释复合词 upeta-kāya（具有—身体）。只有玄奘将 upeta-kāya 翻译出来，译为"具身"。"具"对译复合词 upeta-kāya 的前半部分 upeta-（具有），"身"对译复合词 upeta-kāya 的后半部分 -kāya（身体）。其他几位译者都没有翻译复合词 upeta-kāya。

②持业释复合词 mahā-kāya（大—身体）。玄奘译为"大身"，完全依照梵本词序翻译，"大"在前半部分，"身"在后半部分。真谛译为"体相胜大"，词序与梵文原典恰好相反。虽然二者词序不同，但是都完整地将持业释复合词 mahā-kāya 的前后两个部分译出。鸠摩罗什、菩提留支和义净都将 mahā-kāya 译为"身"，只译出了 -kāya（身体），没有翻译 mahā-（大）。这是一种不完整的对应。

③持业释复合词 evaṃ-rūpa（如此—形状）。玄奘译为"色"，没有翻译复合词的前半部分 evaṃ-，不完整对应。笈多译为"如是色"，与原典中的复合词 evaṃ-rūpa 完整对应。鸠摩罗什、菩提留支、真谛和义净等四位译师没有翻译 evaṃ-rūpa，译本中没有 evaṃ-rūpa 的翻译对等单位。

④依主释复合词 ātma-bhāva（自己—存在）。玄奘译为"自体"，笈多译为"我身"，都是完整翻译。"自体"与"我身"的差别是翻译对等单位的选择性差异，笈多选择翻译梵语词语的本义。鸠摩罗什、菩提留支、真谛和义净等四位译师没

有翻译 ātma-bhāva。

⑤依主释复合词 parvata-rāja（山—王）。鸠摩罗什、菩提留支、笈多、玄奘和义净等五个译本都译为"山王"，为完整对应。真谛译为"山"，为不完整对应。

又如：

（9）idam avocad bhagavān āttamanāḥ | sthavirasubhūtis te ca bhikṣubhikṣuṇyupāsakopāsikās te ca bodhisattvāḥ sadevamānuṣaasuragandharvaś ca loko bhagavato bhāṣitam abhyanandann iti ||

【鸠】佛说是经已，长老须菩提及诸比丘、比丘尼、优婆塞、优婆夷，一切世间天、人、阿修罗，闻佛所说，皆大欢喜，信受奉行《金刚般若罗蜜经》。

【菩】佛说是经已，长老须菩提及诸比丘、比丘尼、优婆塞、优婆夷、菩萨、摩诃萨、一切世间天、人、阿修罗、干闼婆等，闻佛所说，皆大欢喜，信受奉行。

【真】尔时，世尊说是经已，大德须菩提，心进欢喜，及诸比丘、比丘尼、优婆塞、优婆夷，众人、天、阿修罗等，一切世间，踊跃欢喜，信受奉行。

【笈】此语世尊欢喜，上座善实彼及比丘、比丘尼、优婆塞、优婆夷，彼天、人、阿修罗、干闼婆等，闻世尊说，大欢喜。

【玄】时，薄伽梵说是经已，尊者善现及诸苾刍、苾刍尼、邬波索迦、邬波斯迦，并诸世间天、人、阿素洛、健达缚等，闻薄伽梵所说经已，皆大欢喜，信受奉行。

【义】尔时，薄伽梵说是经已，具寿妙生及诸菩萨、摩诃萨、苾刍、苾刍尼、邬波索迦、邬波斯迦，一切世间天、人、阿苏罗等，皆大欢喜，信受奉行。

此句意为：世尊说了此经，大德须菩提和那些比丘、比丘尼、优婆塞、优婆夷、那些菩萨，以及天、人、阿修罗、干达婆所住世界的众生，都对世尊所说，欢喜信受。持业释复合词 sa-deva-mānuṣa-asura-gandharva（有—天—人—阿修罗—干达婆的）在《金刚经》异译本的对应形式如下：

【鸠】　天、人、阿修罗

【真】　众人、天、阿修罗

【义】　天、人、阿苏罗

【菩】　天、人、阿修罗、干闼婆

【笈】　天、人、阿修罗、干闼婆

【玄】　天、人、阿素洛、健达缚

鸠摩罗什、真谛和义净的译本都没有翻译 gandharva（干达婆）。菩提留

支和笈多将 -gandharva 译为"干闼婆",玄奘译为"健达缚"。在汉译佛经中,gandharva 的翻译方法各种各样,音译有"健达婆、犍达缚、健闼婆、干沓和、干沓婆、干达婆、干闼婆、健达缚、彦达缚、犍陀罗"等。意译有"香神、嗅香、香阴、寻香行"。gandharva 之所以有会如此众多且繁杂的译名,是因为它是一个多义词,且其所指对象对于中土人士来说是非常陌生的。在汉译佛经中,gandharva 至少有四个含义:(1)与紧那罗同奉侍帝释天而司奏雅乐之神。传说不食酒肉,唯以香气为食。又作寻香神、乐神、执乐天。(2)欲界"中有"之身。中有指欲界众生肉体死后,神识尚未觅得另一新肉体的过渡时期。在中有阶段,众生唯以香为食,故有此称。(3)西域之习俗,称呼艺人为干闼婆。彼等不事王侯,不营生业,唯寻诸家饮食之香气,便往其门作诸伎乐而乞求,故有此称。(4)全称栴檀干闼婆神王,是束缚弥酬迦等十五鬼神并且能够守护胎儿及孩童之神(《佛光大辞典》4371 页)。玄奘译经用音译形式的"健达缚"来表示欲界"中有"之身。

(10) yadā me subhūte kaliṅgarājā aṅgapratyaṅgamāṃsāny acchaitsīt tasmin samaya ātmasaṃjñā vā sattvasaṃjñā vā jīvasaṃjñā vā pudgalasaṃjñā vā nāpi me kācit saṃjñā vāsaṃjñā vā babhūva |

【鸠】须菩提!如我昔为歌利王割截身体,我于尔时无我相,无人相,无众生相,无寿者相。

【菩】须菩提!如我昔为歌利王割截身体,我于尔时无我相,无众生相,无人相,无寿者相。无相,亦非无相。

【真】须菩提!昔时我为迦陵伽王斩斫身体,骨肉虽碎,我于尔时无有我想、众生想、寿者想、受者想,无想非无想。

【笈】此时我善实恶王分别分肉割断,不时我彼中时我想若、众生想若、寿想若、人想若、不我有想、非想有。

【玄】善现!我昔过去世曾为羯利王断支节肉,我于尔时都无我想、或有情想、或命者想、或士夫想、或补特伽罗想、或意生想、或摩纳婆想、或作者想、或受者想,我于尔时都无有想,亦非无想。

【义】如我昔为羯陵伽王割截支体时,无我想、众生想、寿者想、更来趣想,我无是想,亦非无想。

此句意为:须菩提啊!当年我被歌利王割截身体各部位的肌肉时,我不抱持有关我、众生、寿者、补特伽罗的概念。总之,不论是概念或非概念,我都不曾生起。相违释复合词 aṅga-pratyaṅga-māṃsa（大肢体—小肢体—肌肉）意为身体的肢节、器官、肌肉。aṅga 和 pratyaṅga 的意思都是肢体，二者的差别在于，aṅga 意为身体或大的肢体，如腿、手臂等；pratyaṅga 意为小的肢体，如前额、鼻子、颏、手指、耳朵等。各家对此词的翻译有些差别。鸠摩罗什、菩提流支和义净将其笼统译为"身体"或"支体"；玄奘和真谛译本不但译出"肢体"义，也译出"肌肉"义；笈多将 aṅga-pratyaṅga-māṃsa 逐词译为"分别—分—肉"。

（二）翻译对等单位的选择性

从翻译对等单位的选择性看，如果梵文原典中有一个复合词 A-B-C，它在汉译本甲中译为 a-b1-c，在同经异译本乙中译为 a-b2。那么，

如果甲本和乙本中的 a- 都是对译原典复合词 A-B-C 中构词成分 A-，那么甲乙两种译本对 A- 翻译对等单位的选择性一致；

如果原典复合词 A-B-C 中构词成分 -B，在甲本中译为 -b1，在乙本中译为 -b2，那么甲乙两种译本对 A- 翻译对等单位的选择性不同。

（11）yāni ca teṣāṃ subhūte sattvānāṃ paurva-janmikāni a-śubhāni karmāṇi kṛtāny

【鸠】是人<u>先世</u>罪业，应堕恶道。

【菩】是人<u>先世</u>罪业，应堕恶道。

【真】<u>过去世</u>中所造恶业，应感生后恶道果报。

【笈】所有彼众生<u>前生</u>不善业作已，恶趣转堕。

【玄】善现！是诸有情，<u>宿生</u>所造诸不净业，应感恶趣。

【义】妙生！当知是人<u>于前世中</u>造诸恶业，应堕恶道。

此句意为：须菩提啊，凡是在前生犯有恶业的众生，应该堕入恶道。持业释复合词 paurva-janmika（前—生）在异译本中翻译方法不同。玄奘将 paurva-janmika 译为"宿生"，而没有沿用前代译僧"先世""过去世""前生"等翻译方法。可能的原因在于，"宿"指过去，而且强调对现在世之影响。在佛教文献中，"宿"已经成为一个构词能力很强的语素，如"宿命""宿根""宿执""宿善""宿福""宿意""宿报""宿债""宿缘""宿作""宿因""宿福""宿习"等，所以玄奘仿照这种构词方法而将 paurva-janmika 译为"宿生"。

（12）ya evaṃ te sarva-sattvās tathāgatena bhāṣitās ta eva a-sattvās |

【鸠摩罗什】又说<u>一切众生</u>，则非众生。

【菩提流支】如来说一切众生，即非众生。

【真谛】如是一切众生，如来说即非众生。

【笈】若如是彼一切众生如来说，彼如是非众生。

【玄】一切有情，如来即说为非有情。

【义】彼诸众生，即非众生。

此句意为：凡那些被如来说为一切众生的，他们是非众生。持业释复合词 sarva-sattva（一切—众生）在异译本中翻译方法不同。sattva 音译有多种形式，如"萨多婆""萨埵嚩""萨埵"等，旧译为"众生"，即生存者。在鸠摩罗什、菩提流支、真谛、笈多和义净译本中都被译为"众生"，唯有玄奘译为"有情"。"有情"首见于玄奘译经。关于"有情"与"众生"两种翻译方法之单位的关系，有着不同看法。第一种看法是，"有情"指人类、诸天、饿鬼、畜生、阿修罗等有情识之生物；草木金石、山河大地等为非情、无情。"众生"包括有情及非情二类。第二种看法认为，"有情"是"众生"之异名，二者体一而名异，不但包括有情之生物，而且包括非情之草木等（佛光大辞典，2441）。

（13）bhagavān āhaevaṃ dakṣiṇapaścimottarāsv adha ūrdhvaṃ digvidikṣu samantād daśasu dikṣu sukaram ākāśasya pramāṇam udgrahī tuṃ

【鸠】"须菩提！南、西、北方，四维、上下虚空，可思量不？"

【菩】佛言："如是！须菩提！南、西、北方，四维、上下虚空，可思量不？"

【真】佛言："如是！须菩提！南、西、北方，四维、上下，十方虚空，可数量不？"

【笈】世尊言："如是！右、后、高、下、上方，顺不正方，普十方可虚空量受取？"

【玄】"善现！如是南、西、北方，四维、上下，周遍十方，一切世界虚空，可取量不？"

【义】"南、西、北方，四维、上下，十方虚空，可知量不？"

此句意为：世尊问："就像这样，在南方、西方、北方等方向，以及四维、下方、上方，周遍十方的虚空容易测量吗？"玄奘、鸠摩罗什、菩提流支、真谛和义净等都将相违释复合词 dakṣiṇa-paścima-uttarā（南方—西方—北方）译作"南西北方"，严格依照原典语序翻译。笈多将 dakṣiṇa-paścima-uttarā（南方—西方—北方）译为"右后高"，与其他译本不同。这是因为笈多选择使用梵语词语的本义来翻译。dakṣiṇa 的词义有二：(1) 右，与"左"相对。(2) 南，南方，朝南的。两个义项之间的关系是，如果一个人面朝东方站立，他的右方就是南方。paścima 的词义有二：(1) 后面的，后方的。(2) 西，西方，朝西的。两个义项之间的关系是，如果一个人面朝东方站立，他的后方就是西方。uttarā 是个多义词，既有"高，更高"的义项，也有"北，北方，朝北的"义项。二者之间的关系在于，印度北部地区海拔更高，所以北方也用 uttara、uttarā 等词来表达。如果只看本义的话，dakṣiṇa-paścima-uttarā 便是"右后高"。四方指东、南、西、北四个方向，四维指东南、东北、西北、西南四个方向。玄奘、鸠摩罗什、菩提流支、真谛和义净等都将相违释复合词 dik-vidiś（四方—四维）译为"四维"，只有笈多将 dik-vidiś 译为"顺不正方"。东、南、西、北为"顺"，而东南、东北、西北、西南则为"不正方"。

四、影响复合词翻译的因素

（一）梵汉语言差异

汉译佛经的原典语言是梵语和其他古代印度语言，也有其他古代中亚语言。译经的源头语是印欧语系的语言。在汉语与属于印欧语系的梵语两种不同类型语言之间进行翻译，难度可想而知。"初步的研究表明，部分出于对原典的尊崇，为了忠实原典，除了采用音译，译者还大量使用仿译的方法翻译那些汉语或译者个人言语系统中没有适当对应方式的语言成分。这都使译经的语言中存有大量的汉语原先没有的东西。"（朱庆之，2001）

复合词是梵语中有特色的一类词语。复合词的分析方法有着各种规则，并且在语法书中多有论及。无论对于中土人士，还是域外译僧而言，正确地拆分复合词，并且准确地译为汉语，都是极有难度和挑战的事情。玄奘留学印度十余年，梵语的造诣深厚，对于梵语复合词的理解准确。现以相违释复合词 pātra-cīvara（钵—衣）为例说明。

(14) atha khalu bhagavān pūrvāhṇakālasamaye nivāsya pātracīvaram ādāya śrāvastīṃ mahānagarīṃ piṇḍāya prāvikṣat。

【鸠】尔时，世尊食时，着衣持钵，入舍卫大城乞食。

【菩】尔时，世尊食时，着衣持钵，入舍婆提大城乞食。

【真】尔时，世尊于日前分，着衣持钵，入舍卫大国而行乞食。

【义】尔时，世尊于日初分时，着衣持钵，入城乞食。

【玄】尔时，世尊于日初分，整理裳服，执持衣钵，入室罗筏大城乞食。

【笈】尔时，世尊前分时，上裙着已，器上给衣持，闻者大城搏为入。

根据不同的梵语语法分析方法，此句有两种不同的翻译方法。相违释复合词 pātra-cīvara（钵—衣）也相应地存在不同的汉语对应形式。第一种翻译方法，鸠摩罗什、菩提流支、真谛和义净将 pātra-cīvara 分别译为"钵"与"衣"，前者受到原典中动词独立式 nivāsya（穿……后）的支配，即"着衣"；后者受到独立式 nivāsya（持……后）的支配，即"持钵"。在这种情况下，句子的意思是"有一天中午之前，世尊穿着僧衣拿着钵，进入舍卫城乞食"（许洋主，2014）。第二种翻译方法，复合词 pātra-cīvara（钵—衣）受到独立式 nivāsya（持……后）的支配，充当动词宾语。动词独立式 nivāsya（穿……后）所表示的穿衣这种行为发生在 pātra-cīvaram ādāya（持衣钵）之前。在这种情况下，句子的意思是"这天上午，世尊穿好衣服，拿上衣钵，进入舍卫城乞食"（黄宝生，2014）。玄奘和笈多都是依照此种语法分析来翻译的，前者译为"整理裳服，执持衣钵"，后者译为"上裙着已，器上给衣持"。

pātra-cīvara 是集合类相违释复合词。集合类相违释复合词的词义涉及复合词的全部构词成分，是所有构词成分的上位义。例如 pāṇipādam（肢体、四肢），由 pāṇi（手）和 pāda（足）两个部分组成，字面意思是"手和足"，"肢体，四肢"是一个上位类概念。

"衣钵（pātra-cīvara）"在佛教中是一个重要的专用名词，"指三衣及一钵。三衣，指九条衣、七条衣、五条衣三种袈裟。钵，乃修行僧之正式食器。为出家众所有物中最重要者，受戒时，三衣一钵为必不可少之物，亦为袈裟、铁钵之总称。"（佛光大辞典，第 2569 页）也就是说，集合类相违释复合词 pātra-cīvara 是"袈裟、铁钵之总称"，不应该简单地直接对应于"钵和衣"，也不可以分别受到两个不同动词的支配。由此可见，玄奘与笈多对于集合类相违释复合词 pātra-cīvara 的分析相当准确，翻译更加符合原典本意。笈多是印度来华译僧，精通古典梵文自不必说。玄奘西行求法，梵文造诣甚高。中印两位译师在 pātra-cīvara 翻译上意见一致，相互印证。

（二）中印文化差异

文化背景的差异使得不同民族语言对其自然与社会生活环境中非语言经验做出不同的实际切分。"人们对物质世界的不同认识以及对世界映象的不同感受也在语言单位的划分、句法结构的形式等方面有着程度不同的反映，造成了翻译活动中'对应单位'的缺项、结构的错位，给翻译造成了实际的困难。"（许钧，1998）

印度佛教文化与中土传统文化存在巨大差异。印度佛典不仅仅是一种宗教载体，其中也涉及印度传统文化和社会生活的各个方面，形成了内容庞大的佛教文化体系，是不同历史时期印度文化的体现。"尽管中印在地理上相去不远，但双方的文化却是根本异质的，分属于不同的文化圈。作为印度佛典的汉语形式，汉译佛典中势必包含了大量汉文化所没有的内容。这些内容带给语言上的异文化色彩可想而知。"（朱庆之，2001）中印文化差异给复合词的理解与翻译造成了困难，也会导致译者之间的翻译方法差异。例如：

（15）yaś ca khalu punaḥ subhūte strī vā puruṣo vā pūrvāhnakālasamaye gaṅgānadīvālukāsamān ātma bhāvān parityajet evaṃ madhyāhnakāla samaye gaṅgānadīvālu-kāsamān ātmabhāvān parityajet sāyāhnakālasamaye gaṅgānadīvālukāsamān ātmabhāvān parityajet anena paryāyeṇa bahūni kalpakoṭiniyutaśatasahasrāṇy ātmabhāvān parityajet ……||

【鸠】须菩提！若有善男子、善女人，初日分以恒河沙等身布施，中日分复以恒河沙等身布施，后日分亦以恒河沙等身布施，如是无量<u>百千万亿劫</u>以身布施。……

【真】复次，须菩提！若有善男子、善女人，于日前分布施身命，如上所说诸河沙数；于日中分布施身命，于日后分布施身命，皆如上说诸河沙数，如是无量<u>百千万亿劫</u>以身命布施。……

【义】妙生！若有善男子、善女人，初日分以殑伽河沙等身布施，中日分复以殑伽河沙等身布施，后日分亦以殑伽河沙等身布施，如是无量<u>百千万亿劫</u>以身布施。……

【菩】须菩提！若有善男子、善女人，初日分以恒河沙等身布施，中日分复以恒河沙等身布施，后日分复以恒河沙等身布施，如是舍恒河沙等无量身，如是<u>百千万亿那由他劫</u>以身布施。……

【笈】若复时,善实,妇女若、丈夫若,前分时恒伽河沙等我身舍,如是中分时,如是晚分时,恒伽河沙等我身舍。以此因缘劫,俱致那由多百千我身舍。……

【玄】复次,善现,假使善男子或善女人,日初时分,以殑伽河沙等自体布施;日中时分,复以殑伽河沙等自体布施;日后时分,亦以殑伽河沙等自体布施,由此异门,经于俱胝那庾多百千劫以自体布施。……

此句意为:须菩提啊!如果有一位女子或男子,确实在早上、在中午、在黄昏,都能够施舍像恒河沙数那样多的身命,且能以此方式于百千亿兆劫间施舍无数的身命;……带数释复合词 kalpa-koṭi-niyuta-śata-sahasra(劫—俱胝—那庾多—百—千)极言时间之无限长。六位译师的翻译方法不尽相同,分别是【玄】俱胝那庾多百千劫、【笈】劫俱致那由多百千、【菩】百千万亿那由他劫、【鸠】百千万亿劫、【真】百千万亿劫、【义】百千万亿劫。从词序上看,笈多完全依照梵文原典的语序,将 kalpa-koṭi-niyuta-śata-sahasra 逐一译为"劫—俱致—那由多—百—千",而其他几位译者都将"劫（kalpa）"置于末尾。从 koṭi-niyuta 翻译方法来看,鸠摩罗什、真谛和义净采用的是意译的方法,将其译为"万亿",以夸张的方法来说明时间的无限久远。玄奘与笈多采用音译的方法,将 koṭi-niyuta 译为"俱胝那庾多"或"俱致那由多"。菩提流支的翻译方法比较烦冗,将 koṭi-niyuta 译为"万亿那由他"。

古代中国与印度的计数方法不尽相同。特别是印度哲学、宗教经常使用无限的概念,这些都给佛经翻译造成了一定的难度。koṭi 是印度古代数学系统中最大的数字,极言数量之巨大。根据《风俗通》等书可知,在中国传统的计数法中,"十千曰万,十万曰亿,十亿曰兆,十兆曰京,十京曰垓。"koṭi 并非与中国数学中的哪个具体的数词严格对应。译经多将其翻为"亿"。例如:"第八重照一亿世界。西国数法有三种亿:一百万、二千万、三万万。下文百千百千名一俱胝。俱胝者此云亿,是千万为亿。此中据千万为一亿。"(唐法藏《华严经探玄记》)汉译佛经对 koṭi 的具体内涵解释得并不清楚,而且意见也不一致。例如:

(16) 初言一百洛叉为一俱胝者,是中等数洛叉是万,俱胝是亿故。光明觉品云过一亿,梵本皆云俱胝故。若依俱舍,以洛叉为亿,则俱胝当兆也。若兼取一十百千万等下等数法,则通有百三十七数。由前易故,略不说之。俱胝已下并是上等数法,倍倍变故。余如光明觉品中说,其中多存梵音。(唐澄观《大方广佛华严经疏》卷四十七)

（17）俱胝者，百万也。那庚多者，万万也。一颗沙为一俱胝那庚多。（唐窥基《大般若波罗蜜多经般若理趣分述赞》卷三）

（18）洛叉当一亿，度洛叉当十亿，俱胝当百亿。然西方有四种亿：一十万为亿，二百万为亿，三千万为亿，四万万为亿。今瑜伽显扬，数百万为亿。十亿为俱胝，故言百俱胝为一佛土。（唐窥基《瑜伽师地论略纂》卷一）

梵语 niyuta 是印度数学中的一个表示极大量的单位，在中土没有与之准确对应的概念与表达。丁福保《佛学大辞典》指出，梵语 niyuta "当于此方之亿。亿有十万，百万，千万三等。故诸师定那由多之数不同。本行经十二曰：'那由他，隋言数千万。'玄应音义三曰：'那术，经文作述，同食事反，或言那由他，正言那庚多。当中国十万也。光赞经云：亿，那述劫是也。"正是因为中国没有与 koṭi、niyuta 相对应的概念，汉语中也没有与 koṭi、niyuta 相对应的词语，笈多与玄奘才采用音译的方法，将 koṭi 译为"俱胝""俱致"，将 niyuta 译为"那由多"，也有一些译师将其音译为"那庚多，那由多，那术，那述"等。

带数释复合词 koṭi-niyuta 译为"俱胝那庚多"的用例在大正藏中出现 833 次。首见于玄奘译经，在全部玄奘译经中出现 307 次，例如：

（19）天帝释言："甚多，世尊！难思，善逝！百千俱胝那庚多劫亦不能说其福聚量。"（唐玄奘《说无垢称经》卷六）

（20）彼先为诸业障所障，由此因缘，复为如是业障所障，如是业障，初易施设，乃至齐于百千俱胝那庚多劫，无有出期。（唐玄奘《解深密经》卷二）

（21）佛言："谛听！极善思惟，吾今为汝分别演说。何谓八名普密神呪？一名功德宝藏，二名庄严象耳，三名善勇猛，四名胜谛云，五名成炽然，六名微妙色，七名严饰，八名金刚。若有得闻此八名呪，于当来世经七俱胝那庚多百千大劫，不堕地狱傍生饿鬼。（唐玄奘《八名普密陀罗尼经》）

"俱胝那庚多"不但出现在玄奘以后译僧，如尸罗达摩、善无畏、菩提流志、菩提仙、不空、义净等的汉译佛经中，也出现在窥基、慧沼等中土僧侣的佛教注疏作品中。例如：

（22）一时薄伽梵住补怛落伽山圣观自在菩萨宫殿，与百千俱胝那庚多菩萨前后围遶。（唐不空《八大菩萨曼荼罗经》）

（23）如是我闻。一时薄伽梵在布怛落迦山圣观自在菩萨宫中。其地有无量宝娑罗树多摩罗树、瞻博迦树、阿输迦树、阿底目多迦等种种宝树、周匝庄严。

与大苾刍众八千人俱,菩萨摩诃萨九十九俱胝那庾多百千,及无量百千净居天子、自在天子大自在天子。(唐菩提流志《不空羂索呪心经》)

(24)假使十方于一一方,各有无边世界微尘诸佛刹土,一一刹土得如是地菩萨,充满如甘蔗、竹、稻麻、丛林,彼诸菩萨无量劫中,所引菩萨正行智慧,此比如来境界,百分不及一,千分、百千分、俱胝之分、百俱胝分、千俱胝分、百千俱胝分、百千俱胝那庾多分,不及其一,算数计喻乃至邬波尼杀昙分亦不能及。(唐尸罗达摩《佛说十地经》卷九)

(25)我于过去百千俱胝那庾多劫,修诸苦行,得阿耨多罗三藐三菩提,证一切智,今说是法。(义净《金光明最胜王经》卷八)

(26)八若诸有情供养恭敬尊重赞叹八十殑伽沙等俱胝那庾多佛。乃能具足闻此般若波罗蜜多甚深理趣。(唐窥基《大般若波罗蜜多经般若理趣分述赞》卷一)

带数释复合词 koṭi-niyuta 译为"俱致那由多"的用例仅见于隋代笈多、阇那崛多和宝贵译经,共 53 例。例如:

(27)福聚边,此前福聚,百上亦数不及,千上亦,百千上亦,俱致百千上亦,俱致那由多百千上亦,僧企耶亦,迦罗亦,算亦,譬喻亦,忧波泥奢亦,乃至譬喻亦不及。(隋笈多《金刚能断般若波罗蜜经》)

(28)彼世界宽广有六十四俱致百千洲,一一四洲中有六十四俱致百千城。彼诸大城普广三十二踰阇那,皆有七宝垣墙,有多俱致那由多百千众生所住。(隋阇那崛多《观察诸法行经》卷四)

(29)尔时,信相菩萨与无量百千菩萨,及无量俱致那由多百千众生,诣耆阇崛山释迦牟尼如来、正遍知所。(隋宝贵《合部金光明经》卷一)

笈多、阇那崛多和宝贵对带数释复合词 koṭi-niyuta 翻译方法的一致并非偶然,而是他们在相同译场从事译经工作时所达成的共识。隋文帝时,长安大兴善寺是译经僧翻译佛经的主要场所。隋炀帝即位后,在东都洛阳上林园设置译经馆作为全国译经的主要场所。阇那崛多、达摩笈多曾长期在大兴善寺翻译佛经,后又应隋炀帝之召前往洛阳译经,阇那崛多为主持人。公元 604 年,阇那崛多因故被遣流至东越之后,便由达摩笈多主持翻译佛经。宝贵也与阇那崛多、达摩笈多,特别是阇那崛多在大兴善寺多有合作。《金光明经》银主陀罗尼品和嘱累品便是阇那崛多应宝贵之请而据梵本新译出的。宝贵又将北凉昙无谶译《金光明经》,并南朝陈真谛所译《三身分别》《业障灭》《陀罗尼最净地》《依空满愿》等四品,并北周耶舍崛多所以译《寿量品》《大辩天品》合编为《金光明经（合本）》八卷。

（三）翻译理论差异

"历史上长达千年的佛经翻译不仅造就了一批优秀的佛经翻译家，同时也催生了我国古代的翻译研究和相应的翻译思想。这些翻译思想，从三国时支谦的'因循本旨，不加文饰'，到东晋道安的'五失本三不易'，从六朝鸠摩罗什的'依华出实'，到唐代玄奘的'五不翻'，尽管多属片言只语，零篇残什，但其中蕴含着的丰富的翻译思想弥足珍贵，仍然可以为当今的译学建设提供宝贵的思想资源。"（谢天振、王宁，2014）

在东汉到西晋的"古译"阶段，译者往往采用硬译的办法。从鸠摩罗什译经开始，意译的方法盛行，优点是译文更加流畅，但是又有远离原典的极端结果。唐代，国家译场人才济济，高僧赴印度求法成功，使得佛经翻译理论有所突破。《金刚经》六种异译本的译者有着各自不同的翻译风格。理念的不同也会导致梵语复合词翻译的译者差别。以玄奘译本为例，玄奘对六离合释复合词的翻译方法与他的"五不翻"理论是一致的。例如：

（30）idam avocad bhagavān āttamanāḥ | sthavirasubhūtis te ca bhikṣubhikṣuṇyupāsakopāsikās te ca bodhisattvāḥ sadevamānuṣaasuragandharvaś ca loko bhagavato bhāṣitam abhyanandann iti ||

【鸠摩罗什】佛说是经已，长老须菩提及诸比丘、比丘尼、优婆塞、优婆夷，一切世间天、人、阿修罗，闻佛所说，皆大欢喜，信受奉行《金刚般若罗蜜经》。

【菩提流支】佛说是经已，长老须菩提及诸比丘、比丘尼、优婆塞、优婆夷、菩萨、摩诃萨、一切世间天、人、阿修罗、干闼婆等，闻佛所说，皆大欢喜，信受奉行。

【真谛】尔时，世尊说是经已，大德须菩提，心进欢喜，及诸比丘、比丘尼、优婆塞、优婆夷，众人、天、阿修罗等，一切世间，踊跃欢喜，信受奉行。

【笈】此语世尊欢喜，上座善实彼及比丘、比丘尼、优婆塞、优婆夷，彼天、人、阿修罗、干闼婆等，闻世尊说，大欢喜。

【玄】时，薄伽梵说是经已，尊者善现及诸苾刍、苾刍尼、邬波索迦、邬波斯迦，并诸世间天、人、阿素洛、健达缚等，闻薄伽梵所说经已，皆大欢喜，信受奉行。

【义】尔时，薄伽梵说是经已，具寿妙生及诸菩萨、摩诃萨，苾刍、苾刍尼、邬波索迦、邬波斯迦，一切世间天、人、阿苏罗等，皆大欢喜，信受奉行。

相违释复合词 bhikṣu-bhikṣuṇī-upāsaka-upāsikā（比丘—比丘尼—优婆塞—优婆夷）的汉译方法各有不同。鸠摩罗什、菩提流支、真谛、笈多将 bhikṣu-bhikṣuṇī-upāsaka-upāsikā 译为"比丘、比丘尼、优婆塞、优婆夷"；玄奘、义净译为"苾刍、苾刍尼、邬波索迦、邬波斯迦"。

"苾刍（bhikṣu）"一词最早见于玄奘的译经。其后，唐宋的译者菩提流志、不空、般若、尸罗达摩、达摩流支、金刚智、义净，以及宋代法贤、天息灾等人沿用了这个音译词。玄奘将 bhikṣu 重新译为"苾刍"与其"五不翻"的翻译理念密切相关。玄奘的"五不翻"理论对此类多义词翻译方法有所涉及。"五不翻"理论是对根据玄奘佛经翻译实践所概括出来的五种翻译原则。宋代周敦义在《翻译名义集》序中记载："唐奘法师论五种不翻。一秘密故，如陀罗尼。二含多义故，如薄伽梵具六义。三此无故，如阎净树，中夏实无此木。四顺古故，如阿耨菩提，非不可翻，而摩腾以来常存梵音。五生善故，如般若尊重，智慧轻浅。"

"薄伽梵（bhagavat）"是对佛陀的尊称，为佛陀十号之一。玄奘在《佛地经论》中提到："薄伽梵者，谓薄伽声依六义转：一、自在义；二、炽盛义；三、端严义；四、名称义；五、吉祥义；六、尊贵义。如有颂言：'自在炽盛与端严，名称吉祥及尊贵，如是六种义差别，应知总名为薄伽。'"（0292a24）像"薄伽梵"这类多义词，即使在单一语境下仍同时具有丰富内涵和广阔外延，译师在目的语中无法找到能完整涵盖其意义的对应词。在玄奘之前，bhagavat 曾被音译为"婆伽婆、婆伽梵、婆誐嚩帝"等，又被意译为"有德、能破、世尊、尊贵"等。玄奘主张对于此类词语采取音译法。也就是说，"在一词多义的情况下，有时即使依靠语境也难以确定源语文本所要表达的是何种单一意义或多种意义，在这种情况下应该采取'不翻'"（徐丽萍，2008）。因此，玄奘将 bhagavat 创造性地译为"薄伽梵"，唐代的其他译者，如善无畏、不空、金刚智、菩提流志、佛陀波利、地婆诃罗、阿质达霰、义净等都沿用此种翻译方法。至于玄奘的弟子，如窥基、圆测等更是将此种翻译方法奉为准则，在佛经义疏作品中使用。

bhikṣu 也是梵语的多义词，有净乞食、破烦恼、净持戒和能怖魔等四个义项。根据鸠摩罗什译《大智度论》，"如是清净乞食活命，故名乞士。复次，'比'名破，'丘'名烦恼；能破烦恼，故名比丘。复次，出家人名比丘；譬如胡、汉、羌、虏，各有名字。复次，受戒时自言：我某甲比丘，尽形寿持戒，故名比丘。复次，'比'名怖，'丘'名能，能怖魔王及魔人民。当出家剃头着染衣受戒，是时魔怖。何以故怖？魔王言：'是人必得入涅盘'；如佛说：'有人能剃头着染衣，一心受戒，是人渐渐断结，离苦入涅盘。'"法藏《华严经探玄记》也有记载："比丘者，梵有三名：或云比呼，或云苾刍，或云比丘。此无正译，义翻有三：谓怖魔，破恶，及乞士。"玄奘对"苾刍（bhikṣu）"的翻译也遵循多义词"不翻"的理念。

又如：

（31）yaś ca khalu punaḥ subhūte strī vā puruṣo vā dine dine gaṅgā nadī vālukāsamān ātmabhāvān parityajet evaṃ parityajan gaṅgānadī vālukāsamān kalpāṃs tān ātmabhāvān parityajet

【鸠】若有善男子、善女人，以<u>恒河</u>沙等身命布施。

【菩】若有善男子、善女人，以<u>恒河</u>沙等身命布施。

【真】若有善男子、善女人，如诸<u>恒河</u>所有沙数，如是沙等身命舍以布施。

【笈】若复时，善实，妇女若、丈夫若，日日<u>恒伽河</u>沙等我身舍。如是舍<u>恒伽河</u>沙等劫所有我身舍。

【玄】假使若有善男子或善女人，于日日分，舍施<u>殑伽河</u>沙等自体，如是经<u>殑伽河</u>沙等劫数舍施自体。

【义】若有男子、女人以<u>殑伽河</u>沙等身命布施。

gaṅgā-nadi（恒伽—河）是佛经中经常出现的专有名词。恒河是印度一条河流的名字，为印度三大河流之一，被视为圣河。隋笈多《起世因本经》曾有记载："阿耨达池东有恒河，从象口出，共五百河，流入东海；阿耨达池南有辛头河，从牛口出，共五百河，流入南海；阿耨达池西有博叉河，从马口出，共五百河，流入西海；阿耨达池北有斯陀河，从师子口出，共五百河，流入北海。"gaṅgā-nadi 在《金刚经》中翻译方法分为三类：鸠摩罗什和菩提流支译为"恒河"，真谛译为"恒河"或"恒伽"，笈多译为"恒伽河"或"恒伽大河"，玄奘与义净译为"殑伽河"。

在佛教文献中，"恒河"一词使用最为频繁。"恒河"最早见于后汉支娄迦谶和安世高译经。在三国、两晋及其后译经中也很常见。

（32）得是三昧精进学转教人者，正使如<u>恒河</u>沙佛刹满中珍宝，用布施甚多，不如学是三昧者。（后汉支娄迦谶《佛说般舟三昧经》）

（33）我一生已来，恒患热渴，行见<u>恒河</u>，冀入其中以除热渴。方入其中，

身体焦烂，肌肉离骨；渴欲饮之一口入腹，五藏焦烂，痛不可言。（后汉安世高《佛说鬼问目连经》）

（34）佛在摩竭提国，将诸比丘，渐次游行，到恒河侧，见一故塔，毁落崩坏，无人修治。（吴支谦《撰集百缘经》卷三）

（35）佛告童子："西方去此，如恒河沙诸佛刹土，有世界名善选择，其佛号金刚步迹如来、至真、等正觉，今现在说经法。"（西晋竺法护《佛说灭十方冥经》）

"恒伽大河"最早见于姚秦竺佛念《最胜问菩萨十住除垢断结经》卷六：

（36）恒伽大河者，车𤦲真宝以为象身流出其水。

"恒伽大河"在佛教文献中数量较少，仅21例，而且大多数为隋代译经。例如：

（37）譬如恒伽大河所流行时，彼流行处润此大地令其津泽，又彼流行逼地而去，凡诸尘土草木叶等，彼流行时悉摄将去。……譬如恒伽大河，有处流时作声大声，有处少声有处无声。……譬如恒伽大河增长满时，于其两岸草木枝叶皆漂将去，乃至于四大海。……譬如恒伽大河有时增长多沫，于中有多树等，根茎叶果拔已将去，于中复有第二大树，犹生而住。后时第二年中，恒伽大河更长过前，前者大树更及诸木拔已将去。（隋阇那崛多译《大集譬喻王经》卷上）

"殑伽河"在佛教文献中出现445例，首见于玄奘译经。唐代的其他译师，如不空、达摩流支、菩提流志、义净等沿用。唐代的佛教注疏者，如普光、法宝、圆晖、彦悰、道宣等以玄奘为权威，也使用"殑伽河"一词。但是，将 gaṅgā 译为"殑伽"并非玄奘首创。元魏瞿昙般若流支在《佛说一切法高王经》中将 gaṅgā-nadi 译为"殑伽大河"，但是仅此一例。除此之外，只在唐玄奘之后的译经中才有较多"殑伽河""殑伽大河""殑伽沙"等名词出现。

（38）殑伽大河五百眷属流满东海；辛头大河五百眷属流满南海；博叉大河五百眷属流满西海；斯陀大河五百眷属流满北海。（元魏瞿昙般若流支译《佛说一切法高王经》）

五、结语

六离合释复合词是梵语的突出特征之一，在梵文原典中比比皆是。唐代的译僧已经意识到梵语复合词分析在佛经翻译中的重要性。唐代从事佛经注疏工作的僧人可以运用六离合释复合词分析方法，对佛教名相做出层层剖析。唐法藏在《华严经探玄记》中分析了梵语复合词分析方法在名相术语命名时的作用："问：此六释摄法尽不？答：凡诸法得名略有五例。一、离合得名，如此六释。二、单法当体立名，如信等，此约直诠。三、无他受称，如无明等，此约遮诠。四、譬类得名，如华严等，从喻彰名。五、相形立号。如大乘形小以立其名等。是故六释但据初门。若于前六帖后四释，总为十释，略摄诸法得名差别。"六离合释复合词翻译方法是观察译者原典语言分析能力与目标语言表达能力的理想参项，可以借以探寻各位译者的翻译策略与理论，也可以考察梵语复合词的翻译是否会对汉语造成影响。

《金刚经》六种异译本中，六离合释复合词的翻译方法存在译者差别。许钧（1998）从意愿、现实与道德三个层面，对翻译活动中制约翻译主体的诸多因素进行了宏观的考察与具体的分析。鸠摩罗什的译经伴随着宣讲佛经的过程，疑难之处在译场可以进行辩论与响应。译本行文语言的流畅是鸠摩罗什最为关注的内容，并不会拘泥于与原典是否完整对应。玄奘作为中土西行求法僧，对于原典语言与异域文化更为关注，这些语言文化信息不但不会在翻译的过程磨损，而且会成为翻译的重要目的与内容。笈多的译本特色鲜明，不考察章法与句法的衔接与连贯，只着眼于词语的严格对应，而且力图将梵文原典词语的本义译出。

梵语复合词译为汉语时，对应的汉语语言单位属于不同层级。有些梵语复合词可以译为汉语复合词，如"佛法""佛眼""法门"等，有些梵语复合词只能译为汉语短语，如"不可思议""不异语者""无量""三千大千"等，有些只能译为句法。梵语复合词翻译对等单位完整度的研究只是六离合释翻译研究的前期工作而已。梵语六离合释复合词的翻译是否有可能或者是如何对汉语词法与句法产生影响的，都是值得继续探究的问题。

参考文献 ⊢

[1] A. F. 施坦茨勒, 著. 季羡林, 等, 译. 梵文基础读本. 北京：北京大学出版社, 1869, 2009.

[2] 慈怡. 佛光大辞典. 北京：北京图书馆出版社, 1989.

[3] 段晴. 波你尼语法入门. 北京：北京大学出版社, 2001.

[4] 郭能. 翻译单位研究述评. 湖南第一师范学院学报，2010（2）.
[5] 黄宝生. 梵语佛经读本. 北京：中国社会科学出版社，2014.
[6] 谢天振，王宁. "中国当代翻译研究文库"总序 // 从翻译出发——翻译与翻译研究. 上海：复旦大学出版社，2014.
[7] 徐丽萍. 玄奘"五不翻"理论解析. 牡丹江师范学院学报，2008（5）.
[8] 许洋主. 新译梵文金刚般若波罗蜜经. 台北：如实出版社，1995.
[9] 朱庆之. 佛教混合汉语初论. 语言学论丛. 北京：商务印书馆，2001.
[10] 朱庆之. 略论笈多译《金刚经》的性质及其研究价值. 普门学报，2006（36）.

作者简介

王继红，1977年生，毕业于北京大学中文系，文学博士，教授。主要研究方向为汉语语法、佛经翻译，出版专著《基于梵汉对勘的<阿毗达磨俱舍论>语法研究》《<金刚经>同经异译与语言研究》，发表论文《玄奘译经的语言学考察》《从梵汉对勘看全称量化限定词"所有"的形成》等多篇。

（原载《汉语史学报》2018年总19辑）

从《金刚经》梵汉对勘看玄奘的翻译语法观念

王继红

▲ **摘要** 本文在梵汉语言对比的基础上,讨论玄奘在从梵语到汉语的翻译过程所体现的译者语法意识和语法观念。从梵汉对勘可知,玄奘在翻译梵语多义词时,严格区分实词与虚词,虚词多采用音译的方法。玄奘严格区分时体范畴与情态范畴,"当"不仅有情态用法,而且可以充当将来时标记,"应"仅仅具有情态用法。从梵语呼格语法范畴与玄奘汉译本句子成分的对应关系可以推知玄奘对汉语句子成分语法、语义功能的认识。以翻译和语言学研究为目的的梵汉对勘、同经异译比较是玄奘翻译研究的重要方法。

▲ **关键词** 玄奘;翻译语法观念;金刚经;梵汉对勘;五不翻

一、引言

翻译语法观念,指译者在进行从源头语到目的语的语码转换时在译本语言现象中所体现的译者语法意识和语法观念。"语法意识不强,可能导致译文不符合目的语行文习惯,没有遵循目的语语法规范,也可能出现主语选择不当,或主谓搭配不当,或句法错误等问题。因此,语法意识作为影响译文质量的重要因素之一,译者应当对此予以高度重视。"(张西凤,2016)

翻译语法意识与观念不等同于母语者的语感,而是译者在语言类型对比基础上娴熟运用语法手段来完成翻译的能力。语法意识作为译者语言意识的重要组成部分,是译者在语言学习与使用过程中形成的一种理论自觉,在翻译中的意义不容忽视。胡开宝(2015)在讨论莎士比亚戏剧汉译策略与技巧时指出,"翻译共性与技巧最终要体现于译者对原文文体和语言的把握,以及译文语言特征的具体表现。"

玄奘译经作为古代翻译语言，有其特殊的性质，它既不是纯粹的汉语，也不是纯粹的书面语或某种方言。对于佛经翻译而言，其源头语言是印欧语系的梵语和犍陀罗语等古代印度语言以及古代中亚语言等，其中以梵文佛典数量最大；目的语言是汉藏语系的汉语。两种语言存在巨大的类型差异。玄奘译经的研究应当结合梵语原典来进行，也就是必须在梵汉对勘的基础上进行。因为只有如此，才能找出玄奘译文中与梵文原典平行文本有对应关系的词汇、语义和语法成分，厘清玄奘译经中主要语法现象的梵汉对应关系，才能真正了解玄奘的语法观念。

目前关于玄奘译经的研究主要集中在玄奘本人生平和译经经历的研究、玄奘在翻译史上的贡献、玄奘译论中所体现的译学思想研究、玄奘翻译专著研究等（白杨，2008；赵欢，2015）。其中运用梵汉对勘方法对玄奘译经语言面貌和翻译语言特征进行的研究数量较少，缺少对玄奘翻译语法意识的探寻，柏乐天（1951）、张建木（1951）、巫白慧（1995）、王继红（2006a、2006b）等都是此类研究的有益尝试。穆雷、王斌华（2007）认为，将梵文"原典与玄奘译本对勘，考察玄奘译经与原典语言之间的对应关系，指出玄奘译经中由于受原典语言影响所产生的异于中土文献的语言现象，分析玄奘跨越梵汉两种语言类型差异的翻译策略。此类研究极为稀少，应该引起译界的重视与关注。"

本文使用自建的《金刚经》梵汉平行语料库，包括《金刚经》梵文原典 Vajracchedikā Prajñāpāramitā 与六种同经异译本：后秦鸠摩罗什译《金刚般若波罗蜜经》、北魏菩提流支译《金刚般若波罗蜜经》、陈真谛译《金刚般若波罗蜜经》、隋达磨笈多译《金刚能断般若波罗蜜经》、唐玄奘译《能断金刚般若波罗蜜多经》、唐义净译《能断金刚般若波罗蜜多经》。通过同经异译的对比来研究佛经翻译是一种起源较早且行之有效的方法，六朝时的"合本"就属此类。梁启超（1998）非常推崇同经异译研究法："欲察译学之进步，莫如将同本异译之书为比较的研究。"佛经各种异译本之间的语言差异虽然不能全部作为不同历史时期语言发展的佐证，某些差异极有可能反映的是译者当中某一人的语言风格。但通过系统、全面的同经异译对比，不但可以找出汉语发展变化的历史轨迹，而且可以分析、总结玄奘译经语言的个性特征，探究玄奘对梵语与汉语语法规则的掌握、对源头语与目标语语言差异的认识以及是否有意遵循语法规范等。

二、区分实词与虚词

梵语是一种古老的语言，有着几千年的传承，一词多义现象非常常见。多义词是具有几个彼此不同而又相互关联的意义的词，每一个不同概念意义事物的叙述内容可以看作一个义项。对于梵语中多义词词义的辨别及处理，在佛经翻译中有着极其重要的意义。玄奘在翻译多义词时，对实词和虚词采取两种不同的处理方法。这是在译者语法意识驱动下的行为。

（一）音译"含多义"类实词

如果"在一词多义的情况下，有时即使依靠语境也难以确定源语文本所要表达的是何种单一意义或多种意义，在这种情况下应该采取'不翻'"的方法（徐丽萍，2008）。也就是说，如果梵文原典中某一实词，特别是佛教名相术语有多种义项的话，玄奘不会将该词的每个义项都译为一个对应的汉语词语，而是将该词译为一个汉语中原本不存在的音译词。玄奘已经有了义项分析的意识。例如：

（1）ekasmin samaye bhagavāñ śrāvastyāṃ viharati sma jetavane 'nāthapiṇḍadasyārāme mahatā bhikṣu saṃghena sārdham ardhatrayodaśabhir bhikṣuśataiḥ saṃbahulaiś ca bodhisattvair mahāsattvaiḥ |

【鸠摩罗什】一时，佛在舍卫国祇树给孤独园，与大比丘众千二百五十人俱。

【菩提流支】一时，婆伽婆在舍婆提城祇树给孤独园，与大比丘众千二百五十人俱。

【真谛】一时，佛婆迦婆住舍卫国祇陀树林给孤独园，与大比丘众千二百五十人俱。

【笈多】一时，世尊闻者游行胜林中无亲搏施与园中，大比丘众共半三十比丘百。

【玄奘】一时，薄伽梵在室罗筏住誓多林给孤独园，与大苾刍众千二百五十人俱。

【义净】一时，薄伽梵在名称大城战胜林施孤独园，与大苾刍众千二百五十人俱，及大菩萨众。

"bhagavat（薄伽梵）"是对佛陀的尊称，为佛陀十号之一。除此之外，

bhagavat 还有多个义项。玄奘在《佛地经论》中提到："薄伽梵者，谓薄伽声依六义转：一、自在义；二、炽盛义；三、端严义；四、名称义；五、吉祥义；六、尊贵义。如有颂言：'自在炽盛与端严，名称吉祥及尊贵，如是六种义差别，应知总名为薄伽。'"玄奘的"五不翻"理论对此类多义词翻译方法有所涉及。"五不翻"理论是玄奘法师根据自己从事佛经翻译实践所概括出来的五种翻译原则。宋代周敦义在《翻译名义集》序中记载："唐奘法师论五种不翻。一秘密故，如陀罗尼。二含多义故，如薄伽梵具六义。三此无故。如阎净树，中夏实无此木。四顺古故，如阿耨菩提，非不可翻，而摩腾以来常存梵音。五生善故，如般若尊重，智慧轻浅。"

像"bhagavat（薄伽梵）"这类多义词，即使在单一语境下仍同时具有丰富内涵和广阔外延，译师在目的语中无法找到能完整涵盖其全部义项的对应词。在玄奘之前，bhagavat 曾被音译为"婆伽婆、婆伽梵、婆誐嚩帝"等，又被意译为"有德、能破、世尊、尊贵"等。玄奘主张对于此类词语采取音译法。玄奘创造性地将 bhagavat 译为"薄伽梵"，唐代的其他译者，如善无畏、不空、金刚智、菩提流志、佛陀波利、地婆诃罗、阿质达霰、义净等都沿用将 bhagavat 译为"薄伽梵"的翻译方法。玄奘的弟子，如窥基、圆测等更是将此种翻译方法奉为准则，在佛经义疏作品中使用。

唐代及其后的僧人在中土佛教注释书中，对玄奘的这种采用音译来翻译多义实词的方法进行了解释与说明，并抱以肯定的态度。现以"捃多蚁"翻译为例说明。翻译佛经中出现的名词"捃多蚁"有两个义项，一为蚁之卵，一为折脚蚁。对于此类多义词，玄奘严格坚持一贯的主张，采用音译的方法。例如："如是所说诸句，显示加行杀害；乃至极下捃多蚁等诸众生所者，此句显示无择杀害。"（玄奘译《瑜珈师地论》）遁伦《瑜伽论记》对玄奘的翻译做出评注："乃至极下捃多蚁等者，此文旧云：杀折脚蚁子无有悔心，当知此人能断善根。三藏云：此含两义，若名折脚蚁，不得蚁卵；若翻为蚁卵，不得折脚蚁子。欲具收二义，故存梵音。"窥基《瑜伽师地论略纂》也对玄奘译文作注："乃至极下捃多蚁者，此有二义：一者蚁卵，二折脚蚁，故存梵音。"

玄奘的这种多义项实词翻译理念对于唐代及后世译经实践产生了一定的影响。唐代之后的译僧也大都遵循玄奘采用音译方法来翻译梵语多义实词的方法。

唐代西域疏勒国僧人慧琳在《一切经音义》中对于音译多义词"波┌──┐"的注释是"梵語神王名，文含多意，所以不翻，存梵文也。"

（二）逐义项意译语法类多义虚词

所谓语法类多义词，指具有多个义项的语法词，属于虚词。在翻译梵文原典中的语法类多义词时，玄奘采用逐义项意译的方法，使用不同有汉语词语来对应原典中语法词的不同义项。

vā 是梵语中常见的连词，用法比较复杂，可以连接词和句子，有几种不同的义项。第一，表示列举，两种或两种以上的事物同时存在。玄奘将此义项译为"若"。第二，表示选择，从两种或两种以上的事物中选择一种，在特定条件下，其中一种是符合要求的。玄奘将此义项译为"或"。玄奘以外的译者并不区分 vā 的语法意义差别，无论是列举义还是选择义，都译为"若"。例如：

（2）yāvantaḥ subhūte sattvāḥ sattvadhātau sattvasaṃgraheṇa saṃgṛhītā aṇḍajā vā jarāyujā vā saṃsvedajā vā aupapādukā vā rūpiṇo vā arūpiṇo vā saṃjñino vā asaṃjñino vā naivasaṃjñino nāsaṃjñino vā yāvān kaścitsattvadhātuḥ prajñapyamānaḥ prajñapyate te ca mayā sarve'nupadhiśeṣe nirvāṇadhātau parinirvāpayitavyāḥ |

【玄】所有诸有情，有情摄所摄；<u>若</u>卵生、<u>若</u>胎生、<u>若</u>湿生、<u>若</u>化生，<u>若</u>有色、<u>若</u>无色，<u>若</u>有想、<u>若</u>无想，<u>若</u>非有想、非无想，乃至有情界施设所施设，如是一切，我当皆令于无余依妙涅槃界而般涅槃。

梵语连词 vā 连续使用，连接八个名词 aṇḍajā（卵生）、jarāyujā（胎生）、saṃsvedajā（湿生）、aupapādukā（化生）、rūpiṇo（有色）、arūpiṇo（无色）、saṃjñino（有想）、asaṃjñino（无想），并且连接小句"naevasaṃjñinonaa-saṃjñinas"（非有想非无想）。此句意为，众生界中的一切众生，或者是卵生的，或者是胎生的，或者是湿生的，或者是化生的，或者是有身体的，或者是无身体的，或者是有心识的，或者是无心识的，或者是既非有心识亦非无心识的，只要是属于众生界的一切众生，我都要令他们进入般涅槃。所以，连词 vā 在此处是列举标记，不需要读者在连接项目中做出选择，所有可能可以同时发生，强调的是一种周遍性，具有全称量化限定的功能。玄奘将列举义的 vā 译为"若"，这是从东汉起汉译佛经中一种常见的翻译方法。鸠摩罗什、菩提流支、真谛、义净等《金刚经》译本大致相同。

（3）api tu ye te subhūte kulaputrā vā kuladuhitaro vā imān evaṃrūpān sūtrāntān udgrahīṣyanti dhārayiṣyanti vācayiṣyanti paryavāpsyantiyoniśaś ca manasikariṣyantiparebhyaś ca vistareṇa saṃprakāśayiṣyantite paribhūtā bhaviṣyanti suparibhūtāś ca bhaviṣyanti |

【玄】复次，善现，若善男子或善女人于此经典，受持、读诵、究竟通利，及广为他宣说、开示、如理作意，若遭轻毁，极遭轻毁。

【鸠】复次，须菩提！善男子、善女人，受持、读诵此经，若为人轻贱，

【菩】复次，须菩提！若善男子、善女人受持、读诵此经，为人轻贱。

【真】须菩提！若有善男子、善女人，受持、读诵，教他修行，正说如是等经，此人现身受轻贱等。

【笈】若彼善实，善家子若善家女若，此如是色类经受当、持当、读当、诵当，为他等及分别广说当，彼轻贱有当，极轻贱。

【义】妙生！若有善男子、善女人，于此经典受持、读诵、演说之时，或为人轻辱。

此句意为，然而，须菩提啊，有些善男子或善女人获取、受持、诵读、通晓和正确思考这样的经典，并向他人详细解说，却会受到轻视，受到屈辱[1]。连词 vā 连接名词 kulaputrā（善男子）和 kuladuhitaro（善女人），二者之间是选择关系。玄奘把选择义项的 vā 译为"或"。在其他同经异译本中，鸠摩罗什、菩提流支、真谛和义净都没有翻译 vā。笈多的译本是以词作为梵汉翻译对应单位的，追求逐词对译，将 vā 译为"若"，并不区分 vā 的列举与选择等两个义项。在翻译梵语的多义虚词时，玄奘以义项为基本单位，把表列举义的 vā 译为"若"，共 14 例；把表选择义的 vā 译为"或"，共 30 例。

三、区分时体范畴与情态范畴

语法范畴是词的形态变化表示的语法意义的概括，又称形态语法范畴。语法意义是从各种具体词语的意义和用法中进一步抽象出来的高度抽象的意义。语法范畴就是语法意义的类。由词形的变化表现出来的语法范畴，是梵语等有形态变化的语言所具有的。梵语有时体、情态、性、数、格、人称等语法范畴。

---

1 《金刚经》例句的现代汉语翻译参考了许洋主（1995）、黄宝生（2014）。

翻译语法意识是建立在译者对目的语与源头语语法差异认知基础上的语法规则的掌握与遵循。从《金刚经》情态动词"应""当"梵汉对勘可知，玄奘严格区分时体范畴与情态范畴。"当"不仅有情态用法，而且可以充当将来时标记。"应"仅仅具有情态用法。语法范畴的选择要兼顾语义与句法的双重要求，玄奘的语法意识影响了时体范畴与情态范畴的选择。

（一）"当"对应梵文时体范畴和情态范畴

在《金刚经》玄奘译本中，"当"数量是43例。玄奘佛经译本的用词与原典成分具有很强的对应性，"当"可以对应梵文动词将来时用法（14次），也对应梵语不同性质的情态用法（15次）。

1."当"的将来时用法

在《金刚经》中，有14例"当"对应梵语动词将来时的用法。例如：

（4）tena hi subhūte śṛṇu sādhu ca suṣṭhu ca manasi-kuru bhāṣiṣye aham te | yathā bodhisattva-yāna-saṃprasthitena sthātavyam yathā pratipattavyam yathā cittam pragrahītavyam |

【玄】是故善现，汝应谛听，极善作意，吾<u>当</u>为汝分别解说，诸有发趣菩萨乘者，应如是住，如是修行，如是摄伏其心。

此句意为：因此，须菩提啊，请你仔细听着，我要为你讲述发愿奉行菩萨乘者应该这样安住，应该这样修行，应该这样调伏心。"当……分别解说"对应原典中的动词 bhāṣiṣye（说）。"当"对应现在时的语法意义，"分别解说"对应 bhāṣiṣye（说）的词汇意义。

2."当"的情态用法

"当"可以对应梵语义务分词，表示某种事情是注定要做或必须要做的。例如：

（5）api tu khalu punar subhūte yatra pṛthivī-pradeśe idam sūtram prakāśayiṣyate pūjanīyas sas pṛthivī-pradeśas bhaviṣyati sa-deva-mānuṣa-asurasya lokasya | vandanīyas pradakṣiṇīyas ca sas pṛthivī-pradeśas bhaviṣyati caitya-bhūtas sas pṛthivī pradeśas bhaviṣyati ||

【玄】复次，善现，若地方所开此经典，此地方所<u>当</u>为世间诸天及人、阿素洛等之所供养、礼敬、右绕，如佛灵庙。

玄奘译本中的"当为……之所供养、礼敬、右绕"对译梵语义务分词

pūjanīyaḥ、vandanīyaḥ 和 pradakṣiṇīyaś。"当"对应梵语义务分词的情态用法，"为……之所"对应义务分词的被动语态范畴，"供养""礼敬""右绕"分别对应梵语动词 pūjanīyaḥ（应当被敬重）、vandanīyaḥ（应被供养、礼敬）和 pradakṣiṇīyaś（应被右绕）的词汇意义。全句意为，如果某部佛经在某个地区得到解说，那么这个地区便值得世界上天神、凡人和阿修罗供奉，这个地区便值得敬拜和右绕致敬，这个地区便成为塔庙。此句中虽然也有将来时动词 bhaviṣyati（将有），但是具有配价关系的句法成分为 sa pṛthivī-pradeśas（这个地方），与"当"的用法无关。原典中出现三次的将来时动词 bhaviṣyati（将有）在玄奘译本中为显性形态标记。

"当"可以对应梵语动词命令语气，表示祈使、愿望，也用于包孕句中表示条件与可能，并用于疑问句中。例如：

(6) evam ukte bhagavān āyuṣmantaṃ subhūtim etad avocat | prajñāpāramitā nāmāyaṃ subhūte dharmaparyāyaḥ | evaṃ cainaṃ dhāraya |

【玄】作是语已，佛告善现言："具寿！今此法门名为能断金刚般若波罗蜜多，如是名字，汝**当**奉持。"

此句意为：这样说罢，世尊对长老须菩提说道："须菩提啊，这个法门名为般若波罗蜜多。你要这样受持。"玄奘译本中的"汝当奉持"对译带有第二人称命令语气语尾的动词 dhāraya（你应当记忆），"当"是情态动词用法。

"当"可以对应梵语动词祈愿语气，表示愿望、弱祈使，经常出现在表示条件、可能的从句中。例如：

(7) yaḥ kaścit subhūte evaṃ vadet | tathāgatenārhatā samyaksaṃbuddhenānuttarā samyaksaṃbodhir abhisaṃbuddheti sa vitathaṃ vadet |

【玄】善现，若如是说"如来应正等觉能证阿耨多罗三藐三菩提"者，当知此言为不真实。

此句意为：须菩提啊，如果有人说："如来、阿罗汉、正等觉觉知无上正等菩提"，他便是说假话。"sa vitathaṃ vadet"直译应为"他说假话"。动词 vadet（说）带有祈愿语气第三人称语尾，玄奘用"当"来对译祈愿语气的语法意义，祈愿语气在此表示委婉的断定。vadet 用在假设条件句的主句，表示一种委婉的断定，即"则他说得不真实"，从而与条件从句中的 vadet（说）保持一致。玄奘在"此言为不真实"前加上了"当知"以对应原文专用于从属句的语气成分。玄奘用义务义的"当知"间接地体现了这种委婉语气,与原典保持一致。

(二)"应"对应梵文情态范畴

从《金刚经》梵汉对勘可知,玄奘在翻译实践中已经可以有意识地区分情态与将来时态用法的差别。《金刚经》中的情态助动词"应"对应梵文动词的多种情态用法,包括义务分词(31次)、可能法(2次)、命令法(1次)、未来主动分词(1次)、条件式(3次),共计38例。例如:

(8) tena hi subhūte śṛṇu sādhu ca suṣṭhu ca manasikuru bhāṣiṣye 'haṃ te yathā bodhisattvayānasaṃprasthitena sthātavyaṃ yathā pratipattavyaṃ yathā cittaṃ pragrahītavyam |

【玄】是故,善现,汝应谛听,极善作意,吾当为汝分别解说。诸有发趣菩萨乘者,应如是住,如是修行,如是摄伏其心。

此句意为:因此,须菩提啊,请你仔细听着,我要为你讲述发愿奉行菩萨乘者应该这样安住,应该这样修行,应该这样调伏心。原典中动词 śṛṇu(听闻)带有命令语气语尾,这种情态用法在玄奘译本中翻译为"汝应谛听","谛听"对译 śṛṇu 的词汇意义,"应"对译 śṛṇu 命令语气语尾的情态语法意义。原典中动词 bhāṣiṣye(说)带有第一人称单数将来时形式语尾,玄奘译为"当分别解说","当"对译 bhāṣiṣye 的将来时语法意义。由此可以清楚地看到玄奘对于"应"和"当"的区别使用,反映了他对时体与情态语法范畴的认识。

情态与将来时是不同的语态范畴,但是存在着密切的语义关联。语言类型学研究(如 Bybee et al., 1994)已经发现将来时既可以来自义务义,也可以从其自身发展出盖然的认识情态义。汉语没有系统而发达的时的形态标记,在确定将来时的语义标准时,不用过多考虑语义标准与形态标准之间的关系。但是在进行佛经翻译时,源头语梵语是形态语言,将来时和情态用法有着不同的形态变化,区分严格。在翻译梵文原典动词情态与时体范畴时,玄奘需要重新考虑汉语对应表达形式"应""当"等的句法和语义特征。从梵汉对勘可知,玄奘能够区分时体与情态范畴,唐代汉语中的"当"既有将来时用法,又有情态用法;而"应"只有情态用法。

四、从呼格翻译看玄奘对句子成分的认识

梵语在句子中的名词由名词词基与格尾两部分构成[2]，名词词基反映名词的词汇意义，格尾则反映该名词在语篇中的语法意义和语用效果。段晴（2001）指出，梵文中的格尾语法功能相当于 kāraka（词义为"造者"）。"所谓'造者'就是与行为直接发生关系的人与物，反映在语言当中，就是直接与动词发生关系的名词。'造者'可以起到不同的作用，分为主体、客体、充当工具者、目的者、行为的出发地、行为的发生地等，'造者'于行为的不同作用通过格尾得到表现，但格尾不仅仅表现'造者'。"

呼格表示言语呼唤的对象。《金刚经》梵文原典中共有 269 个呼格，涉及四个名词：subhuti（须菩提），178 次；bhagavat（世尊，薄伽梵），78 次；sugata（善逝，修伽陀），11 次；māṇava（行者，摩那婆），2 次。汉语没有形态变化，句子成分之间的组合关系是重要的句法语义表达手段。玄奘对梵文呼格的翻译方法有四种：采用无标记的插入语形式，有 189 处；此外有 28 处玄奘采用主谓宾形式译出呼格，即"佛告善现"；还有 2 处，玄奘把呼格译作体格代词的同位语，与体格代词一起做主语；其他的呼格省略未译。

（一）译为插入语

玄奘译本中，有 189 个呼格译为插入语，这是最为常见的一种方法。根据篇章句法关系，玄奘严格区分插入语的句法位置。

在梵语原典中，呼格名词位于句子中间，但不充当句子成分。例如：

(9) dhadharmā buddhadharmā iti **subhūte** abuddhadharmāś caiva te tathāgatena bhāṣitāḥ tenoucyante buddha dharmā iti

【玄】善现！诸佛法、诸佛法者，如来说为非诸佛法，是故如来说名诸佛法、诸佛法。

此句意为：须菩提啊！所谓"佛法，佛法"，须菩提啊，他们也就是如来所说的非佛法。因此称为佛法。从梵文来看，呼格名词 subhūte（音译"善现"，意

---

[2] 根据《波你尼经》，"既非动词词根，亦非词缀，有意义的（词）是名词词基。排除动词词根，排除格尾，排除以格尾为末的，有意义的声形叫做名词词基。""prātipadika '名词词基'"照现代语法对词汇的分类，名词词基的范围包括名词、形容词和代词。根据经文和注释者的描述，名词词基仅仅是名词等的原始字样，加上格尾的词不再属于名词词基的范畴。"以直接后缀和派生词缀为尾的词，以及复合词，同样是（名词词基）。"详见段晴（2001）。

译"须菩提")位于"dhadharmā buddhadharmā iti abuddhadharmāś"这一句中，不充当句法成分。玄奘在翻译呼格名词 subhūte 时，都将其移至整个句子的起始处。上古汉语中的呼语插入语不会插在句子当中。朱庆之（2015）认为，"在汉语中，与梵语名词呼格相似的呼语，同样不做句子成分；正因为不做句子成分，故或称其为'独词句'，即单独成句。但与梵语不同的是，汉语的这类独词句绝不会插在另一个句子当中，这是由语序是汉语句法意义的重要表达方式这一特点决定的。"例如：

（10）子曰："由，诲女知之乎？知之为知之，不知为不知，是知也。"（《论语》）

（11）孔子曰："求，无乃尔是过与？夫颛臾，昔者先王以为东蒙主，且在邦域之中矣，是社稷之臣也。何以伐为？"（《论语》）

玄奘既要尽可能完整地把梵语原典的章法、句法和词法成分译为汉语，同时又尽其所能地符合汉语语法，所以在将梵语呼格名词译为汉语插入语时，大多位于句首，不充当任何句子成分。玄奘译本中有 164 个呼格被译为独立的插入语，位于句中说明言语行为对象，并提起对方注意。例如：

（12）【玄】善现，若诸菩萨于无我法、无我法深信解者，如来应正等觉说为菩萨菩萨。

（13）【玄】善现，我等执者，如来说为非执，故名我等执，而诸愚夫异生强有此执。

（14）【玄】善现，诸佛法、诸佛法者，如来说为非诸佛法，是故如来说名诸佛法、诸佛法。

梵语呼格名词位于句子中间，但不充当句子成分。上古汉语中的呼语插入语不会插在句子当中。如果将原典含有呼格名词的句子模仿原文的语序逐字逐句地翻译出来，多半会造成明显的"破格句"。Erik Zürcher（1991）已经注意到，对源头语呼格的不恰当仿译会造成汉译佛经中的"破格句"[3]。朱庆之（2015）讨论了《维摩诘经》支谦译本中与呼格相关的破格现象。例如：

（15）佛亦悦可是长者，便告贤者舍利弗："汝行诣维摩诘问疾。"舍利弗白

---

[3] 朱庆之（2015）认为，"语法方面的'混合'造成的后果可以借用'破格用法'这一说法（志村良治，1984、1995），包括在句法层面的'破格用法'和在词汇层面的'破格用法'来说明，指称译文中那些不合'地道'的汉语书面语（文言文）之用语规则或习惯的语句。这些'破格用法'有些来自某个方言（并非书面语的基础口语），有些则来自源头语。"志村良治（1995）说："在汉译佛经盛行的过程中，破格的语法和文体任意地、无拘束地发展起来。"根据志村，入矢义高在日本中国语学会第十二次大会（1962）上发表的论文题为"汉译佛典中破格的语法和文体"，主要列举了三国时代所译《大无量寿经》和《维摩诘经》中"在口语层的各种语言现象"。

佛言:"我不堪任诣彼问疾。所以者何？忆念我昔常宴坐他树下，时维摩诘来谓我言：'唯舍利弗不必是坐为宴坐也。……'时我世尊闻是法，默而止，不能加报。故我不任诣彼问疾。"（支谦译《维摩诘经》弟子品）

"世尊"是名词呼格 bhagavan 的翻译，做插入语。参考相关部分平行梵本 "saḥ aham bhagavan etāṃśrutvā tūṣṇīm eva abhūvam"可知，此句合乎汉语习惯的翻译可以是"世尊，时我闻是法，默而止"。支谦的呼格翻译方法使得汉语句子在形式上的完整和连贯完全被破坏了。

在玄奘译本中，对应于呼格的插入语不出现在句首的限制条件是，如果梵文原典中句首有篇章衔接成分，那么玄奘也将篇章衔接成分置于句首，然后再使用呼格插入语。例如：

(16) sacet punar subhūte teṣām kulaputrāṇām kula duhitāṇām vāham puṇyaskandham bhāṣeyamyāvat te kulaputrā vā kuladuhitaro vā tasmin samaye puṇyaskandham prasaviṣyanti pratigrahīṣyantiunmādam sattvā anuprāpnuyuścittavikṣepam vā gaccheyus |api tu khalu punaḥ subhūte 'cintyo 'tulyo 'yam dharmaparyāyas tathāgatena bhāṣitaḥ | asyācintya eva vipākaḥ pratikāṅkṣitavyaḥ||

【玄】我若具说，当于尔时，是善男子或善女人所生福聚，乃至是善男子、是善女人所摄福聚，有诸有情，则便迷闷，心惑狂乱。是故，<u>善现</u>，如来宣说如是法门，不可思议、不可称量，应当希冀不可思议所感异熟。

此句意为：我如果再说那些善男子或善女子的福德——未来那些善男子或善女子将生出，且将拥有多少福德——众生可能产生迷惑，或者心变成狂乱。因此，须菩提啊，一切想被菩萨摩诃萨舍离后，应令心生于无上正等觉。"是故"对译的是带有从格格尾的代词 tasmāt 和因果关联词语 tarhi，表示上文所提及的内容是原因，而下文将要说明由此缘由得出的推断。tasmāt 和 tarhi 都是篇章衔接成分。此时，对译原典呼格名词的插入语不位于句首。

（二）译为言说动词宾语

从梵汉对勘可知，如果《金刚经》原典中呼格名词所在的直接引语之前出现 "bhagavān āha（世尊说）"，玄奘都会将呼格名词译为言说动词宾语。玄奘译本中，有 28 个呼格译为言说动词"告"的宾语。例如：

(17) bhagavān āha | tat kim manyase subhūte api nv arhata evam bhavati |

mayāarhattvaṃ prāptam iti

【玄】佛告善现："于汝意云何？诸阿罗汉颇作是念'我能证得阿罗汉'不？"

此句意为：世尊问："须菩提啊！你认为如何？阿罗汉会自以为已经达到阿罗汉的境界吗？"bhagavān（世尊）是下文直接引语的言语行为发出者，āha（说）是直接引语管领词，言语动词的间接宾语，即言说对象在句法上没有体现。根据直接引语中的呼格名词 subhūte（须菩提）可以推知世尊是在与须菩提对话。玄奘将引语中的呼格名词 subhūte（须菩提）译为动词 āha（说）的宾语，而在对话中不再译出呼格名词。

玄奘译本表现出明显的规律性与强制性，如果直接引语管领词未带有言说对象，他便会将呼格译为言说动词宾语。如果直接引语管领词带有言说对象，他便会将呼格译为插入语。例如：

（18）evam ukte bhagavān āyuṣmantaṃ subhūtim etad avocet yāvat subhūte lakṣaṇa sampat tāvan mṛṣā yāvad alakṣaṇasampat tāvan na mṛṣeti hi lakṣaṇālakṣaṇatas tathāgato draṣṭavyaḥ ||

【玄】佛复告具寿善现言："善现，乃至诸相具足，皆是虚妄。乃至非相具足，皆非虚妄。如是以相非相应观如来。"

此句意为：世尊对长老须菩提说道："须菩提啊，凡诸相完善，则是虚妄。凡非诸相完善，则不是虚妄。确实应以身体特征不是身体特征而见如来。"subhūtim 是名词 subhūti（须菩提）的业格形式，充当动词 avocat（说）的宾语。subhūte 是名词 subhūti 的呼格形式，被译为直接引语中的插入语。

（三）译为主语

玄奘译本中，有两个呼格译为主语，与代词共同充当主语。例如：

（19）evam ukte bhagavān āyuṣmantaṃ subhūtim etad avocat evam etat subhūte evam etat | nāsti subhūte sa kaścid dharmo yas tathāgatena dīpaṃkarasya tathāgatasyārhataḥ samyaksambuddhasyāntikād anuttarāṃ samyak sambodhim abhisambuddhaḥ | sacet punaḥ subhūte kaścid dharmas tathāgatenābhisambuddho 'bhaviṣyat na māṃ dīpaṃkaras tathāgato vyākariṣyad bhaviṣyasi tvaṃ māṇava anāgate 'dhvani śākyamunir nāma tathāgato 'rhan samyaksambuddha iti | yasmāt tarhi subhūte tathāgatenārhatā samyaksambuddhena nāsti sa kaścid dharmo yo 'nuttarāṃ samyaksambodhim abhisambuddhas tasmād ahaṃ dīpaṃkareṇa tathāgatena vyākṛto bhaviṣyasi tvaṃ māṇava anāgate 'dhvani śākyamunir nāma tathāgato 'rhan samyaksaṃbuddha iti |……

【玄】佛告具寿善现言:"如是,如是,善现,如来昔于然灯如来应正等觉所,无有少法能证阿耨多罗三藐三菩提。何以故?善现,如来昔于然灯如来应正等觉所,若有少法能证阿耨多罗三藐三菩提者,然灯如来应正等觉不应授我记言:'汝摩纳婆于当来世名释迦牟尼如来应正等觉。'善现,以如来无有少法能证阿耨多罗三藐三菩提,是故然灯如来应正等觉授我记言:'汝摩纳婆于当来世名释迦牟尼如来应正等觉。'所以者何?善现,言如来者,即是真实真如增语;言如来者,即是无生法性增语;言如来者,即是永断道路增语;言如来者,即是毕竟不生增语。……"

上例是一个重叠引语结构,即一个直接引语中又套有一个引语。"汝摩纳婆于当来世名释迦牟尼如来应正等觉"是燃灯如来的预言,在此被世尊引用,是直接引语中的又一个引语。māṇava 是名词 māṇava(意译为年轻人,音译为摩纳婆)的呼格形式,在玄奘译本中被译为主语,与对应原典体格代词 tvaṃ(你)的第二人称代词"汝"共同充当主语。

从格范畴与汉语句子成分的对应关系帮助我们了解玄奘对汉语句子成分语法、语义功能的认识,因为插入语、宾语和主语的选择都需要同时考虑梵语(源头语)语义完整与汉语(目的语)句法合理的双重要求,需要考虑汉语的语法规范、搭配习惯等问题。

五、结语

中国古代没有创作语法书的学术传统,即使是从事翻译工作的僧人们也没有像马建忠《马氏文通》那样引进西方语法并写出汉语语法书,现在只能看到关于梵语语法零星的记载。翻译语法意识是玄奘等译者在翻译过程中形成的一种语言理论自觉。利用翻译佛经来探究以玄奘为代表的古代翻译人员的翻译语法观念就更加重要。

玄奘良好的翻译语法意识建立在他对梵汉语言的语言差异有清晰认识的前提之下。玄奘汉语造诣高深,原创文章法度谨严,文采斐然,读来含英咀华。玄奘赴印度求法，遍访名家巨匠，熟练地掌握了梵语。据唐代智临《开元释教录》记载，"奘周游五印，遍师明匠，至于五明四含之典，三藏十二之筌，七例八转之音，三声六释之句，皆尽其微，毕究其妙。""三声六释"指的就是梵文的语法。

玄奘对于梵汉两种语言语法的娴熟掌握尽数体现在他的译经作品中。由于国内的佛经梵汉语言比较研究才刚刚起步，从一部或几部梵文佛经中揭示的语言现象，尚不足以全面地展现佛经翻译特别是玄奘译经的所有特征。我们期待今后能够对更多的汉译佛典进行梵汉对勘和异译比较研究，形成规模，凭借充足的语言事实，逐步接近玄奘语言翻译的真相。

参考文献

[1] 白杨. 玄奘研究综述（1994-2007）（上）. 新疆师范大学学报，2008（1）.

[2] 白杨. 玄奘研究综述（1994-2007）（下）. 新疆师范大学学报，2008（2）.

[3] 曹彦. 从梵语波你尼文法论证玄奘"唯识"翻译和理解的正确性. 武汉大学学报，2014（6）.

[4] 大正一切经刊行会. 大正新修大藏经. 台北：新文丰出版有限公司，1983.

[5] 段晴. 波你尼语法入门. 北京：北京大学出版社，2001.

[6] 胡开宝. 基于语料库的莎士比亚戏剧汉译研究. 上海：上海交通大学出版社，2015.

[7] 黄宝生. 梵语佛经读本. 北京：中国社会科学出版社，2014.

[8] 梁启超. 翻译文学与佛典. 沈阳：辽宁教育出版社，1998.

[9] 穆雷，王斌华. 译学研究发展的新成就——2006年译学研究综述. 中国翻译，2007（3）.

[10] 徐丽萍. 玄奘"五不翻"理论解析. 牡丹江师范学院学报，2008（5）.

[11] 许洋主. 新译梵文金刚般若波罗蜜经. 台北：如实出版社，1995.

[12] 张西凤. 论语法意识在中英翻译中的意义. 英语广场，2016（6）.

[13] 赵欢. 近五年玄奘研究综述. 世界宗教文化，2015（1）.

[14] Edward Conze. Vajracchedikā Prajñāpāramitā. Serie Orinetale Roma XIII Roma. Is. M. E. O, 1957.

[15] F. Max Müller. Vajracchedikā-Prajñā-pāramitā-sūtra. Anecdota Oxoniensia, Aryan Series, 1881, vol. I, part1.

[16] Monier Williams. A Sanskrit-English Dictionary. Oxford: Oxford University Press, 1988.

[17] Zürcher, Erik. A new look at the earliest Chinese Buddhist texts. In Koichi Shinohara & Gregory Schopen(ed.). From Benares to Beijing, essays on Buddhism and Chinese religion in

honor of Prof. Jan Yün-hua. Oakville, Ontario: Mosaic Press, 1991.

作者简介

王继红，1977年生，毕业于北京大学中文系，文学博士，教授。主要研究方向为汉语语法、佛经翻译，出版专著《基于梵汉对勘的＜阿毗达磨俱舍论＞语法研究》《＜金刚经＞同经异译与语言研究》，发表论文《玄奘译经的语言学考察》《从梵汉对勘看全称量化限定词"所有"的形成》等多篇。

(原载《外语教学与研究》2017年第6期)

《红楼梦》句法与现代汉语句法组合差异性初探

王霜梅

▲ **摘要** 本文从句法组合角度入手,对《红楼梦》语言的句法结构进行考察、鉴定和描写,将它和现代汉语句法结构作对比,存同求异,揭示《红楼梦》句法和现代汉语句法组合上的差异。这些差异主要体现在实词和实词组合差异、实词和虚词组合差异、构形重叠、组合语序问题、特殊句式等方面。

▲ **关键词** 句法组合;实词;虚词;语序

胡明扬、蒋绍愚、吴竞存等学者认为,《红楼梦》标志着现代汉语的发端,是近代汉语向现代汉语过渡的重要标志性著作,"曹雪芹以他的语言才能在《红楼梦》中把这个过渡阶段表现得最为充分"(吴竞存,1996)。在这一阶段,现代汉语句法现象和规律大都确立下来,但其句法和现代汉语句法又同中有异。本文从句法组合规律入手,对《红楼梦》[1]语言通篇逐一考察,找出其中与现代汉语不同的句法现象,并对二者进行比较,重在鉴定、描述和解释差异,揭示两个阶段句法结构在组合上的差异。希望能一定程度上揭示近代汉语向现代汉语过渡时期的句法演变规律。

本文所说的"现代汉语"指的是"以典范的现代白话文著作为语法规范的普通话",所说的"差异"是指《红楼梦》语言中有别于现代汉语普通话的特殊现象。本文仅就作者所见材料进行分析。

---

1 文中所采用的例句均选自《红楼梦》(曹雪芹、高鹗著)前八十回,人民文学出版社 1996 年第 2 版,中国艺术研究院红楼梦研究所校注。

一、实词与实词的组合

1. 动语和宾语的组合

动语是支配、关涉宾语的，用在宾语前，由动词或动词短语充当。宾语是被支配、关涉的对象，回答"谁""什么"的问题，常由名词、代词和名词短语充当，动词、形容词性短语也常常做宾语。《红楼梦》语言中动语和宾语的组合与现代汉语的差异主要体现在以下方面。

（1）古代汉语中单音节词占优势，在现代汉语中多半演化为双音节词语。《红楼梦》处于近代汉语向现代汉语过渡时期，其中单音节动词作动语的现象还有很多。例如：

①佳蕙道："你这一程子心里到底觉怎么样？依我说，你竟家去住两日，请一个大夫来瞧瞧，吃两剂药就好了。"（26.348）[2]

②贾母等如何谢恩，如何回家，亲朋如何来庆贺，宁荣两处近日如何热闹，众人如何得意，独他一个皆视有如无，毫不曾介意。因此众人嘲他越发呆了。（1.10）

③士隐只得将田庄都折变了，便携了妻子与两个丫鬟投他岳丈家去。（1.16）

上例中的动语和宾语组合中的单音节动词"觉""嘲""投"在现代汉语中分别演变为双音节的动词"觉得""嘲笑"和"投奔"。

（2）现代汉语中仍然存在一些单音节动词，一般来说，在单音节动词做动语时，后面经常会加上一些连带成分，或者是动态助词，或者是动词的重叠形式。《红楼梦》中有这样的用例：

二仙笑道："此乃玄机不可预泄者。到那时不要忘我二人，便可跳出火坑矣。"（1.1011）

其中的"忘"在现代汉语中要在动词后面加上一个动态助词"了"，"忘我"则成为一个具有另外意义的新词。

（3）少数动宾组合在现代汉语中已不复存在，其宾语部分有了相应的替代词语。例如：

---

[2] 文中例句后括号里的数码表示：回，页。

①这两句话不觉感动了佳蕙的心肠。(26.349)
②我只问你们：有话不明说，许你们这样鬼鬼祟祟的干什么故事？（9.135)
③从太太起，那一个敢驳老太太的回，现在他敢驳回。(39.520)

其中例①中的"心肠"，在现代汉语中替换为单音节的"心"；例②的"故事"替换为"事"；例③中"驳……的回"在现代汉语中凝成一个词"驳回"，其中间已不能加入别的成分。

(4) 有些动宾组合在现代汉语中完全换成了另外一种说法。例如：
①湘云微笑道："我有择席的病,况且走了困,只好躺躺罢。你怎么也睡不着？"
(76.1072)
②因命："再烫热酒来！姨妈陪你吃两杯，可就吃饭罢。"宝玉听了，方又鼓起兴来。(8.125)

上例中的"走了困""鼓起兴来"，在现代汉语中相应的表达可以是"不困了""打起精神来"。

(5) 从词语使用的角度来看，有一种很普遍的情况，《红楼梦》中有些动宾组合中的动语在现代汉语中被认为是词语活用的现象。活用的情况主要有以下两种：

第一，形容词活用作动词。例如：
①凤姐道："若碰一点儿，你可仔细你的皮！"(6.100)
②难道他还短钱使，还没个足厌？（39.521)
③"可见是你不叫我近你，有意叫我远你了。"(29.402)
④可恨我小几岁年纪，若早生二三十年，如今这些老人家也不薄我没见世面了。(16.209)
⑤依我劝，你正经下个气，陪个不是，大家还是照常一样，这么也好，那么也好。(29.405)
⑥这傻大姐听了，反吓的黄了脸，说："再不敢了。"磕了个头，呆呆而去。
(73.1011)
⑦黛玉起先原恼宝玉说话不论轻重，如今见此光景，心有所感，本来素昔爱哭，此时亦不免无言对泣。(64.890)
⑧且喜贾琏与黛玉回来，先遣人来报信，明日就可到家，宝玉听了，方略有些喜意。(16.204)

第二，名词活用为动词。例如：

①平儿道："他醋你使得，你醋他使不得。他原行的正走的正，你行动便有个坏心，连我也不放心，别说他了。"(21.288)

②刘姥姥便知是贾母了，忙上来陪着笑，福了几福，口里说："请老寿星安。"
(39.524)

2. 定语和中心语的组合

定语是名词性短语里中心语前的修饰语。实词和大多数短语都能充当。以形容词、名词、代词、数量短语最多。《红楼梦》语言中定语和中心语的组合与现代汉语相比，差异主要表现在：

(1) 某些单音节形容词做定语的用例在现代汉语中已不见。例如：

①平儿出去了，一会进来说："我都问了，没什么紧事，我就叫他们散了。"
(6.99)

②凤姐道："凭他什么样儿的，我也要见一见！别放你娘的屁了。再不带我看看，给你一顿好嘴巴。"(7.110)

③婶子若不借，又说我不会说话了，又挨一顿好打呢。(6.100)

例①中的定语"紧"在现代汉语中演变为双音节的"要紧"。例②③中的定语"好"，用于表示体罚的程度的用法在现代汉语中已不存在，一般的表达为"给你一顿嘴巴""又挨一顿打"。

(2) 某些双音节定语和中心语的组合在现代汉语中已不存在。例如：

①只是宦囊羞涩，那贾家上上下下都是一双富贵眼睛，容易拿不出来……
(8.129)

②你们成日家跟他上学，他到底念了些什么书！倒念了些流言混语在肚子里，学了些精致的淘气。(9.131)

③眼见不日又有一件非常喜事，真是烈火烹油，鲜花着锦之盛。(13.170)

(3) 量词和名词的组合方面。

汉语的量词非常丰富，量词和名词之间的搭配也是约定俗成的，不允许随意更改，《红楼梦》名词与量词的搭配与现代汉语普通话相比大同小异，差异之处，例如量词"件"，在现代汉语中"件"用来计量个体事物、衣服等，《红楼梦》中的量词"件"与名词有如下组合搭配：

①当下烘动街坊，众人当作一件新闻传说。(1.19)

②只是一件不足：如今年已半百，膝下无儿，只有一女，乳名唤作英莲，年方三岁。(1.7)

还有一些量名搭配在现代汉语中已经不再使用，例如：

③依我看来，这病尚有三分治得。吃了我的药看，若是夜里睡的着觉，那时又添了二分拿手了。(10.148)

④因见袭人等不在房内，尽力落了几点痛泪。(44.595)

3. 状语和中心语的组合

状语是谓词性短语里中心语前的修饰语，实词以及大部分短语均可充当，其中副词、形容词、时间名词、能愿动词、介宾短语、数量短语经常充当状语。《红楼梦》语言中状语和中心语的组合与现代汉语用法的差异主要体现在以下几个方面：

(1) 否定副词"不"和"没"

现代汉语中，"不"和"没"都是否定副词，但二者用法和意义不同。"不"用在形容词或动词前，否定状态或动作，例如"不漂亮""不去"；"没"用于动词前，否定过去的动作，例如"没去"。同时，"没"还可作为动词，后面接名词性宾语。

《红楼梦》中有几处"不"和"没"的用例和现代汉语用法不同，例如：

①期间琐琐碎碎，难保不有口角之争。(29.401)

②媳妇们答应了，方送去，只见方才瞧贾赦的两个婆子回来了，说："右脚面上白肿了些，如今调服了药，疼的好些了，也不甚大关系。"(76.1059)

③宝玉没好意思起来，说："薛大哥，你该罚多少？"(28.386)

④这会子又干这没要紧的事，你婶子听见了，越发抱怨你了。(37.500)

例①②中的"不"在现代汉语中用"没"，作动词，否定存在。例③④中的"没"在现代汉语中用"不"，用于形容词性词语前。

(2) 程度副词"大"

现代汉语中，"大"是形容词，而表示程度的用法见于固定词语中，例如"大快人心""大放异彩"等。《红楼梦》中"大"作为程度副词，出现的频率很高，常用于动词或形容词前做状语。例如：

①只见那边厨上封条上大书七字云："金陵十二钗正册"。(5.75)

②从前日你说看杂书不好，又劝我那些好话，竟大感激你。往日竟是我错了，

实在误到如今。(45.607)

③昨日开了方子，吃了一剂药，今日头眩的略好些，别的仍不见怎么样<u>大见效</u>。(11.151)

④政老爹便大怒了，说："将来酒色之徒耳！"因此便<u>大不喜悦</u>。(2.28)

⑤宝玉道："姐姐可<u>大安</u>了？"(8.118)

⑥黛玉见他也比先<u>大瘦</u>了，想起往日之事，不免流下泪来，些微谈了谈，便催宝玉去歇息调养。(58.802)

(3) 程度副词"很""极""最""十分""太"

现代汉语中，"很""极""最""十分""太"这些表示程度的副词，一般用于形容词前面，起修饰、限制作用，表示的含义是程度深。而在《红楼梦》中，这些副词多用于动词或动词性短语前面做状语。例如：

①你也不用说誓，我<u>很知道</u>你心里有"妹妹"，但只是见了"姐姐"，就把"妹妹"忘了。(28.389)

②凤姐儿说："我回太太，我先瞧瞧蓉哥儿媳妇，我再过去。"王夫人道："很是，我们都要去瞧瞧他，倒怕他嫌闹的慌，说我们问他好罢。"(11.153)

③我虽在那屋里，却不敢<u>很使他们</u>，过三天五天，我倒得拿出钱来给他们打酒买点心吃才好。(57.790)

④"你<u>很看真</u>是纸钱了么？我烧的是林姑娘写坏了的字纸！"(58.801)

⑤谁知贾菌年纪虽小，志气最大，<u>极是</u>淘气不怕人的。(9.137)

⑥宝玉见一个人没有，因想"这里素日有个小书房，内曾挂着一轴美人，<u>极画的得神</u>"。(19.254)

⑦但我不放心的<u>最是一件</u>：我有一个孽根祸胎，是家里的"混世魔王"，今日因庙里还愿去了，尚未回来，晚间你看见便知了。(3.45)

⑧袭人满心委屈，只不好十分使出来。(33.447)

⑨这里尤氏笑道："老太太也<u>太想的到</u>，实在我们年轻力壮的人捆上十个也赶不上。"(71.989)

(4) 表达程度的两个副词连用，共同修饰和限制中心语成分。例如：

"那些面筋豆腐老太太又<u>不大甚爱吃</u>，只拣了一样椒油莼齑酱来。"(75.1043)

在现代汉语中，程度副词一般不连用，相应的合理表达方式为"不大爱吃"或者是"不甚爱吃"。

（5）单音节名词或单音节形容词做状语。例如：

①宝玉听说，便猴向凤姐身上立刻要牌，说："好姐姐，给出牌子来，叫他们要东西去。"（14.186）

②袭人道："人家牵肠挂肚的等着，你且高乐去，也到底打发人来给个信儿。"（26.358）

③一面悄推宝玉，使他赌气，一面悄悄的咕哝说："别理那老货，咱们只管乐咱们的。"（8.124）

（6）现代汉语中已不存在的状语和中心语的搭配。例如：

所以我这一段故事，也不愿世人称奇道妙，也不定要世人喜悦检读，只愿他们当那醉淫饱卧之时，或避事去愁之际，把此一玩，岂不省了些寿命筋力？（1.6）

4. 中心语和补语的组合

谓词后的补充说明的成分叫补语，被补充说明的成分叫中心语。补语由谓词性词语、介词短语等充当。《红楼梦》中心语和补语的组合与现代汉语的差异之处体现在：

（1）在现代汉语中，补语分为时量补语和动量补语、处所补语等。时量补语由数词或时间名词充当，表示动作持续的时间，例如"住了三年""找了你一天"；动量补语一般由数词和动量词充当，表示动作发生的次数或频率，例如"打了我一下""看了三遍"；处所补语一般由介词短语充当，表示动作发生的处所，例如"生于北京"。不管是以上哪一种补语，一般都要求补语所修饰的中心语要有比较强的动作性，且时量补语要求前面的动作具有持续性。《红楼梦》中的用法与此不同，例如：

①正想着，只听里面隔着纱窗子笑说道："快进来罢。我怎么就忘了你两三个月！"（26.351）

②近来家母偶着了些风寒，不好了两天。（26.357）

③雨村正值偶感风寒，病在旅店，将一月光景方渐愈。（2.24）

上例中时间名词、处所名词做补语时，对谓词动作性和持续性的要求比较松散。

（2）在现代汉语中，如果动词后面有宾语和补语，一般来说是"动词+补语+宾语"的格式，例如："吃不着葡萄""写完了作业"；《红楼梦》中有多处使用的是"动词+宾语+补语"的格式，例如：

①这些丫头们明知宝玉不讲究这些，二则李嬷嬷已是告老解事出去的了，如今管他们不着，因此只顾顽，并不理他。(19.258)

②也因姨妈看着香菱模样儿好还是末则，其为人行事，却又比别的女孩子不同，温柔安静，差不多的主子姑娘也跟他不上呢，故此摆酒请客的费事，明堂正道的与他作了妾。(16.206)

（3）现代汉语中如果是动词带宾语又带有复合趋向补语，一般用"动词＋起＋宾语＋来"的结构，例如，"喝起水来""唱起歌来"，而在《红楼梦》中，有时使用"动词＋宾语＋起来"的格式，例如：

急疼之时，只叫"姐姐""妹妹"字样，或可解疼也未可知，因叫了一声，便果觉不疼了，遂得了秘法：每疼痛之极，便连叫姐妹起来了。(2.31)

二、实词和虚词的组合

1. 动态助词

现代汉语中的动态助词主要有"着""了""过"，用在动词的后面，表示动作正在进行、完成或经验。一般来说，动态助词要求它所附着的动词具有较强的动作性，例如"写、看、走、想"等。其中"着"所修饰的动词还要具有延续性。而《红楼梦》中动态助词的使用对前面所附着动词的动作性和延续性的要求比较松散。例如：

①虽然生气，姑娘到底也该保重着些。(29.403)

②（宝玉）又跳起来问着茜雪道："他是你那一门子的奶奶，你们这么孝敬他？不过是仗着我小时候吃过他几日奶罢了……"(8.127)

③凤姐笑道："谁可好好的得罪着他？况且他天天在园里，左不过是他们姊妹那一群人。"(78.1095)

再如助词"了"，例如：

④那史湘云又是极爱说话的，那里禁得起香菱又请教他谈诗，越发高了兴，没昼没夜高谈阔论起来。(49.657)

现代汉语中"高兴"已变成一个复合词，中间不再加入其他成分。

2. 结构助词

《红楼梦》中有些使用结构助词的句法组合，在现代汉语中不用结构助词。例如：

①我<u>整整地</u>三天没见你了。（27.368）

②紫鹃听了，也红了脸，笑道："姨太太真个<u>倚老卖老的</u>起来。"（57.793）

③黛玉先<u>忙的</u>说："别扫大家的兴！舅舅若叫你，只说姨妈留着呢。这个妈妈，他吃了酒，又拿我们来醒脾了！"（8.124）

有些句法组合没有用结构助词，而在现代汉语中需要使用相应的结构助词。例如：

④满街之人个个都赞："<u>好热闹戏</u>，别人家断不能有的。"（19.254）

⑤宝钗道："我才打发他们找你们探丫头去了，叫他同到这里来，我也<u>明白告诉他</u>。"（75.1042）

在现代汉语中，例④画线部分定语和中心语之间要加"的"，"好热闹的戏"；例⑤画线部分状语和中心语中间要加"地"，"明白地告诉他"。

三、构形重叠

重叠分为构词重叠和构形重叠。构词重叠是构词的方式之一，属于词法层面；构形重叠是词形的变化规则，属于句法层面。《红楼梦》中有些构形重叠在现代汉语中已不见，例如：

1. 形容词的重叠形式

①一语未了，二门上小厮传报："老爷在大书房等二爷呢。"贾琏听了，<u>忙忙</u>整衣出去。（16.206）

②宝钗说："亏你说，还是<u>特特</u>的带来的才放了一二十天，若不是<u>特特</u>的带来，大约要放到年底下才送来呢。我看你也诸事太不留心了。"（67.927）

例①、例②中的"忙忙""特特"是构形重叠，表示程度加深，但在现代汉语中已无这两个词的重叠用法。

2. 动词的重叠形式

①那僧又道："若说你性灵，却又如此质蠢，并更无奇贵之处。如此也只好

踮脚而已。也罢，我如今大施佛法助你助，待劫终之日，复还本质，以了此案。你道好否？"（1.3）

②早知是他，我们大家也该劝他劝才是。任他怎么着，也不叫他去。（67.930）

例①和例②中的"动词+宾语+动词"的重叠格式，在现代汉语中采用"动词+动词+宾语"的格式。例如"帮帮你""劝劝他"，重叠后的意义均表示短暂、尝试。

四、组合语序问题

《红楼梦》中很多句法结构的语序和现代汉语不同，主要体现在：

1."容易+动词+不+趋向补语"格式

①宝玉生的肌肤丰泽，容易褪不下来。

②只是宦囊羞涩，那贾家上上下下都是一双富贵眼睛，容易拿不出来……

（8.129）

这种"容易+动词+不+趋向补语"格式在现代汉语中相应的格式为"不+容易+动词+趋向补语"，即"不容易褪下来"和"不容易拿出来"。

2."程度副词+中心语+补语"格式

①话未说完，急的袭人忙握他的嘴，说："好好的，正为劝你这些，倒更说的狠了。"（19.262）

②薛蟠此时一身难以两顾，惟徘徊观望于二者之间，十分闹的无法，便出门躲在外厢。（80.1135）

③想是他过于生得好了，反被这好所误。（77.1081）

现代汉语用法与此不同，"中心语+补语"的结构如果有表示程度的副词修饰，副词一般放在中心语和补语之间，即"中心语+程度副词+补语"。上面的例①②③在现代汉语里相应的表达为"倒说得更狠了""闹得十分没办法"和"生得过于好"。

3.其他句法组合语序与现代汉语不同的情况。例如：

①袭人见他脸都气黄了，眼眉都变了，从来没气的这样，便拉着他的手，笑道："你同妹妹拌嘴，不犯着砸他，倘或砸坏了，叫他心里脸上怎么过的去？"（29.402）

②袭人也没别说，只说太性急了些。（53.718）

③这叫姨妈看见了，又说一个不清。62.861

④周瑞家的听了，一声儿不言语。宝玉便问道："周姐姐，你作什么到那边去了？"（7.108）

五、特殊句式

《红楼梦》中，有许多特殊句式的句法组合与现代汉语的规律不同，这些特殊句式主要有比较句、处置式。

1. 比较句

现代汉语中，"比"可以是动词，也可以是介词，其用法主要有以下几点：

（1）"比"是动词时，并不直接加比较的对象，而是用"和＋比较对象"放在动词"比"的前面，例如"和我比"。

（2）"比"用于差比，不用于平比。

（3）"比"用于差比的时候，后面接差别的性质，例如"比北京大""比小李年轻"。不可以用"不同""另一样""差不多"等模糊的比较结果。

《红楼梦》中有如下用例，和现代汉语的规律不同：

①说良心话，谁还敢比他呢？别说他素日殷勤小心，便是不殷勤小心，也拼不得。（26.349）

②要是别的丫头，赏他几两银子就完了，只是金钏儿虽然是个丫头，素日在我跟前比我的女儿也差不多。（32.438）

③他也知道袭人在宝玉房中比别个不同，今见他端了茶来，宝玉又在旁边坐着，便忙站起来笑道……（26.352）

④湘云笑道："病也比人家另一样，原招笑儿，反说起人来。"（58.800）

其中例①中"比"是动词，直接加了比较对象。例②③④则都是模糊的比较结果。

另外还有"形容词＋过＋比较对象＋比较结构"的格式，例如：

⑤老祖宗只有伶俐聪明过我十倍的，怎么如今这样福寿双全的？（52.703）

在现代汉语中，只有单音节形容词有这种格式，例如"高我十公分""大我两岁",双音节形容词一般会用"比"字来构成比较格式,例⑤在现代汉语中相应的表达形式是"比我伶俐聪明十倍"。

2."把"字句

现代汉语中"把"字句一般要满足一些特定的要求:"把"字句和"被"字句所用的主要动词一般要有较强的动作性,该动作一般会对主体或客体产生某种影响。例如:"把水喝了""被人打了";如果有表示否定的副词,这个副词应该放在"把"或"被"字的前面。与此不同,《红楼梦》中有如下用法:

①偏又把凤丫头病了,有他一人来说说笑笑,还抵得十个人的空儿。可见天下事总难十全。(76.1057)

②老祝忙笑道:"姑娘说得是。我见姑娘很喜欢,我才敢这么说,可就把规矩错了,我可是老糊涂了。"(67.933)

③原来林黛玉闻得贾政回家,必问宝玉的功课,宝玉肯分心,恐临期吃了亏。因此自己只装作不耐烦,把诗社便不起,也不以外事去勾引他。(70.969)

其中,例①②中的"病"和"错"不具有较强的动作性,而例③中的否定副词"不"的位置放在了"把 + 宾语"的后面。

另外,有些没有用"把"字的处置式,在现代汉语中一般会用"把"字把宾语提前,例如:

④况且我年纪轻,头等不压众,怨不得不放我在眼里。(16.205)

现代汉语中相应的表达式为"不把我放在眼里"。

六、余论

《红楼梦》成书于清中叶,处于近代汉语时期向现代汉语时期的过渡阶段,其语言学研究价值不言而喻。本文通过笔者收集到的语言事实,从语法角度对《红楼梦》中语言的句法组合现象和规律与现代现代汉语句法组合规律进行比较研究。这种分析在整个句法体系中进行,考察的语法现象比较全面,对句法组合问题分出几大块,内容相对完整,初步勾勒出《红楼梦》语言的句法组合同现代汉语的差异全貌,并力求做出规律性描述,期望借此丰富语言学的研究成果。

本课题尚存在深入研究的空间:一是可以与同一时期的作品进行横向对比,

验证某种句法组合现象存在的普适性；二是除了句法上描写归纳，还可以尝试从语义、认知和语用学角度对汉语句法方面的发展变化做出更为深入的解释。

参考文献

[1] 吴竞存.《红楼梦》的语言.北京：北京语言学院出版社，1996.
[2] 曹雪芹,高鹗.中国艺术研究院红楼梦研究所校注.红楼梦.北京：人民文学出版社，1996.

作者简介

王霜梅，1974年生，毕业于首都师范大学，文学博士，副教授。主要研究方向为汉语语义、语法。已在学术刊物上发表专业论文30余篇。

（原载《红楼梦学刊》2017年第1期）

试论汉语的平比句和比拟句

高育花　华雨

▲ **摘要**　汉语平比句和比拟句同属比较句，但从汉语的历史发展看，平比句和比拟句的语义和句法形式并非都泾渭分明，在某些历史时期，有些平比句与比拟句的演变路径并不相同。本文在整理现有研究成果的基础上，试图从句法形式、句义、是否处于同一语义范畴三个标准，对汉语的平比句和比拟句做出更为明确的区分，并利用原型范畴理论，对一些两可情况进行了分类分析。

▲ **关键词**　平比句；比拟句；语义范畴；句法形式；原型范畴

一、引言

　　比较和比拟是人类认知世界的重要手段，各种语言都有表达比较和比拟的方式。《马氏文通》最早对汉语中的平比句做了界定："平比者，凡象静字以比两端无轩轾而适相等者。等之之字，为'如''若''犹''由'诸字，参诸所比两端以准其平。"（吕叔湘、王海棻，2000）。此后，学者们在讨论平比句时，也多从语义出发，鲜有涉及语法形式，也未明确区分平比句和比拟句[1]。

　　虽然，从汉语的历史发展看，平比句和比拟句的语义和句法形式并非都泾渭分明。由于汉语平比句和比拟句往往采用相同的句法形式,甚至相同的形式标记，因而在以往的研究中，平比句和比拟句常常纠缠在一起。同一材料，有的学者处理成比较句，有的学者处理成比拟句。但在某些历史时期，有些平比句与比拟句

1　我们要明确的是：语法研究中的比拟句不等同于修辞学中的"比拟"，修辞学中的比拟只是一种移情寄意的写作手法，是利用心理联想机制，把甲事物当作乙事物来描写，对句式方面没有任何要求；语法研究中的比拟句，在形式上有一定的要求，一般具有本体、喻体、比拟标记和比拟结果四项，本体是要比的人或事物，喻体是用来作比拟的人或事物，比拟标记是引介喻体的词语，比拟结果是表示本体与喻体的相似属性。虽然在具体使用过程中，这四项并非一定全在句子中出现，但比拟标记、喻体必须同时显现，其他成分可根据具体语境补出。

的演变路径确实并不相同。区分平比句与比拟句，对于汉语史上比较范畴演变的研究具有重要的意义。

丁声树等（1961、1996）是最早注意到比较句（平比句）和比拟句有所不同的学者，在讨论次动词"跟、和、同"的语法意义和用法时，丁文指出："'跟、和、同'也常常用在表示比较的句子里，后头的格式很有限，最常见的是'一（个）样、一般、相同、相近'之类"，并举了一些例子，但随即又指出："严格地说，有的句子只是比拟，不是比较"（丁声树，1999）。不过，丁文并未就比较和比拟的不同展开详细论述。

二十世纪八十年代，学界开始关注比较句与比拟句的不同。陆俭明（1980）在讨论"还""更"的不同时，指出在"X 比 Y 还 W"句式中，句子的语句重音不同，所表达的句义也明显不同，当语句重音在"Y"上时，就是表示比拟。朱德熙（1982、1997）则更进一步，不仅从语句重音的角度进行了考察，而且对句式结构也进行了对比。朱文指出：在"跟……一样"连用格式中，重音在"跟"的宾语上时，是修辞的比拟，说明两事类似，"跟"能换成动词"像"，"一样"能换成"似的"；重音在"一样"上时，是实际的比较，说明两事相同，"跟"不能换成动词"像"，"一样"不能换成"似的"。而且两组格式的构造也不一样，表示比拟时，谓语部分是述宾结构：跟 +（N+ 一样）；表示比较时，谓语部分是连谓结构：（跟 +N）+ 一样（朱德熙，1997）[2]。殷志平（1995）从语义的角度分析了比较类"X 比 Y 还 W"句和比拟类"X 比 Y 还 W"句的不同，殷文指出：比较类"比"字句预设 Y 具有 W 所表示的性状、程度，且 Y 处于 W 所表示的性状、程度的两极之间的某一位置；比拟类"比"字句预设在特定的语境中，Y 具有最高的性状、程度，Y 处于 W 所表示的性状、程度的极端位置，通常 Y 超过 X。李崇兴、丁勇（2008）主要从语义出发提出两条区分标准："第一，比较在同类事物之间进行，比拟在不同类事物之间进行；第二，比较是在参与比较的两项中作出异同高下的权衡与仲裁，比拟是以甲喻乙；比较主要是述实，比拟主要是想象。"于立昌、夏群（2008）则运用句式语义内容、比较项和比较参项的同类与否以及功能语法的名词指称分类等方法综合判断。

---

[2] 这种结构和欧洲语言（European languages）的平比结构（equative construction）和比拟结构（simulative construction）有相似之处，在欧洲语言中，平比结构包括参数标记和基准标记，而比拟结构只使用基准标记。参看 Martin H aspelmarh wirh Oda Buchholz（1998）。

二、基于历时考察的汉语平比句和比拟句界说

　　语法研究中的比拟句与平比句在语义上都是对事物之间的关系加以陈述、比较，以乙事物来说明甲事物；在形式上也非常相似：平比句有比较主体、比较基准、比较标记和比较结果四项；比拟句包括本体、拟体、比拟标记和比拟结果四项。另外，比较标记类型和比拟标记类型常常重合，如都有"若/似/如/与/同/好像"和"一样/一般"等。因而在以往的研究中，很多比较句和比拟句常常纠缠在一起。同一材料，有的学者处理成比较句，有的学者处理成比拟句，如《马氏文通》中所举"且君子之交淡若水，小人之交甘若醴（《庄子·山木》)"。但正如前面所说，在某些历史时期，汉语平比句和比拟句的发展路径并不一致，我们有必要对汉语的平比句和比拟句加以界定。

　　现代汉语和古代汉语平比句的语序明显不同，学者们在关注平比句和比拟句的不同时，多从现代汉语中选取例句进行比较分析，鲜有从汉语史的角度进行观察，所以学界提出的划分标准是否适合区分各个历史时期的平比句和比拟句，还有待进一步考察。

　　第一，从形式上看，汉语平比句都是一种表示程度等同的独立句式[3]，在具体上下文中，充当主语或话题的比较主体有时会省略[4]。不同历史时期，语序有所不同，分别是：比较主体 + 比较结果 + 比较标记 + 比较基准，比较主体 + 比较标记 + 比较基准 + 比较结果。例如：

　　（1）行石邑山中，涧深，峭如墙，深百仞。(《韩非子·内储说上》)

　　（2）群橘少生意，虽多亦奚为？惜哉结实少，酸涩如棠梨。(岑参《走马川行奉送出师西征》)

　　（3）王子宫室、车马、衣服多与人同。(《孟子·尽心上》)

　　（4）道念其间，从水上流下一篇大石，如席来大小。(《元刊全相平话·武王伐纣》)

3　Martin H aspelmarh wirh Oda Buchholz (1998) 认为，在欧洲语言（European languages）中，比较结构符合西方语言中词素中心传统，而且比较结构是一种表达程度的形式，也可以看作是一种表达程度的状语小句。
4　我们认为有些平比句，虽然在具体的上下文中比较主体有时会省略，但比较基准、比较标记和比较结果一般不能省略，只有这样，才能够反映出比较主体和比较基准的程度关系，也只有这样的句法格式，才是真正的平比句。像"人主于说也，皆如燕王学道也"(《韩非子·外储说左上》) 等比较结果没有出现的句子，我们都视为只是表示等比关系的句子，而非平比句式。

以上例（1）（2）比较主体"山""涧""实"都承前省略了，比较结果都位于比较基准前；例（3）（4）比较结果位于基准后，例（3）比较结果为形容词，例（4）比较结果为名词，比较基准和比较结果之间还出现了表示概数的助词"来"。

而比拟句在形式上既可以是独立的句子，也可以是充当中心语的限定语或补足语（这时通常称为"比拟式"）。不同历史时期，比拟句主要有以下几种句法格式：本体 + 比拟标记 + 喻体，如例（5）（6）；本体 + 比拟结果 + 比拟标记 + 喻体，如例（7）（8）；主体 + 比拟标记 + 喻体 + 比拟结果，如例（9）（10）。例如：

（5）有鸟焉，其名为鹏，背若泰山。（《庄子·逍遥游》）

（6）张晃出阵打话，二骑相交，惹起四野愁云，震起满天杀气；人似南山虎，马若北海龙。（《元刊全相平话·秦并六国》）

（7）是故圣王之德，融乎若日之始出，极烛六合，而无所穷屈，昭乎若日之光，变化万物而无所不行。（《吕氏春秋·审分览》）

（8）含歌媚盼如桃叶，妙舞轻盈似柳枝。（唐·方干《赠美人四首》）

（9）自后稷以来至文武成康礼似这般周备，仁似这般深厚。（《直说通略》）

（10）西门庆见粉头肌肤纤细，牝净无毛，犹如白面蒸饼一般柔嫩可爱。

（明·兰陵笑笑生《金瓶梅》第 48 回）

以上例子中，比拟句都是独立的句子形式。在不同的历史时期，这三种结构形式也可充当中心语的限定语或补足语，一般称之为比拟式。例如：

（11）猛如虎，狠如羊，贪如狼，强不可使者，皆斩之。（《史记·项羽本纪》）

（12）一边是火杂杂的怒如虢虎，一边静悄悄的屹若长城。（清·张春帆《九尾龟》第 179 回）

例（11）中"猛如虎，狠如羊，贪如狼"用作代词"者"的定语，例（12）"怒如虢虎""屹若长城"用作补语。

比拟式除以上三种形式外，还出现了"喻体 + 比拟助词"的格式，在句中可以充当定语、状语和补语。例如：

（13）枉塑下观音般像仪，没半点慈悲的面皮。（《元杂剧·张鼎智勘魔合罗》）

（14）这镘刀是俺亲眷家的，不付能哀告借将来，风刃也似快，恁小心些使。

（《老乞大》）

(15) 这就无怪其然你把个小脸儿绷的单皮鼓也似的了，原来为这桩事！

(清·文康《儿女英雄传》第 23 回)

以上例子中比拟式分别用作定语、状语和补语。

第二，从整个句子所表达的意义看，平比重在说明两种具有某种现实联系的不同事物、行为在性质、程度、状态、数量等方面的等同关系；比拟强调两事物的相似点，把甲物当作乙物来描写，或者把人当作物或把物当作人来描写[5]。平比句中的"比"是认知主体通过对比较主体和比较基准的考察，寻找二者在某一属性上的相同点；比拟句中的"比"是认知主体通过周密观察，找出本体和喻体之间的相似性；"拟"是"拟人之体，代行其事"，通过特定的修辞手法，描写（甚至夸张描写）本体和喻体的相似点，引发种种联想，使人更容易间接地认识本体事物特征，同时也可感受到喻体特具的意蕴所表达的特定情感和意义，是复杂和多维的。因此比拟不但可以明物状物，还可以渲染情感，表达内心感受，揭示事物意义，创造一定的意境。例如：

(16) 臣弃老母于东周，固去自为而行进取也。今有孝如曾参，廉如伯夷，信如尾生。(《史记·苏秦列传》)

(17) 你奸似赵盾，我饱如灵辄。(《元杂剧·关大王单刀会》)

(18) 藐姑射之山，有神人居焉，肌肤若冰雪，淖约若处子。(《庄子·逍遥游》)

(19) 锦裆胡儿黑如漆，骑羊上冰如箭疾。(唐·贯休《塞上曲二首》)

例（16）中比较主体（"臣"，承前省略）和比较基准"曾参""伯夷""尾生"之间的相同点（比较结果）分别是"孝""廉""信"；例（17）中比较主体"你""我"和比较基准"赵盾""灵辄"之间的相同点（比较结果）分别是"奸""饱"，两个例句都是"举同说明"，都是典型的平比句。例（18）中用喻体"冰雪"来形容肌肤洁白滑润，用"淖约"来形容女子姿态柔美；例（19）借助"漆"来描摹颜色之黑，借助"箭"说明速度之快，两个例句都是通过寻找或体悟本体和喻体之间的相似点，把属于喻体的属性特征移植给了本体，使得这些相似点具体可感，都是比拟句。

第三，从比较/比拟参项的语义范畴看，情况比较复杂。语文学界在区分平

---

[5] Martin H aspelmarh wirh Oda Buchholz (1998) 指出：从语义上看，平比结构（equative construction）表示等同的程度（extent），比拟结构（simulative construction）表示等同的方式（manner）。程度是一种简单的维度，而方式则更为复杂和多维，因此平比结构只能表达等同，而比拟则可表达相似性。

比和比拟时,一般都会借用钱锺书先生"凡喻必以非类""同类作比即比较"的观点[6],即比较双方属于同一范畴则为平比,否则即为比拟。邓文彬(1987)指出:只有性质相同、语义上也具有相同因素的东西才能进行比较,这种比较才有意义。也就是说,比较句必须是同类事物之间的比较,平比句是比较句的一种,因此平比句的两个比较项必须是同一属概念下的两个同层级的种概念,如例(16)(17)两句比较项都是人,但又是特点各异的不同个体。比拟句是针对甲乙两种不同的事物,通过联想、想象,把甲事物的一般表象通过乙事物的突出表象展现出来,如例(18)中本体"肌肤"和喻体"冰雪"就是完全不同的概念,但一说到"冰雪",人们想到的自然是洁白、光滑这样的内蕴意义,用"冰雪"的这种突出特征来描写肌肤,能给人具体形象的感受。

比拟句中的本体和喻体虽然是不同概念,但二者有相似之处,因此"在观念上有联络,想象上能变通"(周达生,1988)。词的意义包括理性意义和内蕴意义,理性意义是事物本质属性在语言中的反映,内蕴意义是事物的非本质属性在语言中的反映。比拟句中本体和喻体的不同是指本质属性的不同,事物的本质属性是客观的,人对它的认识是相同的,超越社会、时代的,对非本质属性的认识则可以具有主观性。对同一个事物,不同的社会、个人可能会有不同的认识。因此本质属性不同的两个事物,其非本质属性却有可能相似或形同。例如:

(20)且君子之交淡若水,小人之交甘若醴。(《庄子·山木》)

该例中"君子之交"和"水","小人之交"和"醴"都是完全不同的概念,但人们认为二者在某些性质上(如"淡""甘")是相同的,因此可以通过"水"和"醴"这些具体事物来认识、理解抽象事物"君子之交""小人之交",也就是说人们把"水"和"醴"的突出特点投射到"君子之交""小人之交"上。

我们认为"凡喻必以非类""同类作比即比较"中的"类"应该是指属概念。平比句中的比较项和比较基准属于同一属概念,但分属同一层级的不同种概念;比拟句中主体和喻体分属不同属概念,或分属不同属概念之下的种概念,但种概念不一定是同一个层级的。

如果以"凡喻必以非类""同类作比即比较"作为区分比较句和比拟句的一个重要标准,就意味着语言必须拥有一个完备而等级分明的范畴层级体系,这样同类和非同类可以自然地区分开来。但是实际语言环境中,这种分类通常等级不

---

[6] 参见钱锺书《管锥编》(1980)第75页,但该书中的"类"究竟是指属概念还是种概念,并未明确界定。

严格、界限不分明，甚至常常会有新的概念产生，从而导致概念类别空缺、交叉现象频现。因此，所谓事物是否同类，或者说两事物是否属于同一语义范畴，是一个很复杂的问题。例如：

（21）火山五月行人少，看君马去疾如鸟。（唐·岑参《武威送刘判官赴碛西行军》）

例中马与鸟属概念相同，同属动物，种概念层级相同，一属"走兽"，一属"飞禽"，按我们前面的标准，这种句子在语义上应该属于比较而非比拟，但从句法形式上看，"马去疾如鸟"又应该属于比拟式。再例如：

（22）一见九老爷到，九老妈的眼睛立刻闪烁出翠绿的光芒，像被恶狗逼到墙角旮旯里的疯猫的眼睛。（莫言《红蝗》）

该例语义结构其实是"……的眼睛像……的眼睛"，两个参项是典型的同类关系。但这两个定中结构，领属定语"九老妈""疯猫"和中心语"眼睛"的关系都是不可让渡的、是恒久的，在确定两个参项是否同类时，领属定语的种属关系似乎更为重要，"九老妈"和"疯猫"分属不同属概念，因此理解成比拟句更为合理[7]。

通过以上的考察和分析，我们认为，汉语中平比句和比拟句可以从以下几个方面进行界定：

（一）如果是在句中充当限定语或补语的结构形式，那么这一结构就是比拟式。

（二）如果是独立的句子，则既可能是平比句，也可能是比拟句：

1. 如果表示属性的词语没有出现，那一定是比拟句。因为比拟句探寻的是主体与喻体间的相似点，喻体一般是具体的、有所认识的事物，人们是通过喻体来认识或阐释、比拟主体的，也就是把喻体的特点投射到主体上，而这些特点是复杂和多维的，所以有些句子虽然没有具体的比拟结果〔如例（5）（6）〕，但读者可以通过联想、想象，感知到二者之间的相似性。而平比句强调的是比较主体和比较基准间的相同点，是有待说明的情况，是对比较主体的陈述，必须加以明确说明，否则有可能会出现意义上的差别，因此不可省略。

2. 如果主体和基准项确定属于同一属概念，但分属的是同一层级的不同种概

[7] 在口头表达中，我们也经常会遇到这样的句子："我的小女儿已经和书桌一样高了"，从表面看，似乎是两个非同类的事物（"小女儿""书桌"）在做比，事实上，该句子的两个参项应该分别是"小女儿的身高"和"书桌的高度"，因此是典型平比句。

念，则是平比句。

3. 如果主体和基准项确定分属不同属概念，或分属不同属概念之下的种概念，则是比拟句。

在形式和句义的考虑中，形式优先，即如果该结构形式只是在句中充当限定语或补语，则这一结构就是比拟式。如果是独立的句子，再根据句义和比较参项的语义范畴判定其是平比句还是比拟句。

三、余论

我们试图从结构形式、句义和比较参项的语义范畴三方面对汉语的平比句和比拟句做出更为明确的区分，但通过对大量的、不同时期的语料进行调查，我们深切地体会到：在实际语言运用中，平比句和比拟句之间的关系错综复杂，"剪不断，理还乱"。人们之所以采用比拟句，是感知到现实形式与语言成分及结构之间的相似性。词的意义是事物属性在语言中的反映；词的理性意义是事物的本质属性在语言中的反映，词的内蕴意义则是事物对象的非本质属性在语言中的反映。事物的本质属性是客观的，人对它的认识是相同的，是超社会、时代的。但对非本质属性的认识，则可以具有主观性。对同一个事物，不同的社会、个人可能会有不同的认识。比拟句中，本体和喻体两者之间的相似则指的是非本质属性的形同、相近。因此，人们运用比拟之前，势必要将本体与喻体进行比较，再进一步利用喻体的特征进行相应的联想，最终获得修辞的效果，这其中比较的环节不能避免。我们依据比较参项是否处于同一语义范畴能够在一定程度上对平比与比拟加以区分，但在实际语料中，依然存在部分用例无法明确划分的问题，我们根据基准项的不同将其分为五类：

（一）神仙鬼怪类

（23）因为他又会瞧病，又会算势，又会画两笔划儿，又会圆光扶鸾，又能谄媚又能拍，所以把小额家里上上下下全给朦背啦，大家敬的他真如同圣人一般。

（清·松友梅《小额》第 45 页）

（24）他象个大烟鬼。（老舍《四世同堂》第 85 章）

神仙鬼怪既有"菩萨""天神""妖怪"等完全属于非人间的神魔，也有像例

(23) 和 (24) 这样的特殊情况。例 (23) 中"圣人"是接近于神仙的人,例 (24) 中"烟鬼"并不是真正的鬼,而是指嗜烟如命的人,"圣人"和"烟鬼"与"人"是否处于同一语义范畴难以判定。

(二) 人物类

A．小孩类

(25)（何秀妹）那哭的神气就像一个小孩子。(茅盾《子夜》第 14 章)

B．亲属类

(26) 太太平日又最疼这个丫头,疼的如儿女一般。(清·文康《儿女英雄传》第 35 回)

C．职业类

(27) 只见赵朴斋脸上沾染几搭乌煤,两边鬓发长至寸许;身穿七拼八补的短衫裤,暗昏昏不知是甚颜色;两足光赤,鞋袜俱无,俨然像乞丐一般。(清·韩邦庆《海上花列传》第 29 回)

D．历史人物类

(28) 她比她的丈夫的气派更大,一举一动都颇象西太后。(老舍《四世同堂》第 2 章)

E．其他

(29) 她露不出自己的威风,而只缩头缩脑的站在那里,象个乡下来的傻丫头。

(老舍《四世同堂》第 70 章)

(30) 秋谷是素来认得,不必说了;看了春树,朱唇粉面,那相貌竟同大家闺秀一般,也觉脉脉无言,芳心自动。(清·张春帆《九尾龟》第 15 回)

以上例子中主体和基准都属于"人"这一属概念,似应属同一语义范畴,属平比句,但在大多数读者看来,这些句子更像是比拟句。例 (25) 何秀妹哭得像小孩子,但实际并非小孩子;例 (26) 这个丫头可疼,但并非儿女;例 (27) 赵朴斋"两足光赤,鞋袜俱无",看着像是"乞丐"可毕竟不是乞丐;例 (28) 大赤包气派大像"西太后"但不是西太后;例 (29) 和例 (30) 亦是如此。而且,这里的基准项"小孩子""儿女""乞丐""西太后""乡下来的傻丫头""大家闺秀",无论是哪一种都带着作为某一类人物的独特特征,比较项与基准项之间有比较的意味,也有利用这种特征说明、描摹另一事物和抒情达意的倾向,类似于比拟。

（三）动作类

（31）潘三像写了卖身文契与他一样，零零星星真应酬了好几年，直到那人死了方罢。（清·陈森《品花宝鉴》第 47 回）

（32）他脸上还是木然没有表情，说起话来，象背诵一个听过许多遍的故事。

（老舍《四世同堂》第 92 章）

（四）情境类

（33）朴斋剔亮灯心，再睡下去，这一觉冥然无知，俨如小死。（清·韩邦庆《海上花列传》第 3 回）

（34）安老爷道："大家且静一静，我这半日只像在梦境里呢！"（清·文康《儿女英雄传》第 36 回）

动作类和情境类一样，很难说明它们是否属于同一语义范畴，即使确定不属于同一语义范畴，基准项事件是否具有特征性也难以判断。如例（32），他说起话来"象背诵一个听过许多遍的故事"，"背故事"隐含着老生常谈或是说话木无表情的意味，既可以是单纯的比较，也可以是用隐含特征进行比喻。

以上这些例句，无论是从句义上，还是比较参项的语义范畴上，我们都很难说其是典型的平比句或比拟句[8]。正如袁毓林（1995）所言："句法结构也是一种原型范畴，是人们根据不同实例在结构方式上的种种相似性而概括出来的类型，属于同一种结构类型的实例有典型和非典型之分。"平比与比拟之间绝不是截然对立的两面，而是处于认知关系的连续统，当比较项与基准项之间的语义域差距变大时，平比就有向比拟过渡的趋势，成为平比句中的非典型成员。而"如果某一范畴的非典型成员又和其他范畴的典型成员具有一定的相似性，那么这种事物就处在两类的边界"（袁毓林，1995）。因此我们可以说，上面所列举的几种情况，从语义范畴的角度看，它们既不是平比句的典型成员，也不是比拟句的典型成员。但是我们不能因为这些而将平比句和比拟句混在一起。如果我们能用原型范畴的眼光重新看待不同时期的平比句和比拟句，对两者关系的理解与认识也就会不断加深。

8　如果我们严格采用形式优先的原则，视比较结果没有出现的句子为表示等比式的句子而非平比句式，视在句中充当限定语或补足语的结构为比拟式，那么上述一些例句如（23）（24）（26）的划分就不存在问题。

参考文献

[1] 邓文彬. "比"字句生成过程中的条件与制约. 河南大学学报（哲学社会科学版），1987(5).
[2] 丁声树，等. 现代汉语语法讲话. 北京：商务印书馆，1961.
[3] 李崇兴，丁勇. 元代汉语的比拟句. 汉语学报，2008（1）.
[4] 陆俭明. "还"和"更" // 语言学论丛. 北京：商务印书馆，1980.
[5] 吕叔湘，王海棻.《马氏文通》读本. 上海：上海教育出版社，2000.
[6] 钱锺书. 管锥编. 北京：中华书局，1979.
[7] 殷志平. "X 比 Y 还 W"两种功能. 中国语文，1995（2）.
[8] 于立昌，夏群. 比较句和比拟句试析. 语言教学与研究，2008（1）.
[9] 袁毓林. 词类范畴的家族相似性. 中国社会科学，1995（1）.
[10] 周达生. 比拟的定义——兼论比拟的成分. 佛山大学佛山师专学报，1988（3）.
[11] 朱德熙. 语法讲义. 北京：商务印书馆，1982.
[12] Haspelmath, Martin & Buchholz Oda. Equative and similative constructions in the languages of Europe. In Van Der Auwera, Johan & Òbaoill, Dònallip(ed.). Adverbial Constructions in the languages of Europe. Berlin: Mouton deGruyter, 1998.

作者简介

高育花，1971 年生，毕业于南京大学中文系，文学博士，教授。主要研究方向为汉语历史语法、汉语国际教育。出版专著有《中古汉语副词研究》《〈元刊全相平话五种〉语法研究》，发表学术论文近 40 篇。

（原载《励耘语言学刊》2016 年第 2 辑）

中古汉语副词语义指向分析

高育花

▲ **摘要** 本文以中古汉语副词作为研究对象,重点分析了中古汉语中范围副词、时间副词、程度副词、语气副词、情状方式副词、指代性副词等六类副词在语义指向上的特点。分析发现:中古汉语副词语义指向比较复杂,有的是前指单项副词,有的是后指单项副词,有的是双指多项副词,有的是多联副词。

▲ **关键词** 语义指向;中古汉语;副词

研究副词在句法结构中的语义指向,可以探索到一些有关语义结构的特点和规律。从句法结构关系看,副词一般位于主语之后,谓语中心语(多为动词或形容词)之前,表示动作、行为、发展变化、性质状态的范围、时间、程度、语气、情状方式等;语义上,它一般修饰或限制其后的中心语。但在很多句子中,副词的语义指向却要复杂得多。作为状语,副词除了与同一层面上的谓语中心语有语义关系外,还可能与句中其他层面上的成分有一定的语义联系。由于不同时期同类副词的组合关系可能不同,所以即使同一副词,在不同时期的语义指向也可能会有所不同。下面我们重点分析中古汉语中各类副词在语义指向上的特点。

一、范围副词

中古汉语中,范围副词特别发达,它的语义指向也最为复杂,不仅可以指向同一层面的谓语部分,更多的是指向上位层面的主语以及下位层面的宾语,偶尔还可指向兼语和状语。下面我们分别加以分析。

（一）表总括的范围副词

中古汉语范围副词中，表总括的副词占多数，这些副词语义的"指""项"并不一致。有的是前指单项副词(在句法结构中只跟前边的成分发生语义联系)(邵敬敏，1990)，如"差1、适1、大都、大较、大略、大判、大率、大体"等；有的是后指单项副词（在句法结构中只跟后边的成分发生语义联系)，如"凡1、了"等；有的是双指多项副词（在句法结构中既可以跟前边的成分发生语义关系，也可以和后边的语义成分发生关系，有时还可以与前后两边都发生关系），这种副词在一定的语义条件下往往产生歧义，不过在具体语境中这些副词的语义指向仍是确定的，如"备、遍、并、都1、顿1、皆、尽、具、略1、颇1、全1、悉、咸、总"等。下面仅举几例分别说明。例如：

(1) 余数见断谷人三年二年者多，皆身轻色好，堪风寒暑湿，大都无肥者耳。(《抱朴子内篇·杂应》)

(2) 其增损源起，事不可详，大略汉世张衡《西京赋》是其始也。(《南齐书·乐志》)

以上副词"大都""大略"语义均指向前边的主语部分。

(3) 凡举事无为亲厚者所痛，而为见雄者所快。(《后汉书·朱浮传》)

(4) 阿凡和利遣婢市卖，了无所二。(《中本起经·度奈女品》)

以上副词"凡"语义指向它后边的动词性主语，"了"语义指向它所修饰的谓语部分。

(5) 今国贼非但匈奴，未可求安也，须天下都定，各反桑梓，归种本土，乃其宜耳。(《三国志·蜀志·赵云传》裴注引《云别传》)

(6) 又从今年八月至十月，都不复见一条？(《周氏冥通记》卷一)

(7) 道人自观体内恶露，都为不净。(《六度集经·菩萨得禅》)

(8) 子献问左右："何以都不闻消息？此已丧矣。"(《世说新语·伤逝》)

(9) 平至之日，都委诸事，群臣上下皆怪臣待平之厚也。(《三国志·蜀志·廖立传》)

以上副词"都"的语义分别指向前边的主语、状语、兼语和后边的谓语、宾语。

(10) 尝览书史，数千年来，略在眼中矣。(《南齐书·刘善明传》)

(11) 虽践蛇，蛇不敢动，亦略不逢见蛇也。(《抱朴子内篇·登涉》)

以上副词"略"的语义分别指向前边的主语和后边的谓语。

这种副词往往会产生歧义，如例（8）中的副词"都"字，如果没有具体的语境，"都"的语义还可以是指向主语的，即整个句意可以理解为"为什么所有的人都没有听到这个消息？"又如："儒不能都晓古今，欲各别说其经；经事义类，乃以不知为贵也？事不晓，不以短。"（《论衡·谢短》）句中的副词"都"字，如果没有具体的语境，"都"的语义既可以指向主语"儒"，也可以指向宾语"古今"，还可以同时双指，既指向主语，又指向宾语。但从上下文义来看，副词"都"的语义指向应是宾语"古今"。要解决双指多项副词的歧义问题，就必须把这些副词放到具体的语境中去分析探讨，必须把静态的研究和动态的研究结合起来。

（二）表限定的范围副词

中古汉语中表限定的范围副词的语义指向比较简单，均是后指单项副词，这些副词的语义有时指向谓语，有时指向宾语。例如：

（12）邺中朝士，有单服杏仁、构杞、黄精、术、车前得益者甚多，不能一一说尔。（《颜氏家训·养生》）

（13）圈前有二碑，碑字沦碎，不可复识，羊虎倾低，殆存而已。（《水经注·颖水》）

（14）王公亦遽命驾，飞辔出门，犹患牛迟，乃以左手攀车阑，右手捉麈尾，以柄助御者打牛，狼狈奔驰，劣得先至。（《世说新语·轻诋》刘注引《妒记》）

以上指向谓语。

（15）淡则更以盐和糁，咸则空下糁，不复以盐按之。（《齐民要术》卷八）

（16）其国本无人民，正有鬼神，及龙居之。（《法显传》）

（17）孤志在立事，不得不曲意于公路，求索故兵，再往才得千余人耳。（《三国志·吴志·太史慈传》裴注引《江表传》）

以上指向宾语。

（三）表统计的范围副词

中古汉语中表统计的副词很少，主要有"都2、凡2"，语义指向也很单一，均指向后边的数量结构。例如：

（18）时人寿八万四千岁，都有九种病，寒热饥渴大小，便利爱欲食多，年老体赢。（《六度集经·阿离念弥经》）

（19）五年一朝，凡三朝。（《汉书·代孝王传》）

（四）表齐同的范围副词

这类副词均是多联副词（即在语义上必须同时联系两个或两个以上对象的副词），联系的对象有时在同一句中，有时在不同句中。例如：

(20) 益州刺史毛璩万里齐契，扫其荆楚。（《宋书·武帝纪》）

(21) 内外可通共详思，务令节俭。（《宋书·文帝纪》）

例（20）中副词"齐"语义上同时联系着两个对象，即"益州刺史毛璩"和"武帝"（出现在前边句中）；例（21）中副词"通共"语义上也联系着两个对象"内"和"外"。

（五）表类同的范围副词

中古汉语中表类同的范围副词只有"也""亦"两个，它们的语义一般指向谓语中心词的关联项。这一点，沈开木先生在分析副词"也"时已经指出："'也'字表示'异中有同'。'也'字在表示'异中有同'时是指向（取用语义）两事的。"（沈开木，1983）例如：

(22) 贞女信无矫？傍邻也见疑。（沈约《贞女行》）

(23) 臣今来亦欲为吴，非但为蜀也。（《三国志·蜀志·邓芝传》）

二、时间副词

中古汉语中时间副词最多，使用频率也很高，但语义指向单一，均指向它所修饰的谓语部分。例如：

(24) 往又经在寻阳长公主第，兄弟共集，忽中坐忿怒。（《宋书·庐江王袆传》）

(25) 佗脉之曰："府君胃中有虫数升，欲成内疽，食腥物所为也。"（《三国志·魏志·华佗传》）

(26) 所通尚多，收上事绝，臣登具启闻，即蒙蠲原。（《南齐书·王敬则传》）

(27) 元康之末，而贾后专制，谮杀太子，寻亦诛废。（《搜神记》卷七）

(28) 曹公，豺虎也，然托名汉相，挟天子以征四方，动以朝廷为辞。（《三国志·吴志·周瑜传》）

以上诸例中的时间副词"经""欲""登""寻""动"的语义均指向同一层面

中的谓语部分。

时间副词的语义特征就是表示动作行为或情况发生的时间，这就决定了它的指向只能是它所修饰的谓语部分。

三、程度副词

后指单项程度副词由于所表程度不同，中古汉语中程度副词的语义指向也不尽一致。根据其在语义上所联系对象的不同，中古程度副词可以分为两类：

（一）后指单项程度副词

后指单项程度副词也就是王力（1985）所说的"绝对程度副词"。这类副词只是对某种属性或状态的一种强调，并不涉及第二者，其语义也只能是后指，而且只是单项。中古汉语中这类副词主要有："差2、独2、笃、过、好1、极、精、苦1、酷、良1、颇3、奇、全2、伤、甚、殊、熟、太、雅、正3、至、壮"等。例如：

（29）河西牛羊肥，酪过精好，但写酪置革上，都不解散也。（《世说新语·言语》刘注引《西河旧事》）

（30）犹如伯叔兄弟，酷类先人，可得终身肠断，与之绝耶？（《颜氏家训·风操》）

（31）幼璵少好佛法，剪落长斋，持行精苦。（《南齐书·何幼璵传》）

（32）翩翩三青鸟，毛色奇可怜。（陶潜《读山海经》）

（33）王详事后母朱夫人甚谨。（《世说新语·德行》）

以上诸例中的程度副词"过""酷""精""奇""甚"的语义均指向同一层面中的谓语部分。

（二）多联程度副词

多联程度副词也就是王力先生所说的"相对程度副词"。这类副词是对两个或两个以上对象进行比较的结果，因而除"被比较项"之外，客观上还存在着另一个或几个"比较项"。在形式上，这个（些）"比较项"可能显现，也可能潜存。这类副词在语义上同时跟"比较项"和"被比较项"发生联系。不过这种联系是共时的，而且不产生歧义。中古汉语中这类副词主要有"绝、偏1、尤、最、特尤、最差、更₁、加、益、愈、转₁、更愈、特加、益加、益更、愈加、愈益、差₃、粗、略₂、颇₄、稍₁、少、微、粗略、多少"等。例如：

(34) 后长七尺二寸，姿颜妹丽，绝异于众。(《后汉书·和熹邓皇后纪》)

此例中副词"绝"在语义上同时联系着比较项"众"和被比较项"后"。

(35) 沛国刘显，博览经籍，偏精班《汉》。(《颜氏家训·书证》)

此例中副词"偏"在语义上同时联系着比较项"经籍"和被比较项"班《汉》"。

(36) 孔子，道德之祖，诸子之中最卓者也。(《论衡·本性》)

此例中副词"最"在语义上同时联系着比较项"诸子"和被比较项"孔子"。

(37) 沙门虽云俗外，反更束与教，非情性自得之谓也。(《世说新语·轻诋》)

此例中副词"更"在语义上同时联系着比较项"俗"和被比较项"沙门"。

(38) 何平叔美姿仪，面至白。魏明帝疑其傅粉，正夏月，与其汤饼。既啖，大汗出，以朱衣自拭，色转皎然。(《世说新语·容止》)

此例中副词"转"在语义上同时联系着比较项"至白"和被比较项"皎然"。

(39) 且汉总帝皇之号，号曰皇帝。有别称帝，无别称皇，则皇是其差轻者也。

(《三国志·魏志·王肃传》)

此例中副词"差"在语义上同时联系着比较项"皇帝"和被比较项"皇"。

(40)《程材》《量知》，言儒生、文吏之材不能相过，以儒生修大道，文吏晓薄书，道胜于事，故谓儒生颇愈文吏也。(《论衡·谢短》)

此例中副词"颇"在语义上同时联系着比较项"文吏"和被比较项"儒生"。

以上是比较项显现的用例。

(41) 姑云："丧败之徐，乞粗存活，便足慰徐年，何敢希汝比。"却后少日，公报姑云："已觅得婚处，门地粗可，婿身名宦，尽不减娇。"(《世说新语·假谲》)

此例中第一个副词"粗"的比较项和被比较项不在同一句中，比较项是"汝"，被比较项是"姑之女"。第二个副词"粗"的比较项是潜存的，被比较项是显现的，即"门地"。

(42) 初，陈群非嘉不治行检，数廷诉嘉，嘉意自若。太祖愈益重之，然以群能持正，亦悦焉。(《三国志·魏志·郭嘉传》)

(43) 然而论情性，竟无定是，唯世硕、公孙尼子之徒，颇得其正。(《论衡·本性》)

(44) 时伪梁王谅镇在彭城，亦多少信向。(《高僧传·梁释法悦》)

以上三例中副词"愈益""颇""多少"的比较项都是潜存的。

四、语气副词

中古汉语语气副词构成比较复杂,根据其在语义上所联系对象的不同,中古语气副词可以分为两类:

(一)后指单项副词

后指单项副词主要包括表肯定、强调语气的,表不定、推测语气的,表疑问、反诘语气的,表祈使语气的,表否定语气的等。这类副词的语义均指向它们所修饰的谓语部分。例如:

(45)铜山西崩,灵钟东应,便是《易》邪?(《世说新语·文学》)

(46)从此东行近五十由延,至多摩梨帝国,即是海口。(《法显传》)

(47)今此小吏,自力何敢不承受我?将是父意,故使尔耳。(《贤愚经·大施抒海品》)

(48)自数年以来,灾怪屡见,比无雨润,而沈阴郁涣。宫省之内,容有阴谋。(《后汉书·李固传》)

(49)诸葛孔明者,卧龙也,将军岂愿见之乎?(《三国志·蜀志·诸葛亮传》)

(50)含悲含怨判不死,封情忍思到明年。(阴铿《雪里梅花》)

(51)因与同学共泣曰:"法今既减,颇复兴不?如脱更兴,请和上起坐。和上德匪常人,必当照之矣。"(《高僧传·宋释玄高》)

(52)较略一年,脱得省者,息船优役,富为不少。(《南齐书·王子良传》)

(二)多联副词

多联副词主要包括表转折语气的副词和表谦敬语气的副词。只有比较才会显出不同,也才会有转折语气的产生,所以转折语气副词在语义上也同时联系着"比较项"和"被比较项",而且这两项大部分情况下都是显现的;表谦敬的语气副词主要是表示自谦或自己对他人的尊敬,因此在语义上联系着"自己"和"他人"两项,不过大多数情况下,"他人"这一项是潜存的。例如:

(53)昔有学步于邯郸者,曾未得其仿佛,又复失其故步,遂匍匐而归耳!(《汉书·叙传》)

（54）谁言不相忆，见罢倒成羞。（沈后《答后主》）

（55）今日张平子，翻为人所怜。（庾信《归田》）

（56）弼大怒曰："太守忝荷重任，当选士报国。尔何人？而伪诈无状！"（《后汉书•史弼传》）

（57）先帝不以臣卑鄙，猥自枉屈，三顾臣于草庐之中。（《三国志•蜀志•诸葛亮传》）

以上例（53）（54）中副词"曾""倒"所联系的对象都是显现的，例（55）（56）（57）中副词"翻""忝""猥"所联系的对象中只有一项显现，其他都是潜存的。

五、情状方式副词

中古汉语的情状方式副词数量较多，根据其在语义上所联系对象的不同，中古情状方式副词可分为三类：

（一）后指单项副词

后指单项副词占中古情状方式副词的大多数，主要包括表碎然的，表徐缓的，表持续的，表暂且、偶然的，表几近的，表特意、竭力的，表任意、肆意的，表容易的，表徒然、显然的，等等。这些副词的语义均指向它所修饰的谓语部分。例如：

（58）大儿年未弱冠，忽被笃疾。（《世说新语•尤悔》）

（59）奄闻旗鼓来至白帝，或恐议臣以吴王侵取此州，危害关羽，怨深祸大，不宜答和，此用心于小，未留意于大者也。（《三国志•吴志•诸葛瑾传》）

（60）尝昼独坐，忽有一青衣童子，年可十三四，持一青囊授含。含开视，乃蛇胆也。童子逡巡出户，化成青鸟飞去。（《搜神记》卷十一）

（61）百余日中，寂然无闻，民害稍止。（《古小说钩沉•冥祥记》）

（62）王肩舆径造竹下，讽啸良久，主已失望，犹冀还当通。（《世说新语•简傲》）

（63）宋元嘉南郊，至时权作小陈帐以为退息。（《南齐书•礼志》）

（64）吾年垂四十，在兵中十岁，厌浮语虚词。（《后汉书•隗嚣传》）

（65）乃复改易毯袭，妄自尊大。（《南齐书•曹虎传》）

（66）如彼愚臣，唐毁他目也。（《百喻经•破五通仙眼喻》）

（二）前指单项副词

前指单项副词虽然在句法结构中充当谓语动词的修饰语，但在语义上却是说明主语的，其语义均指向上位层面的主语。这类副词主要包括表相关、相继的副词和表躬亲的副词，其中表相关、相继的副词要求主语必须是复数或集体名词。例如：

(67) 欲使宫、羽相变，低昂互节。(《宋书·谢灵运传》)

(68) 魏晋已来，所著诸子，理重事复，递相模学，犹屋下架屋，床上施床耳。(《颜氏家训·序致》)

(69) 执锡从徒，威仪端肃，王共贵胜，迭相供请。(《高僧传·齐求那毗地》)

(70) 二王俱还本山，更相辞谢。(《六度集经·国王本生》)

(71) 第族王侯、外戚公主，擅山海之富，居川林之饶，争修园宅，互相夸竞。(《洛阳伽蓝记》卷四)

(72) 仲容借客驴，著重服，自追之，累骑而返。(《世说新语·任诞》)

(73) 策亲自迎瑜，授建威中郎将，即与兵二千人，骑五十匹。(《三国志·吴志·周瑜传》)

（三）多联副词

中古汉语中主要指表适值的情状方式副词。由于这类副词语义上表示动作行为（或事情）与另一动作行为（或事情）发生的时间恰好相合或在情理上有必然联系，所以这些副词语义上同时联系着两个对象。一般情况下，两个对象都是显现的。例如：

(74) 今病困兵羸，众寡不敌，汝速去矣，俱死无益于国，适所以快敌耳。(《三国志·吴志·孙峻传》裴注引《吴书》)

(75) 华歆、王朗俱乘船避难，有一人欲依附，歆辄难之。朗曰："幸尚宽，何为不可？"(《世说新语·德行》)

(76) 垂相尝夏月至石头看庾公，庾公正料事。(《世说新语·政事》)

六、指代性副词

指代性副词的语义指向很简单，均是指向它所修饰的动词或介词。例如：

(77) 我为卿诛徐湛之矣，方相委任。(《宋书·鲁爽传》)
(78) 彼有，自当见还；彼无，吾何言哉？(《南齐书·崔慰祖传》)

参考文献

[1] 陆俭明. 关于语义指向分析 // 中国语言学论丛(第一辑). 北京：北京语言文化大学出社，1997.

[2] 邵敬敏. 副词在句法结构中的语义指向初探 // 汉语论丛. 上海：华东师范大学出版社，1990.

[3] 沈开木. 表示"异中有同"的"也"字独用的探索. 中国语文，1983（01）.

[4] 王力. 王力文集（第二卷《中国现代语法》）. 济南：山东教育出版社，1985.

作者简介

高育花，1971年生，毕业于南京大学中文系，文学博士，教授。主要研究方向为汉语历史语法、汉语国际教育，出版专著《中古汉语副词研究》《〈元刊全相平话五种〉语法研究》，发表学术论文近 40 篇。

（原载《古汉语研究》2001 年第 2 期）

揣测类语气副词"×必"的词汇化与主观化

高育花

▲ **摘要** 表示揣测的"×必"类语气副词"想必、势必、未必"均由跨层结构演变而来,分别表示必然、未必然的语气,成词时间为战国、东汉和宋代。三个词的词汇化过程均伴随有语法化,但具体过程不同:主观化程度的加强、韵步规律的制约,促成了"想必"的词汇化;第三人称代词"其"语法功能的改变则是"势必"词汇化的决定性条件;"未"特殊的语法意义及与"必"的高频共现促成了"未必"的词汇化。从主观性程度来看,从强到弱依次是"未必""想必""势必"。

▲ **关键词** 揣测类语气副词;词汇化;主观性;主观化

揣测类副词是语气副词的一个次类,是言者根据客观存在或主观认定的事实进行推理得出或真或假的结论,也是说话者出于不同的主观认识和交际目的附加在命题上的主观信息。现代汉语中,表示揣测的"×必"类语气副词有"想必、势必、未必"三个。其在语义上的共同特点是:表示说话者对命题真实性所持的一种承诺[1],其中,"想必、势必"表示必然的语气,倾向于"信";"未必"表示未必然的语气,倾向于"疑"。

关于这三个副词,学界多是对其语义特征进行简单罗列,对其来源及其主观化历程则关注较少。本文拟从历时和共时两个层面,对这三个副词的词汇化过程做详细的描写,并讨论其主观性程度的差异。

---

1 这种承诺是说话者根据自己的理由推断出来的,只是在"可能世界"里为真的结论,说话者并不能确定它是客观真,故仍应视为揣测。这类副词有些学者也称之为情态副词。

一、"X 必"的演变轨迹

"想必""势必""未必"作为语气副词，均由跨层结构演变而来[2]，但三个词具体的成词时间和演变过程并不一致。下面分别讨论。

（一）"想必"的演变轨迹

表"料想、估计"等认证义的心理动词"想"与表断定义的语气副词"必"，东汉时期始在线性序列上相连出现，但直至唐代用例都很少。例如：

(1) 欲暂相见，有所属托。今遣车往，想必自力。(《全后汉文·秦嘉·与妻徐淑书》)

(2) 以足下明识渊见，想必不俟终日。(沈约《宋书·殷琰列传》)

(3) 高祖遗荔书曰："……当今朝廷惟新，广求英隽，岂可栖迟东土，独善其身？今令兄子将接出都，想必副朝廷虚迟也。"(姚思廉《陈书·虞荔传》)

以上例中"想必"均出现在对话中，语气副词"必"与其后的谓词性成分一起做"想"的小句宾语（子句），"想"的主语均是言者，子句主语省略，省略的主语既是闻者，同时也是动作的施事者或当事者。宋代"想+必"在继承原有用法的基础上，发生了一些变化：一是"想"前出现了句子主语，二是"想+必"后出现了"是""须"等表示强调的词语，"想必"作为揣测类语气副词的用法开始萌芽。例如：

(4) 曰："后人只是想象说，正如矮人看戏一般，见前面人笑，他也笑。他虽眼不曾见，想必是好笑，便随他笑。"(朱熹《朱子语类》卷二十七)

(5) 此处想必是人称道圣人无所不知，诲人不倦，有这般意思。(朱熹《朱子语类》卷三十六)

(6) 又问："行旅酬时，祭事已毕否？"曰："其大节目则已了，亦尚有零碎礼数未竟。"又问："想必须在饮福受胙之后。"(朱熹《朱子语类》卷六十三)

例（4）中"想"的主语就是句子主语"他（矮人）"，"想"的词汇意义（"料想、估计"）还很实在，整个句子表述的是一种客观信息，"想必"还是一个典型的跨层结构。例（5）句子主语是处所词"此处"，例（6）主语是承前

---

2 "想必"为动宾式跨层结构，"势必"为主谓式跨层结构，"未必"为状中式跨层结构。

省略的"祭事"，二者均是无生命体，不可能有"料想、估计"这样的心理活动，所以，句子反映的不再是客观世界关系的命题，而是说话者对这一命题的态度。"想"的词汇意义虚化，"想必"已演变为一个比较典型的语气副词。

元明时期，揣测类语气副词"想必"的用法开始成熟，位置也变得灵活，即可出现在句子主语前后。"想必"作为跨层结构和语气副词并存的局面彻底消失，成为一个纯粹的、表揣测的语气副词。现代汉语中，"想必"用法更灵活，居于主语之前时，后面既可以不停顿，也可以略有停顿。这表明："想必"不仅可以充当高层谓语进行主观评注，还具有了承上连下的衔接功能。例如：

（7）太子呵！想必那春申君抬举你。（《新校元刊杂剧三十种·晋文公火烧介子推》）

（8）肃曰："赤壁鏖兵之时，此人曾献连环策，成第一功。主公想必知之。"（罗贯中《三国演义》第五十七回）

（9）他不想和老妻诀别，他想她应该了解他：她受苦一世，并无怨言；他殉难，想必她也能明白他的死的价值。（老舍《四世同堂》）

（10）七巧道："没有可批评的，想必是好的了？"（张爱玲《金锁记》）

（11）她怔怔的看着这几行字，和封面一样，这是鹏飞的笔迹，想必，他写下这几行字的时候，他的心一定在滴血了？（琼瑶《月朦胧鸟朦胧》）

通过"想必"的演变轨迹可见，语气副词"想必"与提升动词相仿，其所处的补词层就是言者优先用法的"大本营"，即最高层。我们把述宾结构语气副词"想必"的演变轨迹图示如下：

$$\text{跨层结构} \rightarrow \left\{\begin{array}{c}\text{跨层结构}\\ \text{语气副词"想必"}\end{array}\right\} \rightarrow \text{语气副词"想必"}$$

   东汉至唐   宋   元明至今

（二）"势必"的演变轨迹

名词"势"与语气副词"必"在线性序列上相连出现，目前我们发现的最早用例见于《韩非子》。例如：

（12）今赵欲聚兵士卒，以秦为事，使人来借道，言欲伐秦。欲伐秦，其势必先韩而后秦。（《韩非子·存韩》）

（13）夫势者，名一而变无数者也。势必於自然，则无为言于势矣；吾所为

言势者，言人之所设也。(《韩非子·难势》)

这类例子中"势""必"是两个单音节词，"势"用作主语，复指上文提到的形势，"必"作为副词修饰后面的谓语部分。

西汉时期，"其+势+必"用例增多，同时也出现了"名词+势+必"的情况。例如：

(14) 王恢等兵三万，闻单于不与汉合，度往击辎重，必与单于精兵战，汉兵势必败，则以便宜罢兵，皆无功。(司马迁《史记·韩长孺列传》)

该句中用在名词"汉兵"之后的"势必"已有了两种可能的理解：其一，"汉兵"与"势"为定中结构，"势"指前句提到的"汉兵与单于精兵作战中汉兵的形势"；其二，"汉兵"单独做主语，"势"与"必"结合在一起，表明说话者的主观推测。

魏晋南北朝时期第三人称代词"其"开始充任独立句的主语，"其+势+必"的句法意义相应也发生了变化。例如：

(15) 攸言于太祖曰："绣与刘表相恃为强，然绣以游军仰食于表，表不能供也，势必离。不如缓军以待之，可诱而致也；若急之，其势必相救。"(陈寿《三国志·魏书·荀彧荀攸贾诩传》)

(16) 时有巫诫固曰："将军字兔而此邑名犬，兔见犬，其势必惊，宜急移去。"
(裴松之注《三国志·魏书八·二公孙陶四张传》引《典略》)

例(15)中，第一个"势必"后的谓词"离"为行为动词，其所述对象应当是该动作的发出者，所以主语应当是"张绣"而非"势"，"势"的词义虚化，"势必"应理解为揣测类语气副词。第二个"势必"，对其后"其"指代性质理解的不同，也会造成对"势必"理解的不同：一是"其"为指示代词，与"势"构成偏正结构做主语[3]；二是"其"为第三人称代词，指代"刘表"，做主语，"势"与"必"融合为一个表示说话者主观揣测的语气副词。例(16)中"其"只有一解，即指代前面的"兔"，因为谓语"惊"为心理动词，其当事者应是人或动物，不可能是抽象名词"形势"，"势"的词义也已虚化，"势必"表示说话者对"兔见犬"情况的确定性推断。

这一时期，语气副词"势必"也出现在主语省略的句子中。例如：

(17) 及有赦令，可且罢兵，以慰诱其心，势必解散，然后图之，可不战而定也。
(范晔《后汉书·张法滕冯度杨列传》)

---

[3] 这种用法直至近代汉语仍有使用，例如："大军临城，其势必破"(《警世通言》卷十二)。

例（17）中谓语动词"解散"义为"遣散；强制取消"，所述对象应为人或组织而非"形势"，"势必"应是一个表主观揣测的双音节语气副词。

唐至明代，语气副词"势必"的使用有所增多。例如：

（18）袁绍不达大体,恐惧出奔,非有他志,今急购之,势必为变。(欧阳询《艺文类聚》卷二十五)

（19）若我一旦东征,刘备势必求救于绍。(罗贯中《三国演义》第二十四回)

清代，"势必"除继承前期的用法和意义外，还发展出新的句法格式："势必 + 句子"，但至今少有用。在这些句子中，"势必"强调因果必然性的语义更强烈，虚化程度也更高。例如：

（20）既杀了若干人,其势必得打发两家赶紧上路逃走,才得远祸。(文康《儿女英雄传》第十回)

（21）若再执迷不悟,即系乱民,一经大兵剿捕,势必父母妻子离散,家败人亡,仍负不忠不孝之名。(佚名《西巡回銮始末》)

（22）若一枝到手,先拘定其梗之直者插瓶中,势必枝乱梗强,花侧叶背,既难取态,更无韵致矣。(沈三白《浮生六记》卷一)

（23）船上气温很高,外籍人员中部分妇女儿童出现一些病症,且这么拖下会的话,势必问题更多。(CCL 语料库 1994 年报刊精选)

我们把主谓结构语气副词"势必"的演变轨迹图示如下：

跨层结构　→　{跨层结构　／　语气副词"势必"}　→ 语气副词"势必"

战国至西汉　　　西汉东汉　　　魏晋南北朝至今

（三）"未必"的演变轨迹

邢公畹(2000)在《〈论语〉中的否定词系》一文中指出："'未'是一个对以往(过去以迄现在)表示否定,对将来却表示可能或愿望的副词"，"必"用于谓语前，表示对事实趋势的推断。"未"和"必"本来是两个处于不同成分结构的独立的词，"未"对其后的"必 + 谓语"进行否定，但由于二者在句法结构的线性序列上总是相连出现，上古汉语中便凝固为一个双音节词，表示某件事情的发生不是必然。例如：

（24）故势为天子,未必贵也；穷为匹夫,未必贱也；贵贱之分,在行之美恶。

(《庄子·盗跖》)

(25) 强大未必王也，而王必强大。(《吕氏春秋·慎行》)

(26) 故曰："能言者未必能行，能行者未必能言。"(刘向《说苑》卷十三)

(27) 秦与赵为难，荆苏使齐，未知何如？以臣观之，则齐、赵之交未必以荆苏绝也；若不绝，是悉赵而应二万乘也。(《韩非子·存韩》)

以上例中"未必"均用在主谓之间，主要是表达说话人对命题真实性之"疑"，侧重于对命题真实性的否定。如例（26）中的"能言者未必能行"就是对"能言者能行"这个命题真实性的否认，意在于"疑"。另外，语气副词"未必"有时还有反预期的功能，如例（25）中的"强大必王"，这是通常的预期，而"强大未必王也"则是对前面预期的否认。

上古汉语中，语气副词"未必"也可以用在整个句子的最前面，但出现频率很低，在我们所检阅的近三十部语料中，仅发现了《韩非子》中的这一例。即：

(28) 夫事以密成，语以泄败，未必其身泄之也，而语及所匿之事，如此者身危。

(《韩非子·说难》)

该例中"未必"用于句首，表示说话者根据主观认定的事实（假设的、不一定是客观存在的事实）做出的一种推断（未必然），主观性较高。

另外，在上古汉语中，也出现了语气副词"未必"与否定副词"不"共现，用双重否定委婉表示肯定的用法。例如：

(29) 国者，小人可以有之，然而未必不亡也；天下者，至大也，非圣人莫之能有也。(《荀子·正论》)

(30) 由此观之，事有合于己者，而未始有是也；忤于我，未必不合于人也；合于我，未必不非于俗也。(《淮南子》卷十一)

(31) 刚者折，柔者卷。故季由以强梁死，宰我以柔弱杀。使二子不学，未必不得其死。(桓宽《盐铁论·讼贤》)

语气副词"未必"的这三种用法一直延续到了现代汉语中。例如：

(32) 陆建设有点愤怒了,说："你怎么那么多话？未必我刚才没给你钱！"(迟莉《你以为你是谁》)

(33) 李亚说："怎么不会？ 奶粉月饼药都能作假，酒未必不会？"(方方《白雾》)

二、"×必"的演变机制及主观化

"主观性"是指在话语中多多少少总是含有说话人"自我"的表现成分。"主观化"是指语言为表现主观性而采用相应的结构形式或经历相应的演变过程。语法化中一般都伴随着主观化,语法化中的主观化表现在互相联系的多个方面:由命题功能变为言谈功能,由客观意义变为主观意义,由非认识情态变为认识情态,由非句子主语变为句子主语,由句子主语变为言者主语,由自由形式变为黏着形式等(沈家煊,2001)。"×必"类语气副词都是跨层成分的词汇化,其演变机制与主观化过程既有共同之处,又有各自的特点。

(一)"想必"的演变机制及主观化

"想必"由跨层结构词演变为一个双音节词,其词义的虚化是在语素层面("想")实现的,在词的层面上没有虚化的过程,即"想""必"两个语素一开始结合成词就是副词,而不是先用作实词,然后再整个地虚化为副词。双音节复合词"想必"衍生机制及主观化至少可以从以下几个方面分析:

第一,语义基础。心理动词"想"最早表示"思考、思索"义,一般有施事主语。东汉时期引申出"料想、估计"义,该用法不再表达客观意义,而表示主观意义,带有说话人的主观性,"想"的句法行为近于提升动词,以带小句宾语为常。例如:

(34)大神言:"何惜禁戒乎?想自深知之,辞令各自吐写情实,但恐不如所言;且复谛之,计从心出,宜复熟念。"(《太平经》卷一百九)

例中"想"的指向是言者("大神")而不是施事者("自"),"想"由命题功能发展出言谈功能,表示说话人的一种主观推测,具有了[-确定性]。这就为其与语气副词"必"的结合提供了语义基础(语义上的适配)。

第二,句法结构的变化。宋代"想""必"连用时,句子结构发生了一些变化:一是"想"前出现了句子主语,二是"想+必"后出现了"是""须"等表示强调的词语。"想"前出现句子主语,使其言者指向更加明确;其后出现判断词"是"或能愿动词"须",强化了其主观推测义,"想"的"自我"表现成分变得更多,语义更加虚化。

第三，特殊的句法位置和韵步规律的影响。汉语中一个标准的韵步是由两个音节组成的，一个标准韵步就是一个韵律词，而汉语的自然音步均是右向音步，即不受句法和语义因素影响的音步是由左向右组成的(冯胜利,2000)。在"(主语)想+必+VP"句式中，由于"想"本身语义的虚化和汉语双音节化、右向音步规律的影响，在语句的理解过程中，"想"和"必"被聚合为了一个组块而加以感知，即"想必"虽然还属于跨层结构，但已经构成了一个标准音步，是一个标准韵律词。另外，语气副词是表达说话人的主观情感认识的，具有很强的主观性，在句子中通常处于最外层。通过语料调查我们发现，"想""必"也大都相连出现在句子最外层，这样的句法位置也是"想必"能够产生重新分析的外在推力。

（二）"势必"的演变机制及主观化

语气副词"势必"的形成，也是在构词语素层面实现的，但其具体的演变机制与"想必"的不尽相同。

第一，第三人称代词"其"语法功能的改变是"势必"发生语法化的决定性条件。语法是一个有机体，具有很强的系统性，新语法系统的出现往往会打破旧有系统的平衡，引起语法系统的一连串变化。中古汉语中，第三人称代词"其"独立充任句子主语后，"其+势+必+谓语"结构中的"势"发生弱范畴化，由主语位置降位到状语位置，而这一语法位置也使得其实词意义弱化，"势"与"必"的边界模糊甚至消失，为"势+必"的重新分析提供了可能。

第二，汉语双音节化的发展趋势在语音形式上促进了"势+必"由跨层结构向双音节词的转变。先秦时期的汉语以单音节为主，魏晋以后开始朝双音化发展，双音节逐渐成为基本的韵律单位。经常一起出现的两个单音节词之间的关系就会改变，导致其边界弱化甚至消失，从而形成一个新的双音单位。通过语料调查我们发现："势+必"融合为表语气的副词萌芽于魏晋时期，宋元增多。而5—12世纪又是汉语双音节化发展最为关键的时期。据此，我们可以认为：双音节化趋势是促使"势""必"加快融合的重要动因。

（三）"未必"的演变机制及主观化

"未""必"单用时均可作副词使用，但二者相连出现时并不在同一结构层次上。语气副词"未必"的形成虽然不是在构词语素层面实现的，但也是重新分析的结果。

第一，独特的语法意义。作为已然类否定副词，"未"对以往表示否定，但对将来而言，却表示着一种可能或愿望，包含着"预测"和"意图"两种因素。例如：

(35) 水旱未至而饥，寒暑未薄而疾。(《荀子·天论》)

(36) 今是长乱之道也。祸未歇也。(《左传·襄公二十九年》)

以上例中"未"所否定的都是到目前为止尚未发生的事情，但将来也许会发生。例 (35) 表示目前为止"水旱""寒暑"没有发生，但从另一方面看，将来可能会"水旱至""寒暑薄"；例 (36) 表示到目前为止"祸"没有停歇，但将来却可能会"祸歇"（或者希望将来"祸歇"）。跨语言研究证明，将来时标记向"认识情态"发展是人类语言的一种共性。因为将来时所描写的都是非现实的事件，人们对事件的预测具有很大的主观性。否定词"未"虽然不是将来时标记，但其所含有的将来时因素的语法意义使其在单用时就有了较强的主观性，也具有了衍生出认识情态功能的语义基础；"必"作为语气副词，本身就是一个表示言者根据自己的理由推断出一个自以为真的结论，二者拥有 [+ 推测性] 这一共同特征，语义上具有一定的相容性，这就为二者融合为语气副词提供了语义基础。

第二，使用频率。一个新的语法化过程常常发生在使用频率高的词上，另一方面使用频率高的词往往保留着旧有的语法特征；汉语的语法化常常涉及两个成分的融合，高频率共现是促使这种融合发生的主要原因之一。我们对上古时期五部作品中"未"单用和"未""必"共现的次数进行了统计，下表为调查结果。

表1 "未"单用和"未""必"共现情况

频次 作品	"未"单用[4]	"未""必"共现
《庄子》	96	6
《荀子》	80	5
《韩非子》	129	17
《战国策》	165	11
《淮南子》	184	11

---

[4] 这里的"单用"不包括"未"与"曾""尝""始"等组成的惯用结构。

从表 1 中我们可以看出,"未""必"共现总体呈上升趋势,正是这种相对高频的共现情况,使得"未""必"融合得很早,上古汉语中就已经融合为一个语气副词了。

当然"未必"融合为词,最根本的原因还在于"未"语义中蕴含有表将来的"预测"和"意图"两种因素,使用频率只是其词汇化的一个外在动因。"未"的主观性在其单用时就已有所体现,与语气副词"必"结合后,其主观性进一步加强。可以说,"未必"的词汇化过程,就是其主观化过程。

(四)小结

词汇化和语法化是语言演变的两个重要方面。从总体上看,"想必""势必""未必"都经历了一个由跨层结构演变为词汇单位的词汇化过程。但具体到词汇化的内部,我们可以看出,三个词汇化过程的发生和完成与语法化也有着千丝万缕的联系。首先,它们都利用了重新分析这一语法化的重要机制。其次,伴随着"想必""势必"两个跨层结构的词汇化,"想""势"两个实词也经历了一个语法化过程。在前面的分析中我们指出,"想"本来的意思是"料想、估计","势"的意思是"形势",在词汇化之前,两个词的意义都还很实在,但到完全词汇化以后,"想"的"料想、估计"义,"势"的"形势"义几乎荡然无存。很明显,"想必""势必"两个词的词汇化过程中伴随着"想""势"词汇意义的虚化。语法化是人类语言发展过程中普遍存在的一种现象,这种现象是由一系列复杂的原因和背景形成的,这一过程中语义的变化是最基本的变化。在我们所讨论的"×必"类语气副词中的"×",无论其词性如何,其语义中均带有说话人的主观性:"想"表示说话人的主观臆测;"势"虽然是以一定的外界条件为依据,但多少还是带有个人的认识;"未"则纯粹表达说话人对所说内容的态度。Palmer 指出:对情态的总体的、类型学的研究可以证明,主观性是情态的基本特征(贝罗贝、李明,2009)。正是因为"×必"中的"×""必"均具有这一基本特征,"×必"最终都发展为表示揣测语气的副词。

通过以上我们对"想必""势必""未必"的历时考察发现,虽然三者都表示对命题真实性所持有的一种承诺,并且具有共同的语素,但除语义基础外,它们的演变机制不尽相同。"想"从命题功能到言谈功能的转变、句法位置及韵步规律的制约,促成了"想必"的最终词汇化;第三人称代词"其"语法功能的改变则是"势必"发生语法化的决定性条件;"未"特殊的语法意义及与"必"的高频共现也促成了"未必"在上古汉语中就融合为一个双音节语气副词。

三、"×必"的主观性差异

作为语气副词,"想必""势必""未必"均表示说话者对命题真实性所持的一种承诺,表达一种必然或未必然的语气,带有明显的主观色彩,但三者的主观性程度并不相同。

"想必"表示偏于肯定的推断(主要表示一种高度自信的判断),这种判断建立在某个主观推理的基础上,它更侧重强调说话人的主观认识,属于语言中典型的情态范畴。"势必"表示根据形势推测必然会怎么样,更侧重强调所得结论有据可依、因果必然,更倾向于语言中的传信范畴。从这一角度来看,"想必"的主观性强于"势必"。另外,在使用"想必"的句子中,除了句子主语外,往往还暗含着一个高层次的"言者主语",且经常与判断词"是"共现,这说明句子所表述的内容是说话人的一种主观判断;在使用"势必"时,一般只有句子主语而没有"言者主语"。这也说明了"想必"的主观性强于"势必"。语言成分在语符序列中的位置与语言成分的主观程度也有密切的关系。通常,主观性强的成分处于句子的外围,主观性弱的成分处于句子的内层。从我们所调查的语料来看,语气副词"想必"元代就可位于句子最前面,发展到现代汉语中,不仅多位于句首,而且与主语间还可能出现小的停顿;"势必"清代偶尔用于句子最外围,但直至现代汉语中,这种用法仍很少见,更多的则是位于主谓之间。

"未必"不同于"想必""势必",虽然也表示一种主观推测,但是一种未必然的推测,是委婉的否定。说话人不赞成或不相信某事,不直接否定,而用商讨的语气提出来。因此,凡是使用"未必"的句子,也都暗含一个高层次的"言者主语";说话者用委婉的语气表明自己对某件事情的态度和评价,而这种态度和评价又是异于一般人的、说话者自己的主观看法,即来自说话者主观心态的表述,是一种情绪认定,属于明确主观的用法;而委婉用法的出现,则是说话者考虑到了听话者的"面子问题",从而遵循了会话中的"礼貌原则",用一种低情态量值的词来传达一种客气的态度或表示对听话者的尊重,"未必"的语义已经从一般主观性演变到互动主观性。另外,从语符序列位置来看,"未必"基本上也是处于句子的最外围，与其他次类的副词连用时，也多位于其他副词之前。例如：

（37）别高兴得太早，事情过分便宜，未必不是凶兆。(邓友梅《别了，濑户内海！》)

（38）她那种女人是妖精，凡间不多见的。就算遇见了，未必就是你的。就算是你的了，未必就能够老实实地相夫教子。(迟莉《来来往往》)

以上例中"未必"与"不""就"共现时均位于这些副词的前面，同时也都位于句子的最外围。例（37）先说明事实（"事情过分便宜"），出于礼貌原则，特别选择使用了情态量值较低的"未必"的双重否定形式，委婉地表达了自己的肯定看法（"未必不是凶兆"），这一语义背景清楚地显示了"未必"这一用法中包含的主观推理过程及由此体现的主观性。例（38）"未必"用在让步关系复句中，表明一种强烈的主观态度，"自我"成分更加明显。

总之，无论从说话者的视角、情感、认知情态角度，还是与其他副词的共现顺序，"未必"的主观性都是最强的。"想必""势必""未必"三个语气副词主观性由强到弱依次是：未必＞想必＞势必。即"未必"主观性最强，"想必"次之，"势必"最弱。

四、结语

"想必""势必""未必"三个语气副词均由跨层结构演变而来，都是表示说话者根据客观存在或主观认定的事实，进行推理得出或真或假的结论，都是说话者对命题的真实性所持的一种承诺。"×"语义中均带有说话人的主观性，是"×必"词汇化和语法化的重要动因。但其演变机制不尽相同，主观性也存在一定的差异。三个词中，"未必"词汇化完成最早，上古汉语中即作为一个双音节副词使用；"势必"次之，东汉萌芽，魏晋南北朝基本成熟；"想必"成词最晚，宋代开始萌芽，元明之际成熟。三个词的词汇化过程均伴随有语法化，它们不仅都利用了重新分析这一语法化的重要机制，词汇化的过程中也都伴有词意义的虚化。

但从具体的词汇化过程看：从命题功能到言谈功能的转变、句法位置及韵步规律的制约，促成了"想必"的最终词汇化；第三人称代词"其"语法功能的改变则是"势必"发生语法化的决定性条件；"未"特殊的语法意义及与"必"的高频共现促成了"未必"很早就完成词汇化。另外，从主观性程度来看，三个词也存在一定的差异："未必"主观性最强，"想必"次之，"势必"最弱。从语用的角度来看，三个词的使用也是同中有异。对句类的选择上，三者均可用于陈述句，因为它们都表示说话者对命题的真实性所持的一种确定态度，而命题一般是通过陈述句的形式展现出来的；另外，"想必""未必"还可用在是非问句中。从语体角度看，"想必""未必"在书面语和口语中出现的比例相当，"势必"则多用在庄重、正式的场合中，口语中使用相对较少。

参考文献

[1] 北京大学中文系 1955、1957 语言班. 现代汉语虚词例释. 北京：商务印书馆，1982.
[2] 贝罗贝、李明. 汉语意愿动词的历史演变. 汉语史学报（第八辑），2009.
[3] 冯胜利. 汉语韵律句法学. 上海：上海教育出版社，2000.
[4] 罗耀华，刘云. 揣测类语气副词主观性与主观化. 语言研究，2008（3）.
[5] 吕叔湘，主编. 现代汉语八百词（增订本）. 北京：商务印书馆，2003.
[6] 沈家煊. 语言的"主观性"与"主观化". 外语教学与研究，2001（4）.
[7] 史金生. 语气副词的范围、类别和共现顺序. 中国语文，2003（3）.
[8] 王美华. "势必"的词汇化. 湖南第一师范学报，2007（1）
[9] 邢公畹.《论语》中的否定词系 // 语言论集. 北京：商务印书馆，1983.
[10] 张谊生. 现代汉语副词研究. 上海：学林出版社，2000.
[11] 周泽龙. 必然类语气副词研究. 上海师范大学硕士学位论文，2007.

作者简介

高育花，1971 年生，毕业于南京大学中文系，文学博士，教授。主要研究方向为汉语历史语法，汉语国际教育，出版专著《中古汉语副词研究》《〈元刊全相平话五种〉语法研究》，发表学术论文近 40 篇。

（原载《北方论丛》2013 年第 6 辑）